KB209457

거침없이 질주하라!
미니카
종이접기
2

초판 1쇄 발행 2024년 12월 18일
초판 2쇄 발행 2025년 2월 5일

지은이 우리 교실 이야기

발행인 장상진
발행처 (주)경향비피
등록번호 제2012-000228호
등록일자 2012년 7월 2일

주소 서울시 영등포구 양평동 2가 37-1번지 동아프라임밸리 507-508호
전화 1644-5613 | **팩스** 02) 304-5613

ISBN 978-89-6952-604-5 73630

• 값은 표지에 있습니다.
• 파본은 구입하신 서점에서 바꿔드립니다.

1. 제품명 : 미니카 종이접기 2 **2. 제조자명** : 경향BP
3. 주소 : 서울시 영등포구 양평동 2가 37-1번지 동아프라임밸리 507호
4. 전화번호 : 1644-5613 **5. 제조국** : 대한민국
6. 사용연령 : 6세 이상 **7. 제조연월** : 2024년 12월
8. 취급상 주의사항
- 종이에 베이거나 긁히지 않도록 조심하세요.
- 책 모서리가 날카로우니 던지거나 떨어뜨리지 마세요.

거침없이 질주하라!

미니카 종이접기 2

우리 교실 이야기 지음

경향BP

여러분 안녕하세요?
종이접기 유튜버 우리 교실 이야기입니다.

드디어 '미니카 종이접기' 시리즈 그 두 번째 편이 나왔습니다. 이번에도 마찬가지로 매우 멋진 미니카들을 준비했습니다. 쉽고 간단하게 만들 수 있는 미니카부터 만드는 과정이 복잡한 어려운 난이도의 미니카까지 다양한 작품들의 만드는 방법을 실었습니다.

각 미니카들은 모두 독특한 특징들을 지녔습니다. 식물을 닮기도 했고 멋진 전투기를 닮기도 했습니다. 실제 스포츠카나 우주선을 닮은 미니카도 있습니다. 각기 개성 있는 작품들에서 어떤 특징을 표현했는지 확인하며 접어 보는 것도 새로운 재미가 될 것입니다.

이번 『미니카 종이접기 2』도 저에게는 또 하나의 큰 도전이었습니다. 미니카의 특징을 생각하고 종이접기로 표현하면서 끊임없이 고민해 왔습니다. 어떤 특징을 어떤 방식으로 접어 표현할지 수없이 많은 시도와 실패를 거듭했습니다. 접는 과정을 하나하나 사진으로 찍어 보며 어떤 모습을 담아야 이 책을 보며 작품을 만들 때 쉽게 알아볼 수 있을지 깊은 고민을 했습니다. 그리고 어떻게 설명해야 접는 과정에서 이해하기 쉬울지 수없이 반복해서 생각했습니다.

이러한 저의 고민이 담긴 책을 보며 이제 여러분이 도전할 차례입니다. 책에 담긴 사진으로 내가 접고 있는 단계와 비교해 보고 설명을 읽으며 어떻게 접을지 이해해 봅시다. 어려운 부분을 여러 번 시도하며 완성했을 때의 즐거움을 얻는 것이 이 도전의 목표라고 생각합니다. 또한 완성된 작품에 여러분의 아이디어를 더해서 새로운 작품을 만들어 내는 것도 새로운 도전이 될 것입니다.

이 책이 여러분이 앞으로 겪을 도전의 첫 걸음이 되길 바랍니다.

이제 멋진 미니카를 접을 준비가 되었나요? 그럼, 출발하시죠!

우리 교실 이야기

차례

공통 부분 접기

미니카를 시작하는 기본 접기입니다.
해당 미니카의 시작 부분을 보고 준비물을 확인해서 만들기를 시작하세요.

다크윙 고스트어벤저 흑룡 멘티스 당근미니카 솔리드스타십

준비물

해당 미니카의 색깔 색종이 1장

1 세로로 삼각형 반을 접습니다.

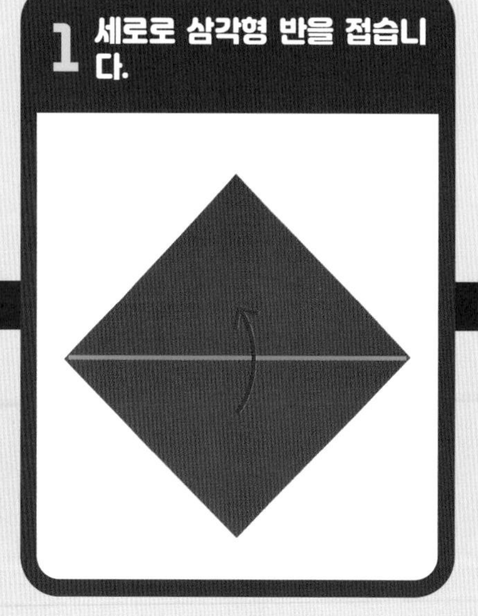

2 펴서 접는 선을 만듭니다.

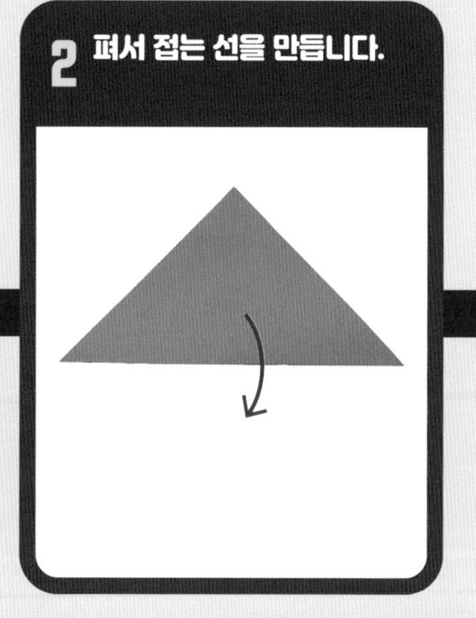

3 가로로 삼각형 반을 접습니다.

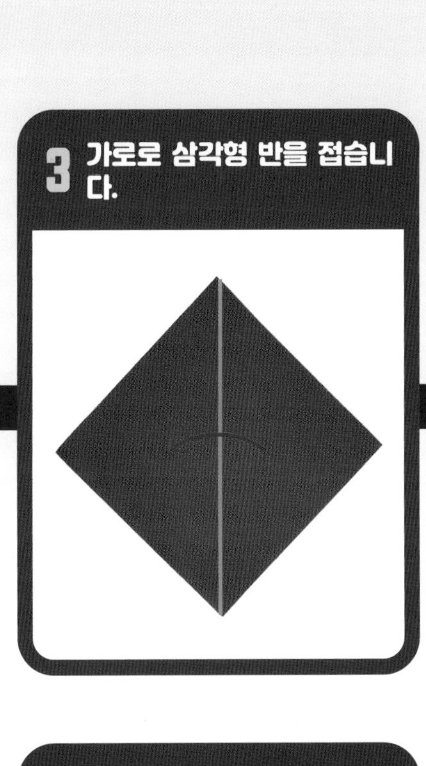

4 펴서 접는 선을 만듭니다.

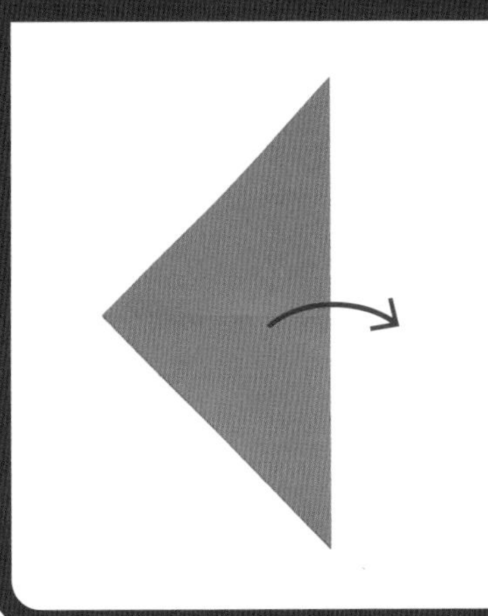

5 오른쪽 꼭짓점을 가운데 점에 맞춰 접습니다.

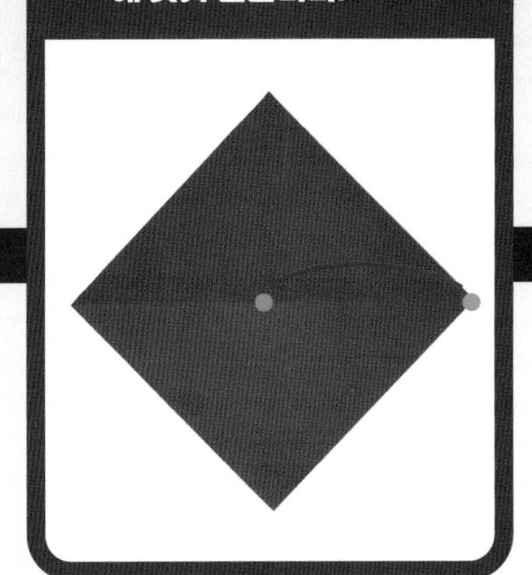

6 왼쪽 꼭짓점을 가운데 점에 맞춰 접습니다.

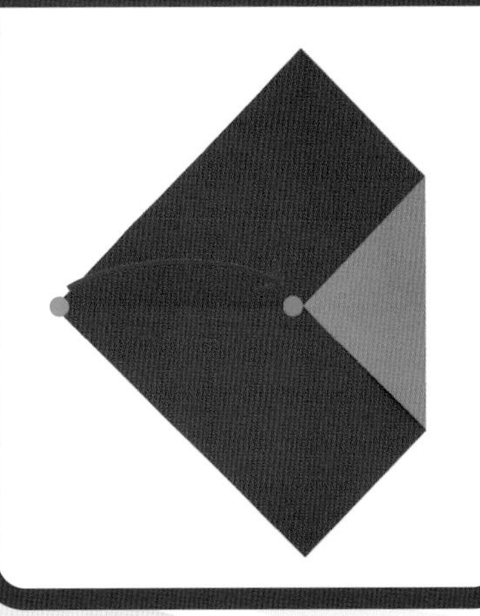

7 오른쪽 변을 가운데 선에 맞춰 접습니다.

8 왼쪽 변을 가운데 선에 맞춰 접습니다.

9 아래쪽 꼭짓점을 표시한 선에 맞춰 접습니다.

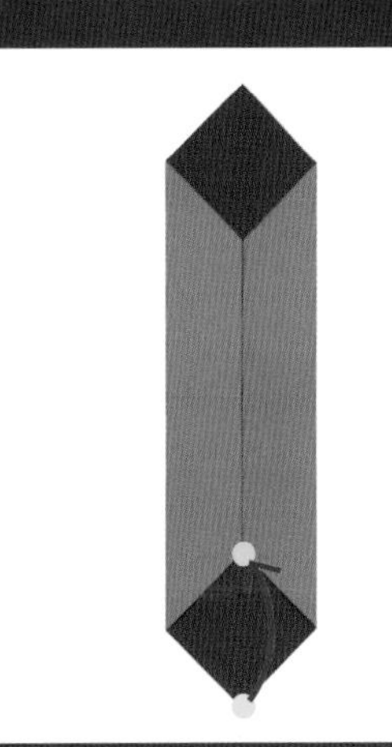

10 위쪽 꼭짓점을 표시한 선에 맞춰 접습니다.

완성

다크윙

어두운 그림자가 드리운 날개로 빠르게 달릴 수 있는 추진력을 얻어요.
합체 미니카의 강력함을 느껴 보세요.

만들기 동영상

난이도 ★★★

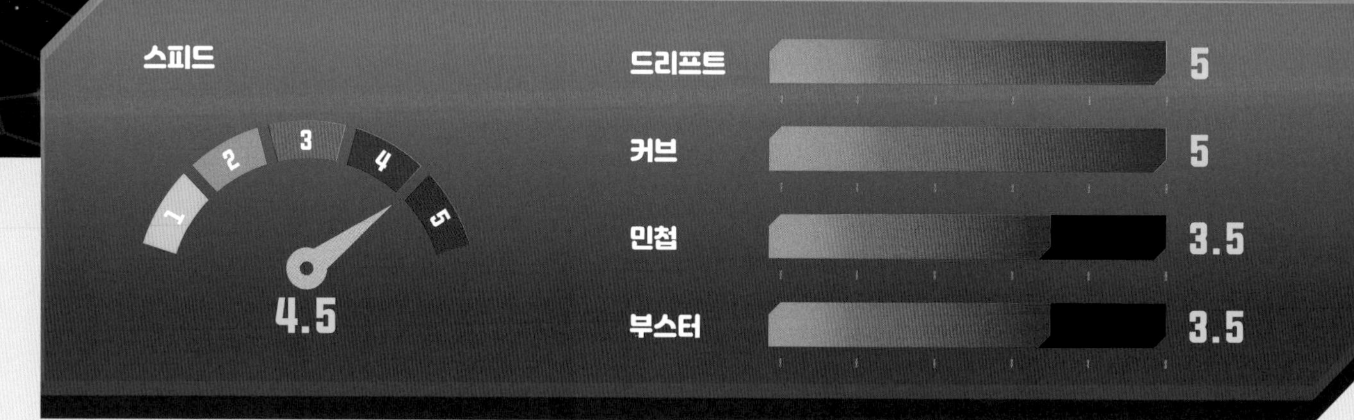

본체 6쪽 공통 부분 접기를 완성하고 시작하세요.

준비물

보라색 색종이 1장,
노란색 색종이 1장

1 뒤집어 주세요.

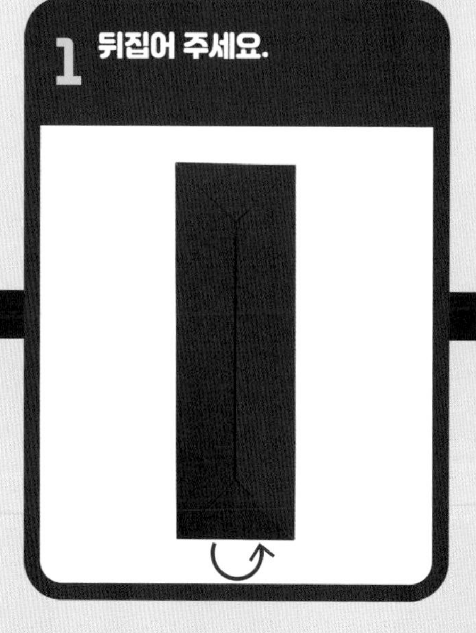

2 표시한 두 선이 만나도록 접습니다.

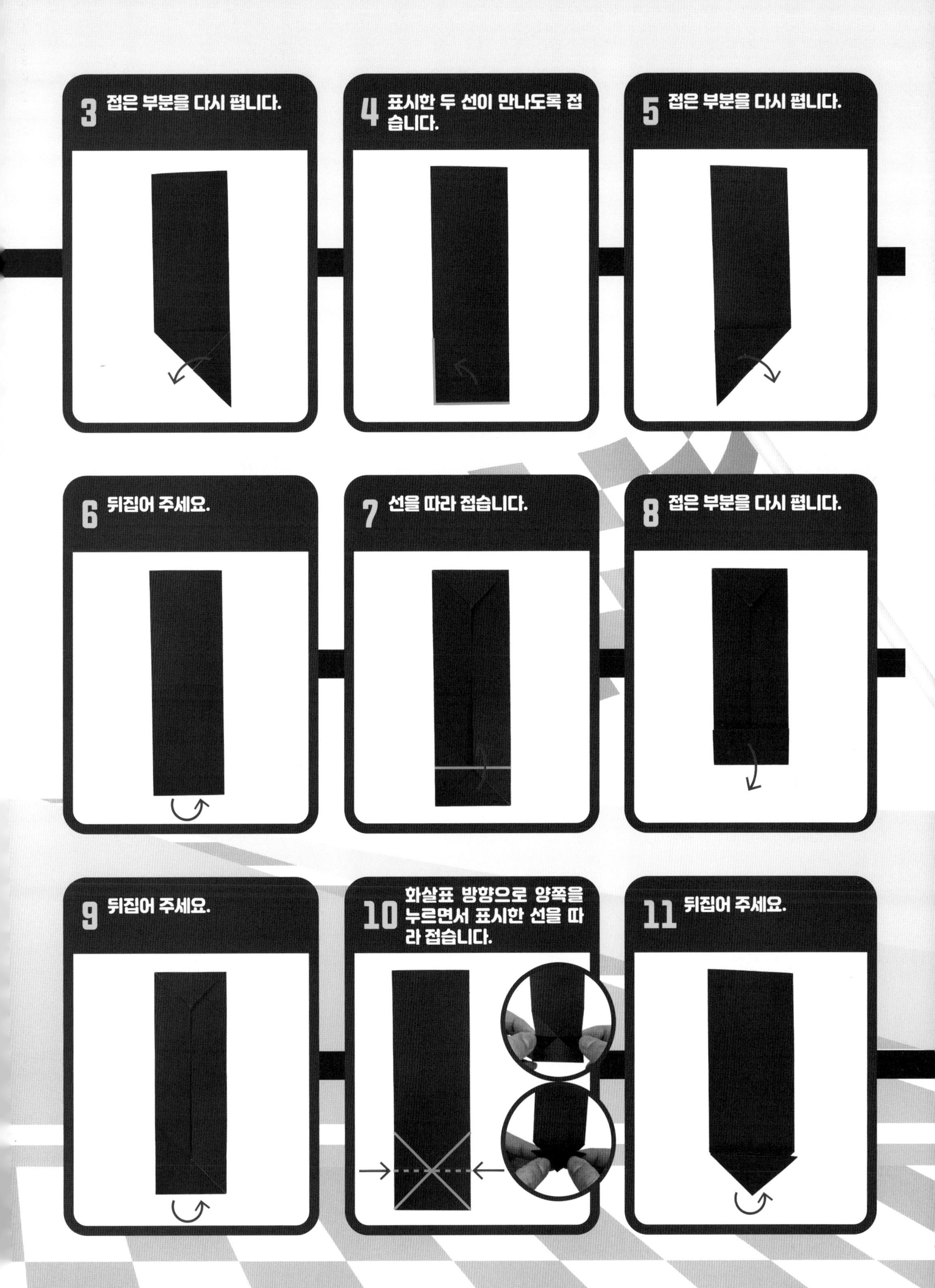
3 접은 부분을 다시 펍니다.
4 표시한 두 선이 만나도록 접습니다.
5 접은 부분을 다시 펍니다.
6 뒤집어 주세요.
7 선을 따라 접습니다.
8 접은 부분을 다시 펍니다.
9 뒤집어 주세요.
10 화살표 방향으로 양쪽을 누르면서 표시한 선을 따라 접습니다.
11 뒤집어 주세요.

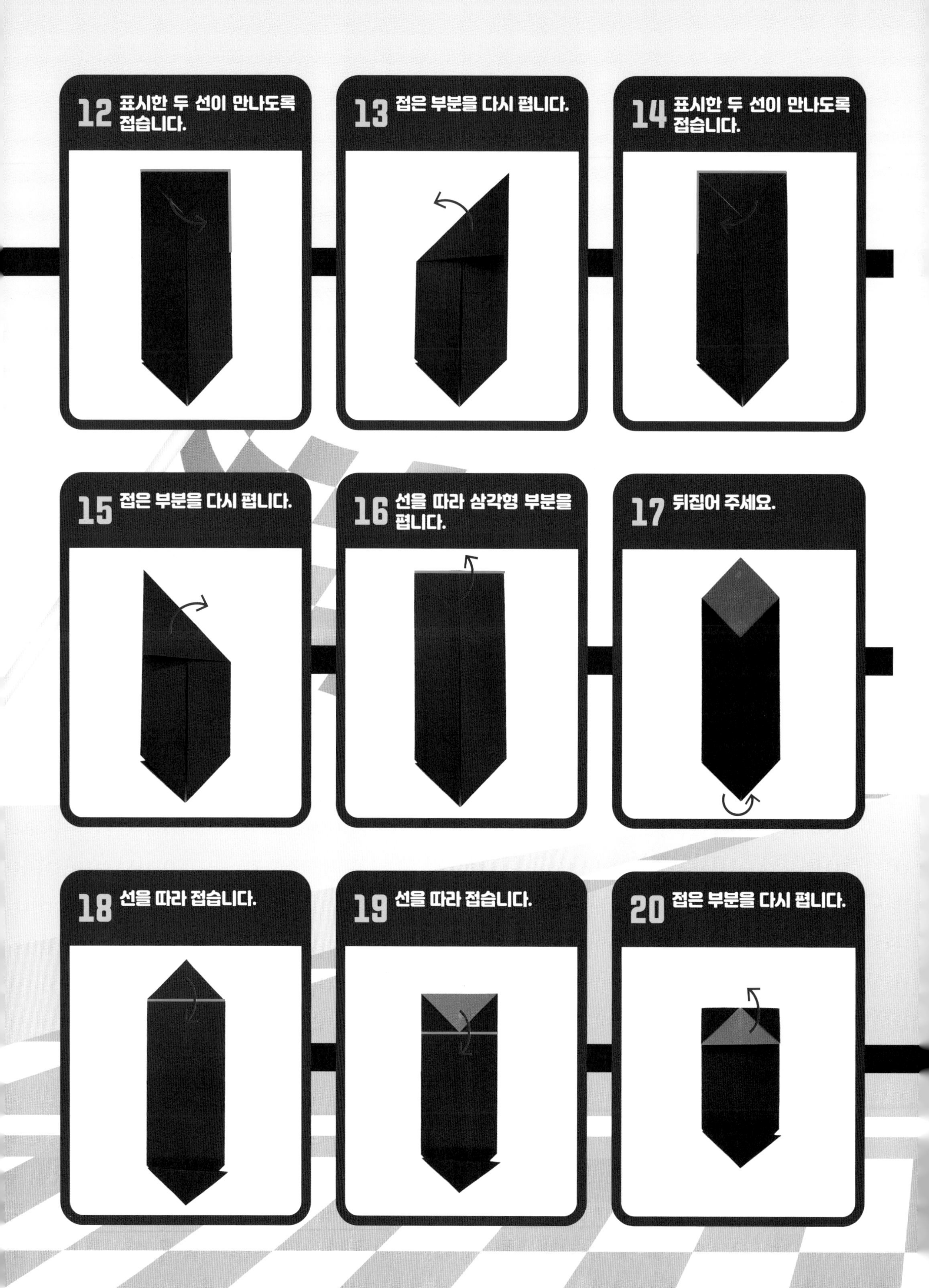
12 표시한 두 선이 만나도록 접습니다.
13 접은 부분을 다시 폅니다.
14 표시한 두 선이 만나도록 접습니다.
15 접은 부분을 다시 폅니다.
16 선을 따라 삼각형 부분을 폅니다.
17 뒤집어 주세요.
18 선을 따라 접습니다.
19 선을 따라 접습니다.
20 접은 부분을 다시 폅니다.

21 뒤집어 주세요.

22 화살표 방향으로 양쪽을 눌러 접습니다.

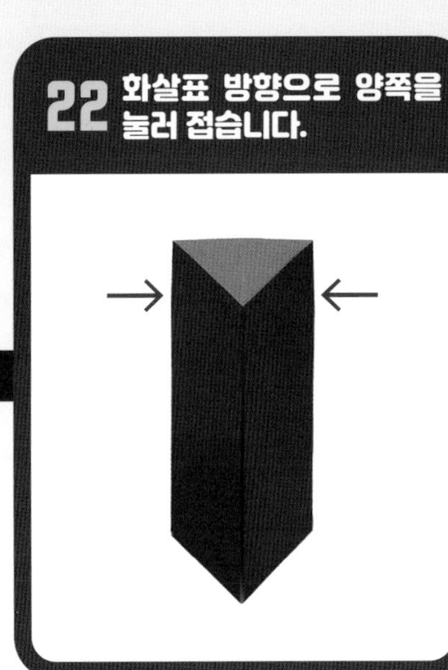

23 윗 삼각형 부분을 눌러 접습니다.

24 표시한 두 선이 만나도록 접습니다.

25 접은 부분을 다시 폅니다.

26 표시한 두 선이 만나도록 접습니다.

27 접은 부분을 다시 폅니다.

28 두 선을 따라 동시에 접습니다.

29 뾰족하게 튀어나온 부분을 화살표 방향으로 눕혀 접습니다.

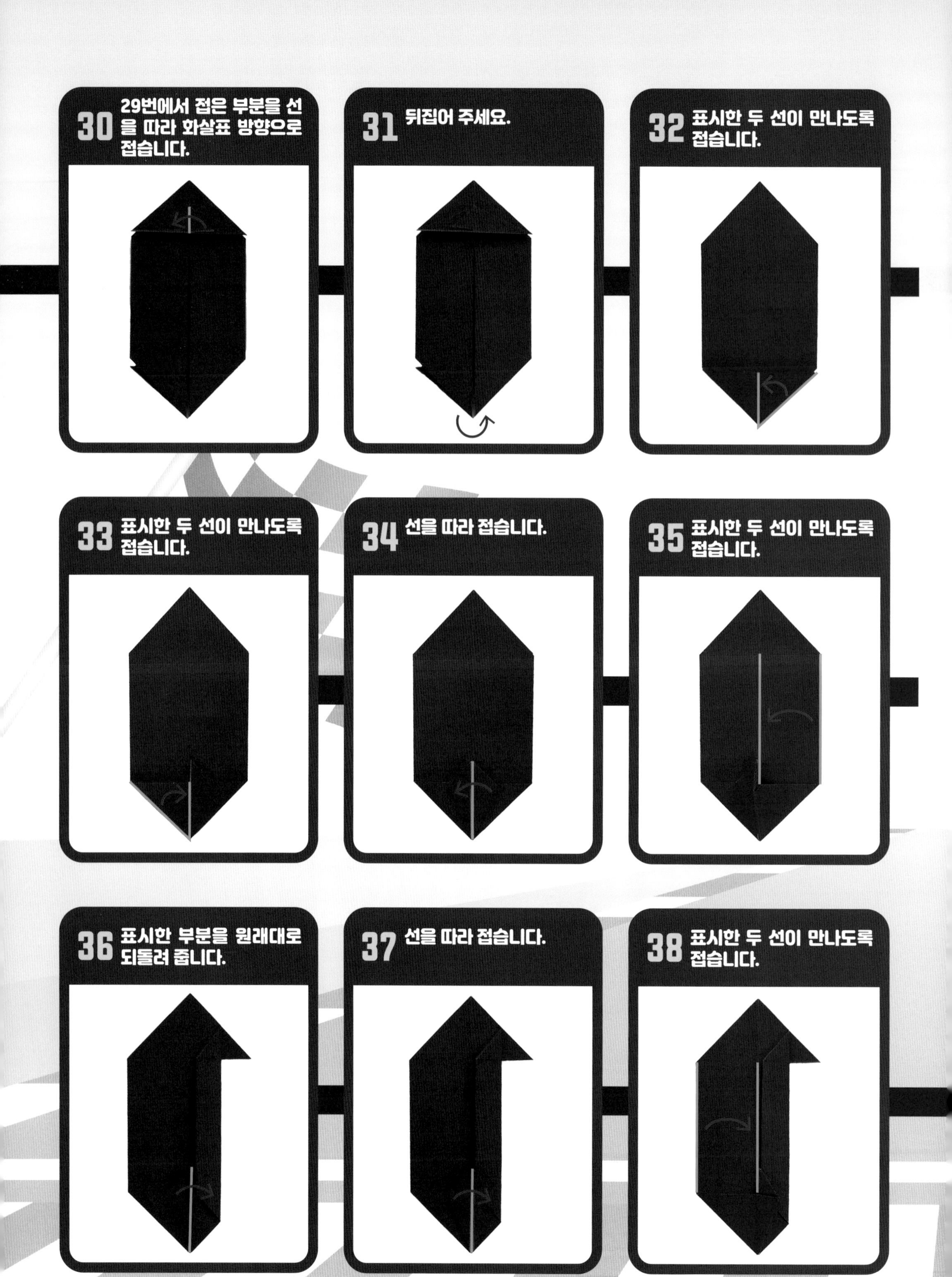
30
29번에서 접은 부분을 선을 따라 화살표 방향으로 접습니다.
31
뒤집어 주세요.
32
표시한 두 선이 만나도록 접습니다.
33
표시한 두 선이 만나도록 접습니다.
34
선을 따라 접습니다.
35
표시한 두 선이 만나도록 접습니다.
36
표시한 부분을 원래대로 되돌려 줍니다.
37
선을 따라 접습니다.
38
표시한 두 선이 만나도록 접습니다.

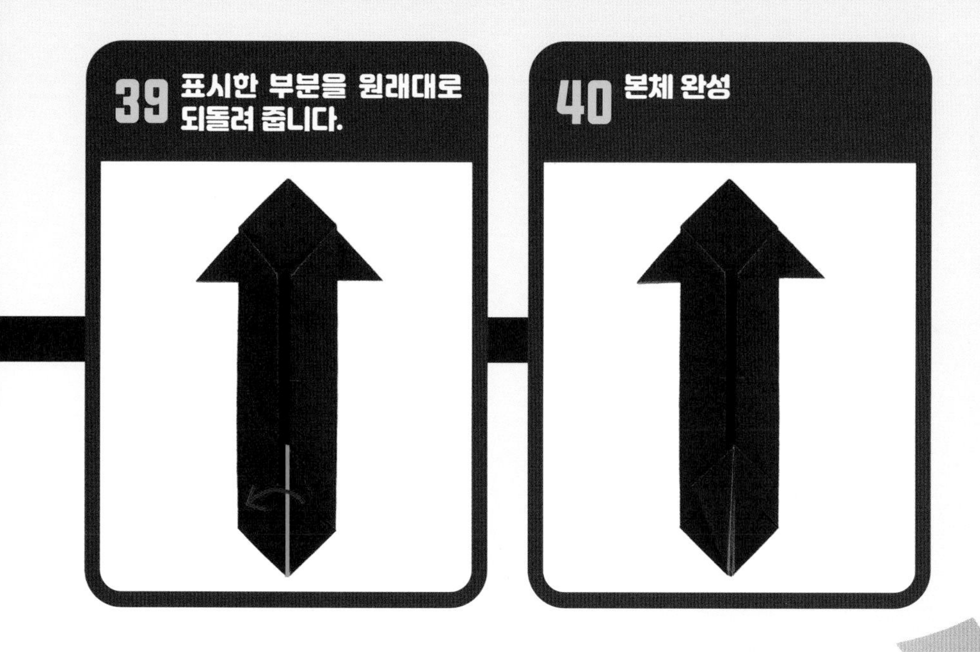
39 표시한 부분을 원래대로 되돌려 줍니다.
40 본체 완성

 윗단

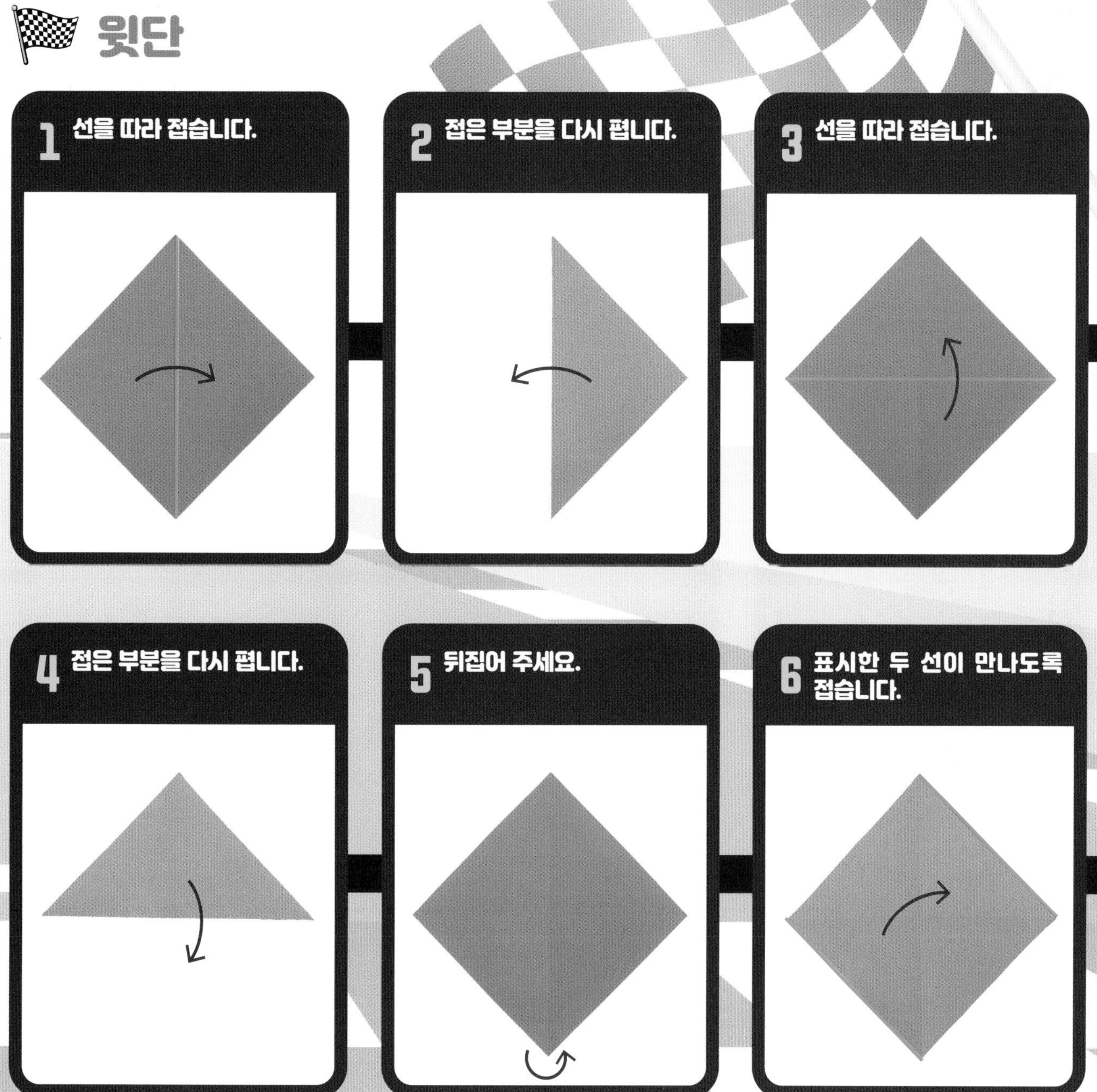
1 선을 따라 접습니다.
2 접은 부분을 다시 폅니다.
3 선을 따라 접습니다.
4 접은 부분을 다시 폅니다.
5 뒤집어 주세요.
6 표시한 두 선이 만나도록 접습니다.

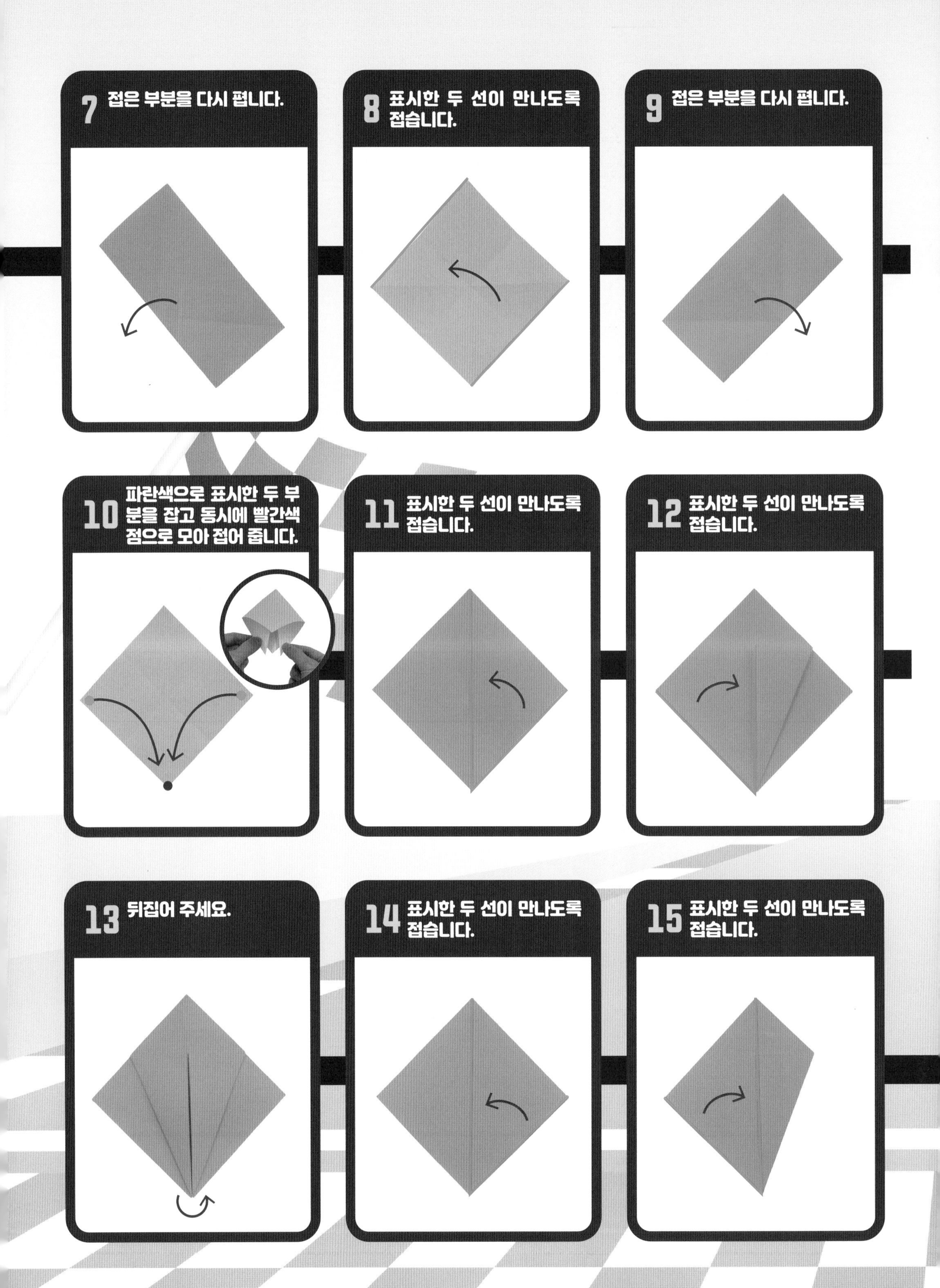
7 접은 부분을 다시 폅니다.
8 표시한 두 선이 만나도록 접습니다.
9 접은 부분을 다시 폅니다.
10 파란색으로 표시한 두 부분을 잡고 동시에 빨간색 점으로 모아 접어 줍니다.
11 표시한 두 선이 만나도록 접습니다.
12 표시한 두 선이 만나도록 접습니다.
13 뒤집어 주세요.
14 표시한 두 선이 만나도록 접습니다.
15 표시한 두 선이 만나도록 접습니다.

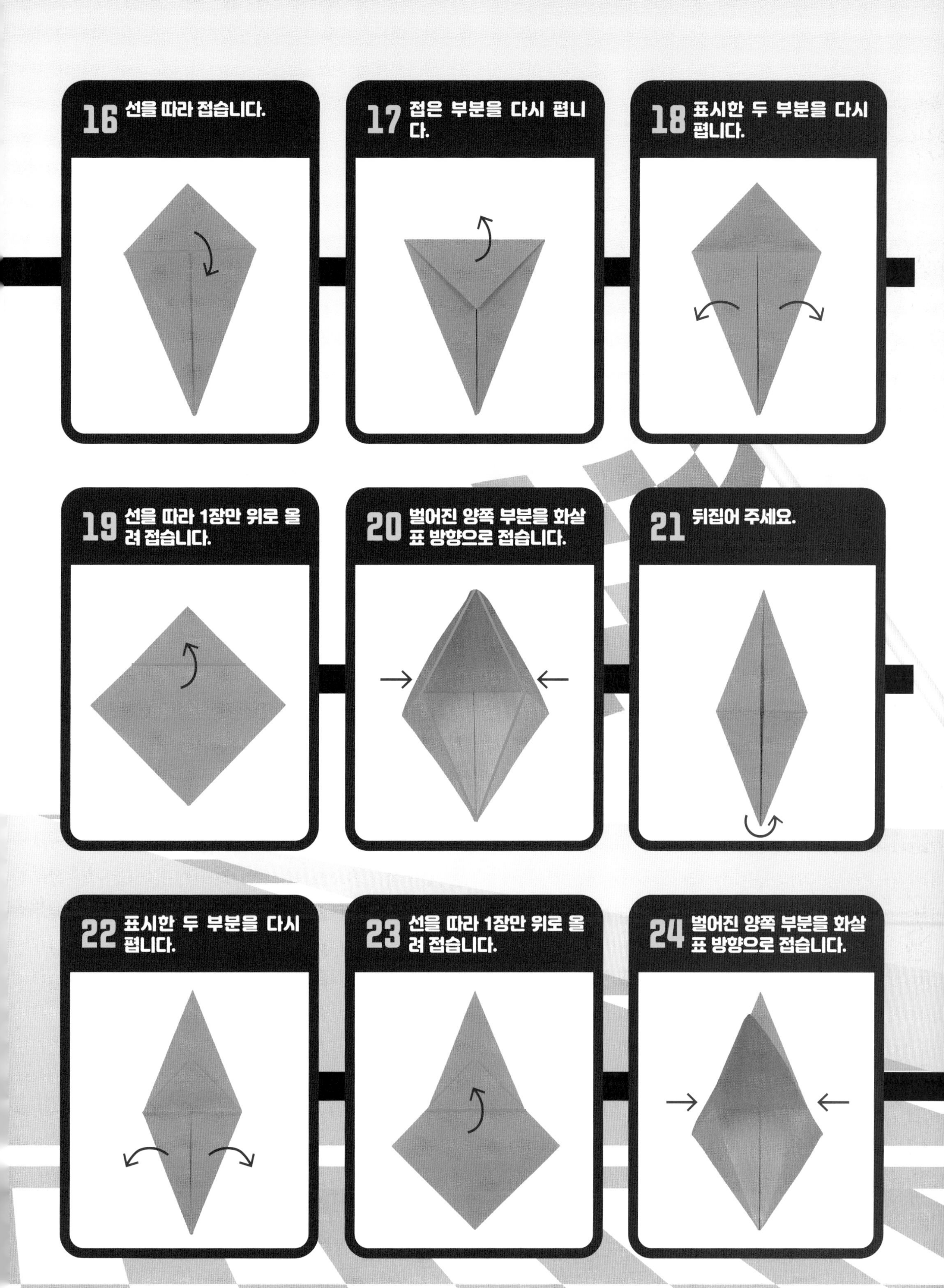
16 선을 따라 접습니다.
17 접은 부분을 다시 펍니다.
18 표시한 두 부분을 다시 폅니다.
19 선을 따라 1장만 위로 올려 접습니다.
20 벌어진 양쪽 부분을 화살표 방향으로 접습니다.
21 뒤집어 주세요.
22 표시한 두 부분을 다시 폅니다.
23 선을 따라 1장만 위로 올려 접습니다.
24 벌어진 양쪽 부분을 화살표 방향으로 접습니다.

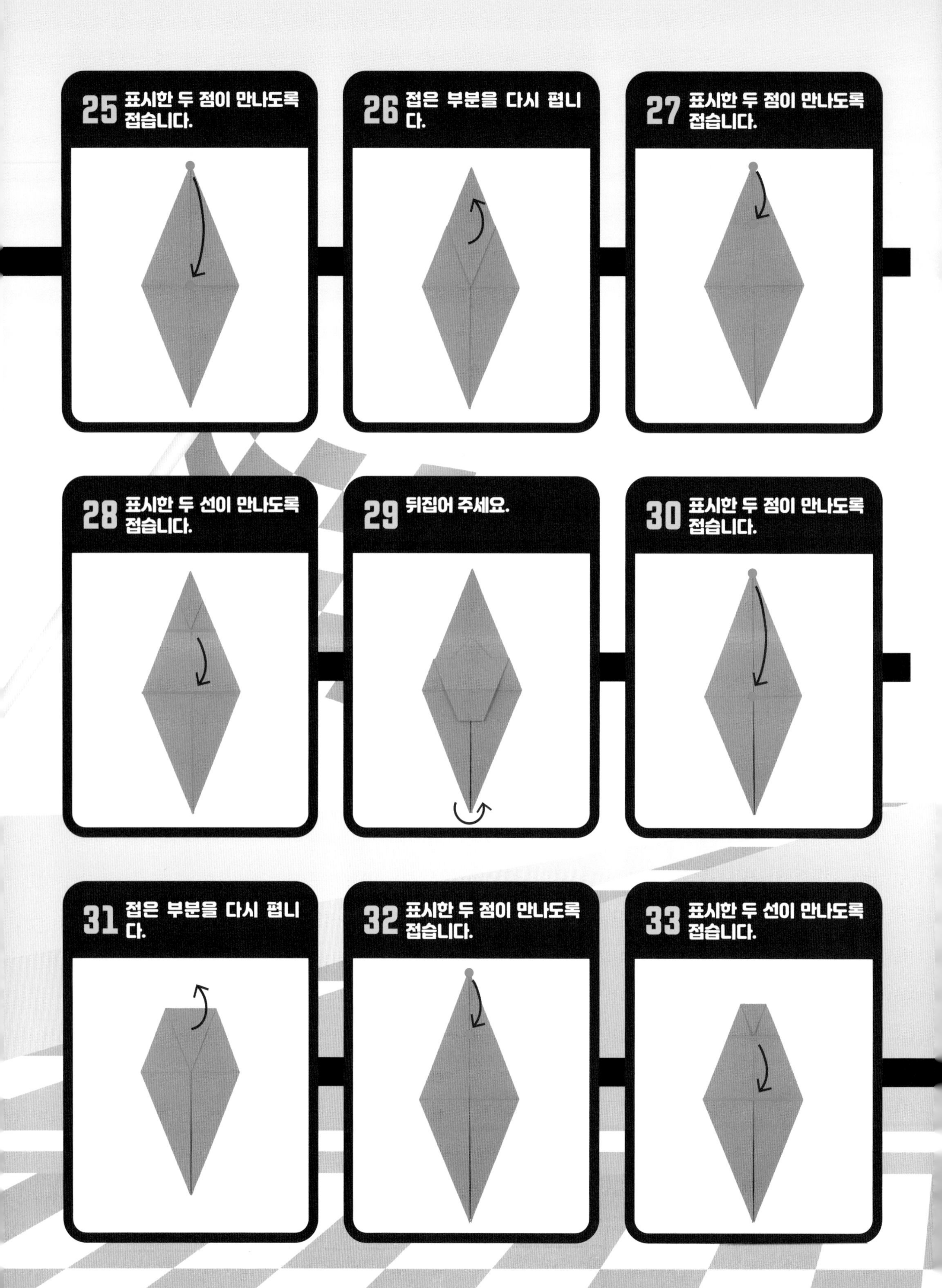
25 표시한 두 점이 만나도록 접습니다.
26 접은 부분을 다시 폅니다.
27 표시한 두 점이 만나도록 접습니다.
28 표시한 두 선이 만나도록 접습니다.
29 뒤집어 주세요.
30 표시한 두 점이 만나도록 접습니다.
31 접은 부분을 다시 폅니다.
32 표시한 두 점이 만나도록 접습니다.
33 표시한 두 선이 만나도록 접습니다.

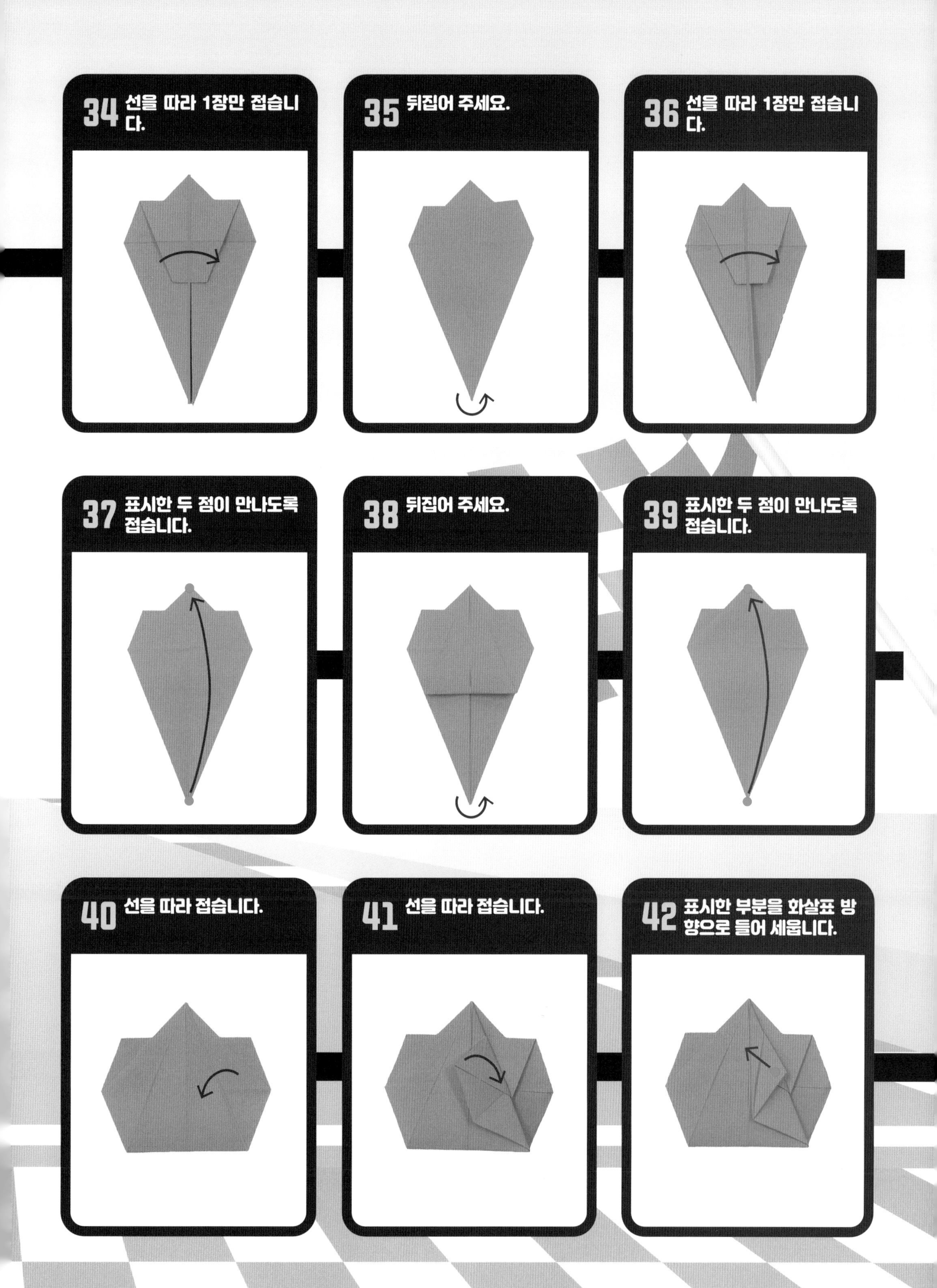
34 선을 따라 1장만 접습니다.
35 뒤집어 주세요.
36 선을 따라 1장만 접습니다.
37 표시한 두 점이 만나도록 접습니다.
38 뒤집어 주세요.
39 표시한 두 점이 만나도록 접습니다.
40 선을 따라 접습니다.
41 선을 따라 접습니다.
42 표시한 부분을 화살표 방향으로 들어 세웁니다.

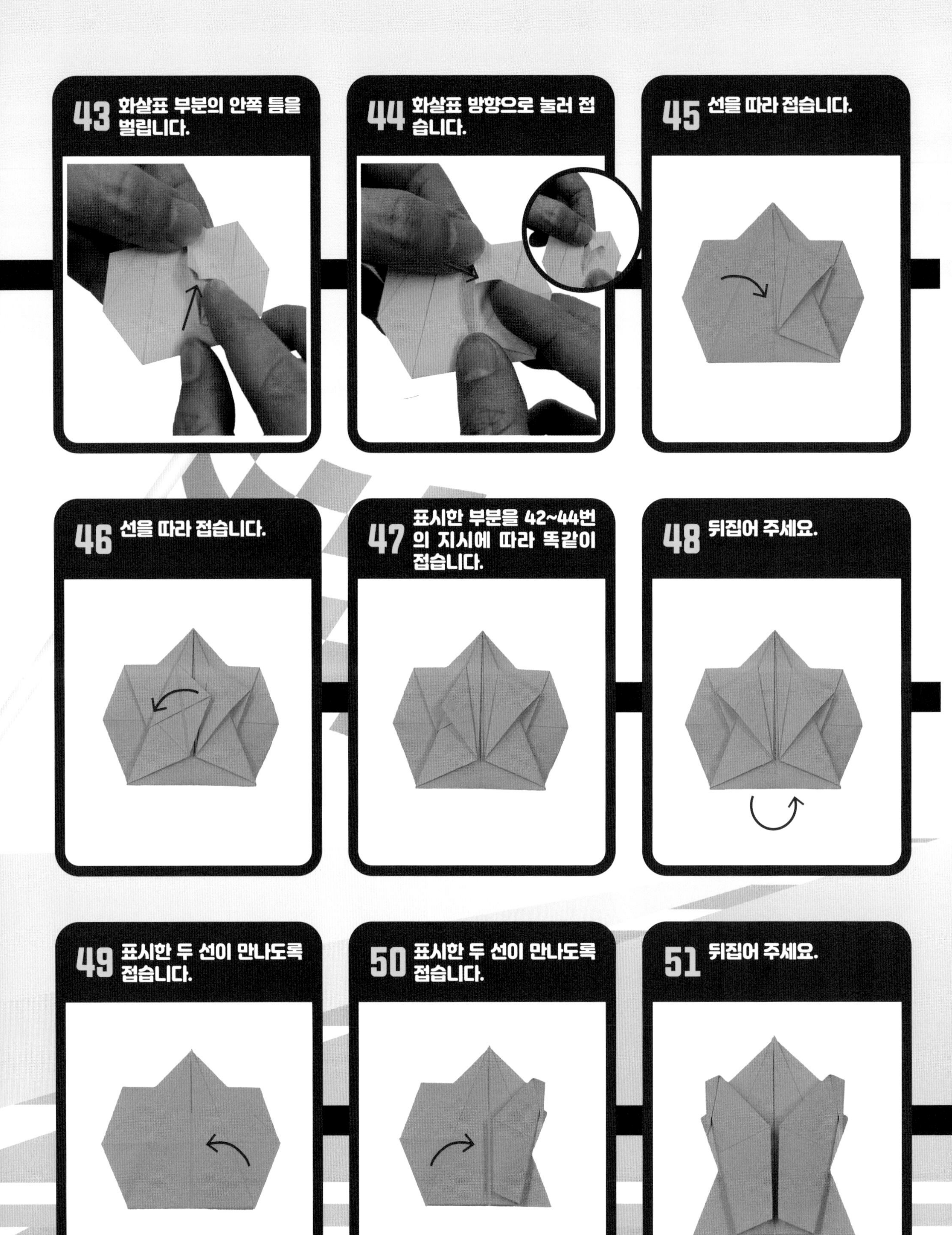
43 화살표 부분의 안쪽 틈을 벌립니다.
44 화살표 방향으로 눌러 접습니다.
45 선을 따라 접습니다.
46 선을 따라 접습니다.
47 표시한 부분을 42~44번의 지시에 따라 똑같이 접습니다.
48 뒤집어 주세요.
49 표시한 두 선이 만나도록 접습니다.
50 표시한 두 선이 만나도록 접습니다.
51 뒤집어 주세요.

52 윗단 완성

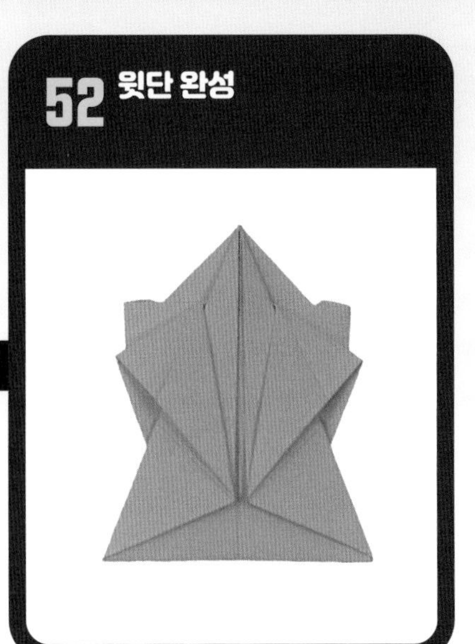

조립

1 본체와 윗단을 사진처럼 놓고 본체의 표시한 부분을 화살표 방향으로 넘어 주세요.

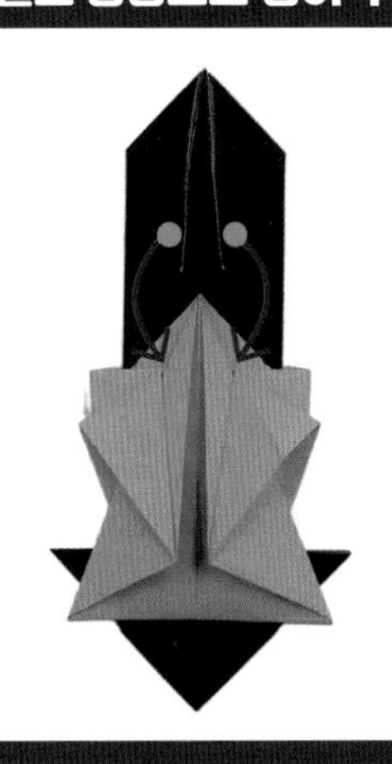

2 윗단의 화살표 부분을 벌리고 1번의 지시에 따라 넘어 주세요.

3 표시한 두 부분을 폅니다.

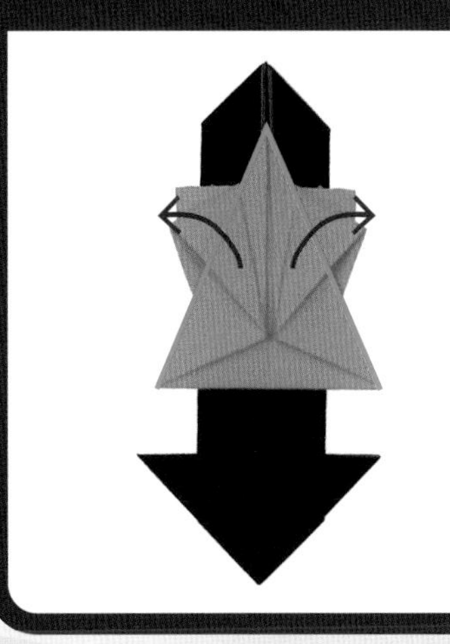

4 본체의 표시한 부분을 선을 따라 접습니다.

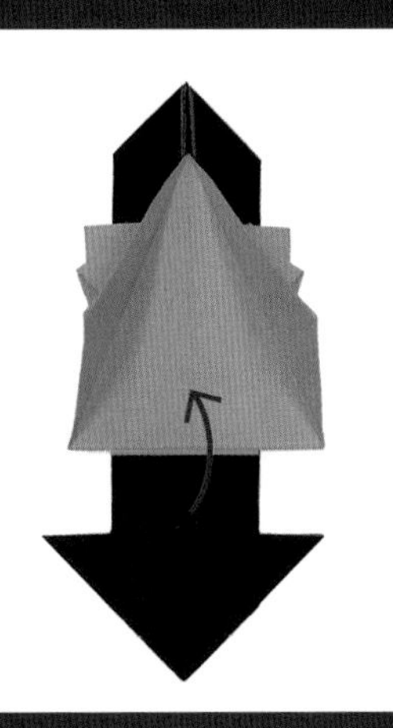

5 표시한 부분을 화살표 방향으로 들어 세웁니다.

6 윗단의 표시한 부분을 화살표 방향으로 접습니다.

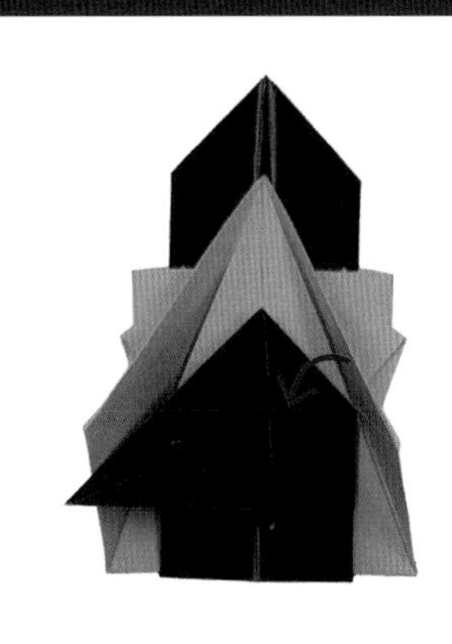

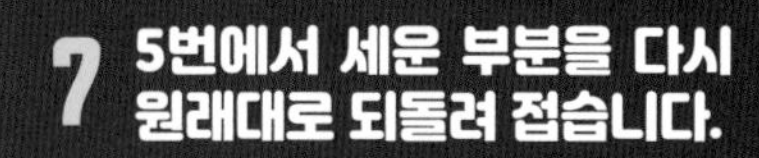

7 5번에서 세운 부분을 다시 원래대로 되돌려 접습니다.

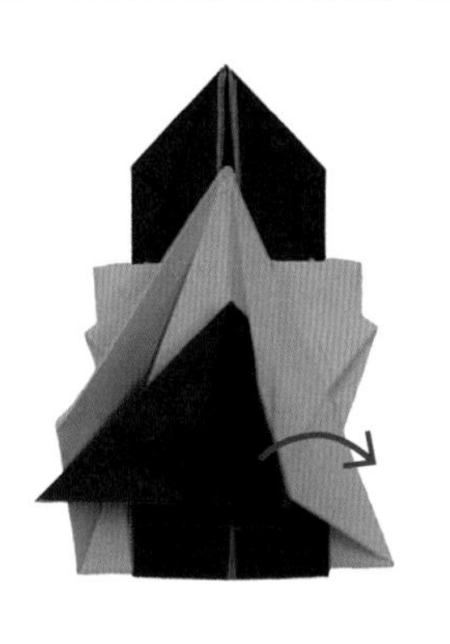

8 표시한 부분을 화살표 방향으로 들어 세웁니다.

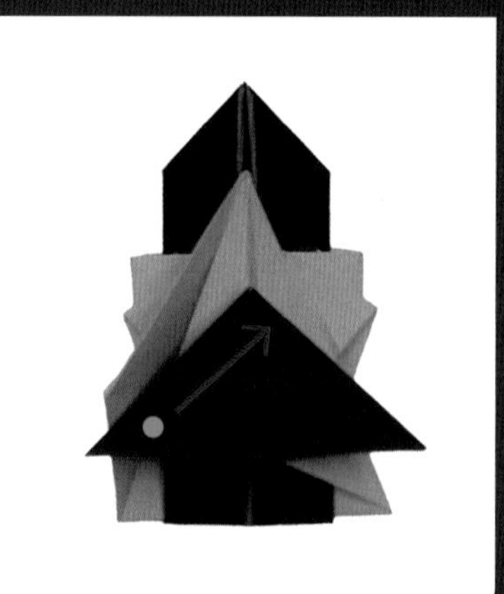

9 윗단의 표시한 부분을 화살표 방향으로 접습니다.

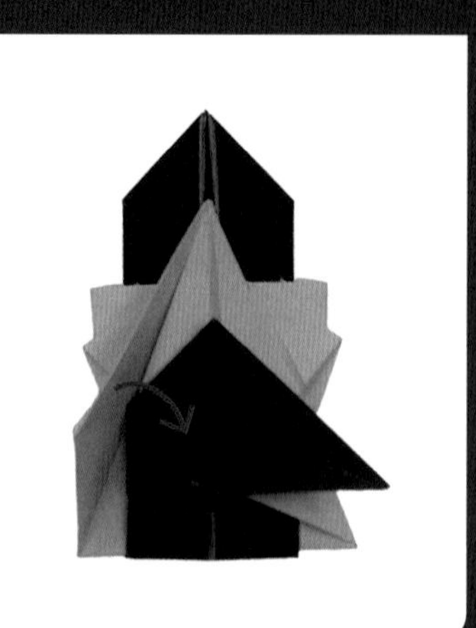

10 8번에서 세운 부분을 다시 원래대로 되돌려 접습니다.

11 표시한 부분을 화살표 방향으로 들어 세웁니다.

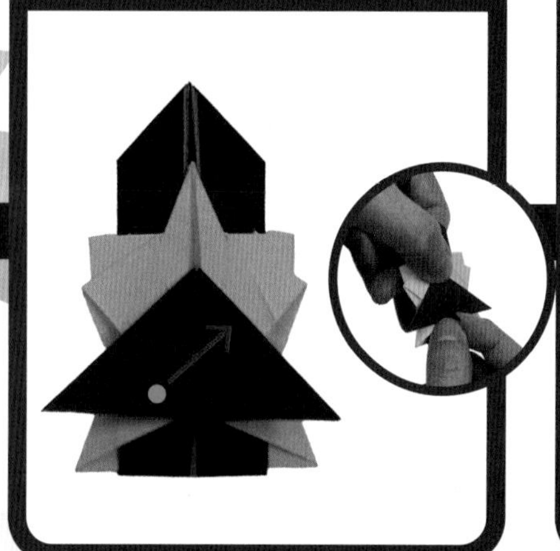

완성

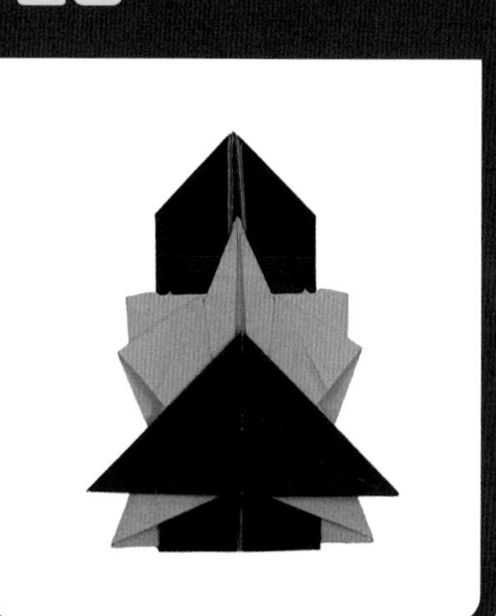

연습카트

가장 단순한 연습카트가 종이접기 미니카로 다시 태어났어요.
그 어떤 카트보다 멋진 모습의 연습카트 미니카를 함께 만들어 보세요.

난이도 ★★★★★

스피드

1.5

드리프트	1.5
커브	3
민첩	1.5
부스터	1.5

준비물

반으로 자른 색종이 1장(파란색-하늘색 양면 색종이)

1 표시한 두 선이 만나도록 접습니다.

2 접은 부분을 다시 폅니다.

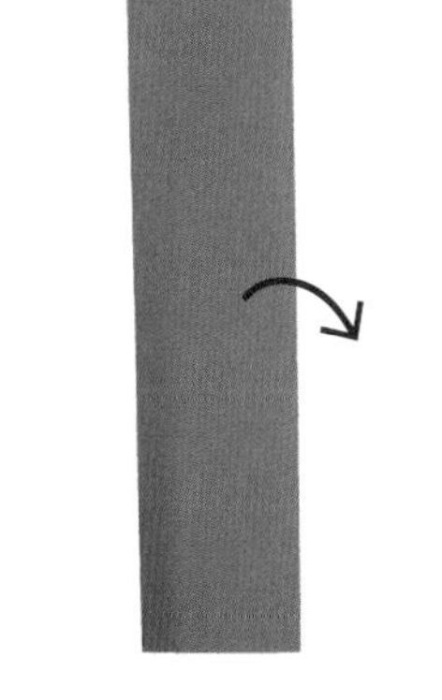

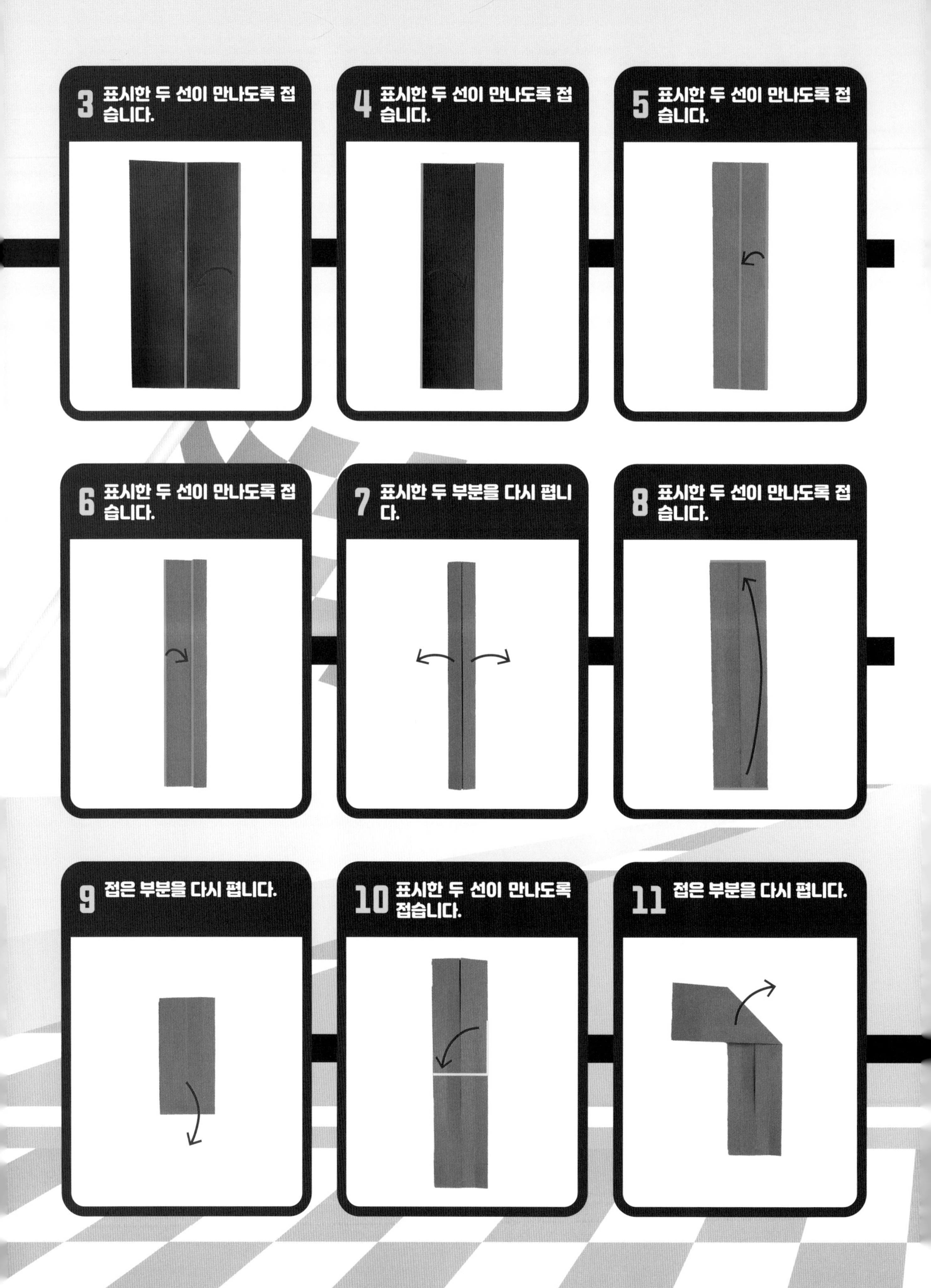
3 표시한 두 선이 만나도록 접습니다.
4 표시한 두 선이 만나도록 접습니다.
5 표시한 두 선이 만나도록 접습니다.
6 표시한 두 선이 만나도록 접습니다.
7 표시한 두 부분을 다시 펍니다.
8 표시한 두 선이 만나도록 접습니다.
9 접은 부분을 다시 펍니다.
10 표시한 두 선이 만나도록 접습니다.
11 접은 부분을 다시 펍니다.

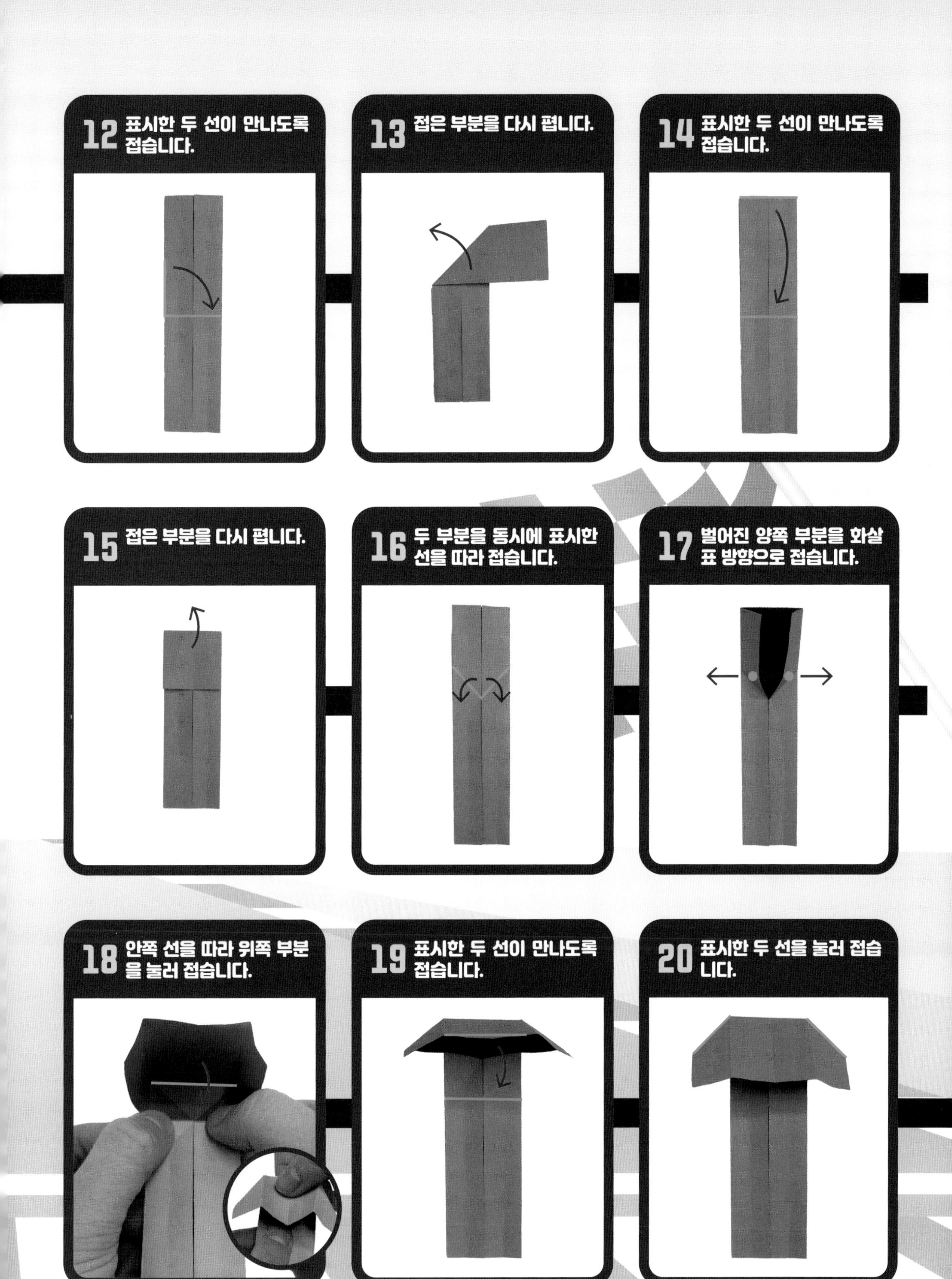
12 표시한 두 선이 만나도록 접습니다.
13 접은 부분을 다시 폅니다.
14 표시한 두 선이 만나도록 접습니다.
15 접은 부분을 다시 폅니다.
16 두 부분을 동시에 표시한 선을 따라 접습니다.
17 벌어진 양쪽 부분을 화살표 방향으로 접습니다.
18 안쪽 선을 따라 위쪽 부분을 눌러 접습니다.
19 표시한 두 선이 만나도록 접습니다.
20 표시한 두 선을 눌러 접습니다.

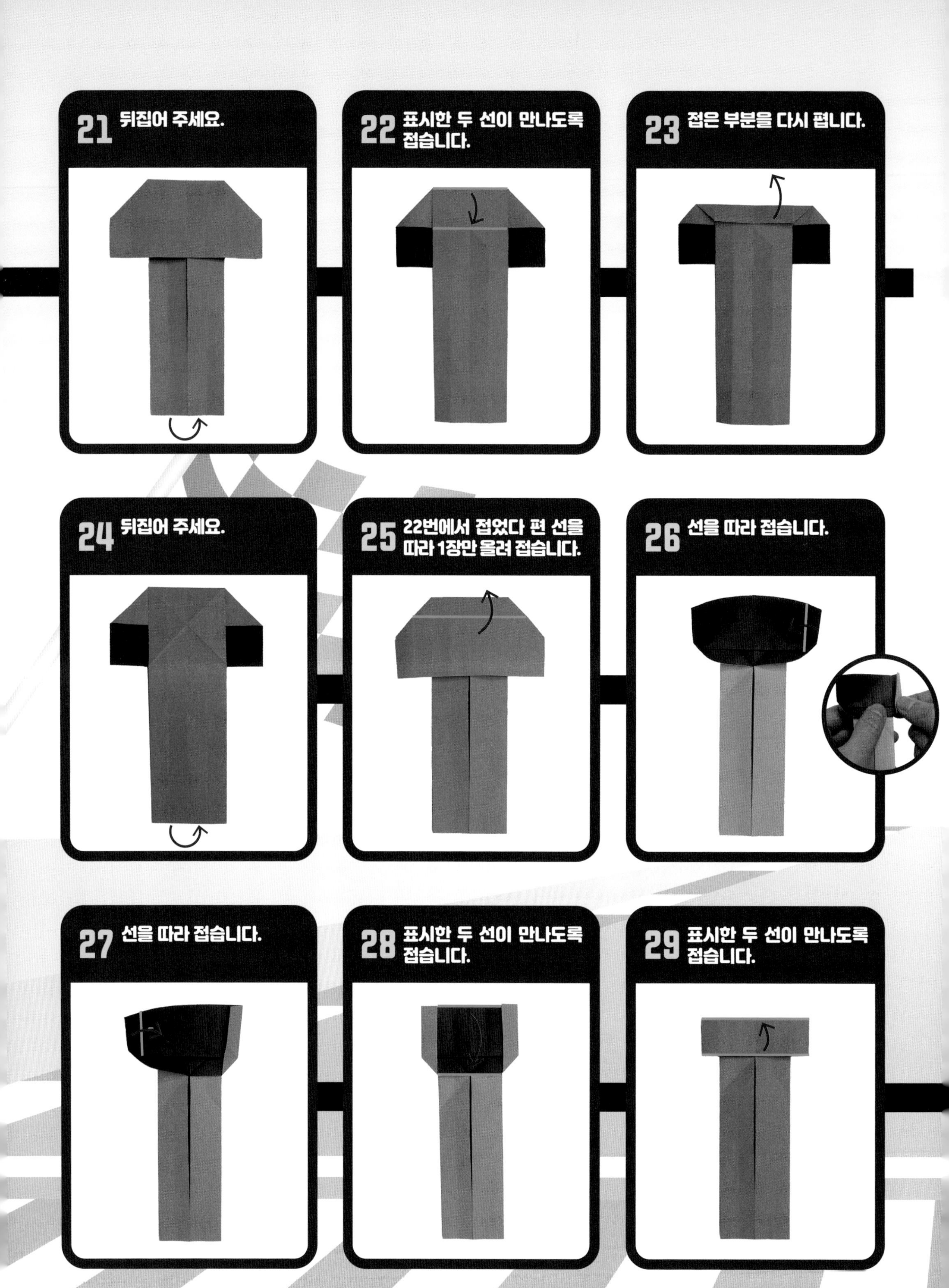
21 뒤집어 주세요.
22 표시한 두 선이 만나도록 접습니다.
23 접은 부분을 다시 폅니다.
24 뒤집어 주세요.
25 22번에서 접었다 편 선을 따라 1장만 올려 접습니다.
26 선을 따라 접습니다.
27 선을 따라 접습니다.
28 표시한 두 선이 만나도록 접습니다.
29 표시한 두 선이 만나도록 접습니다.

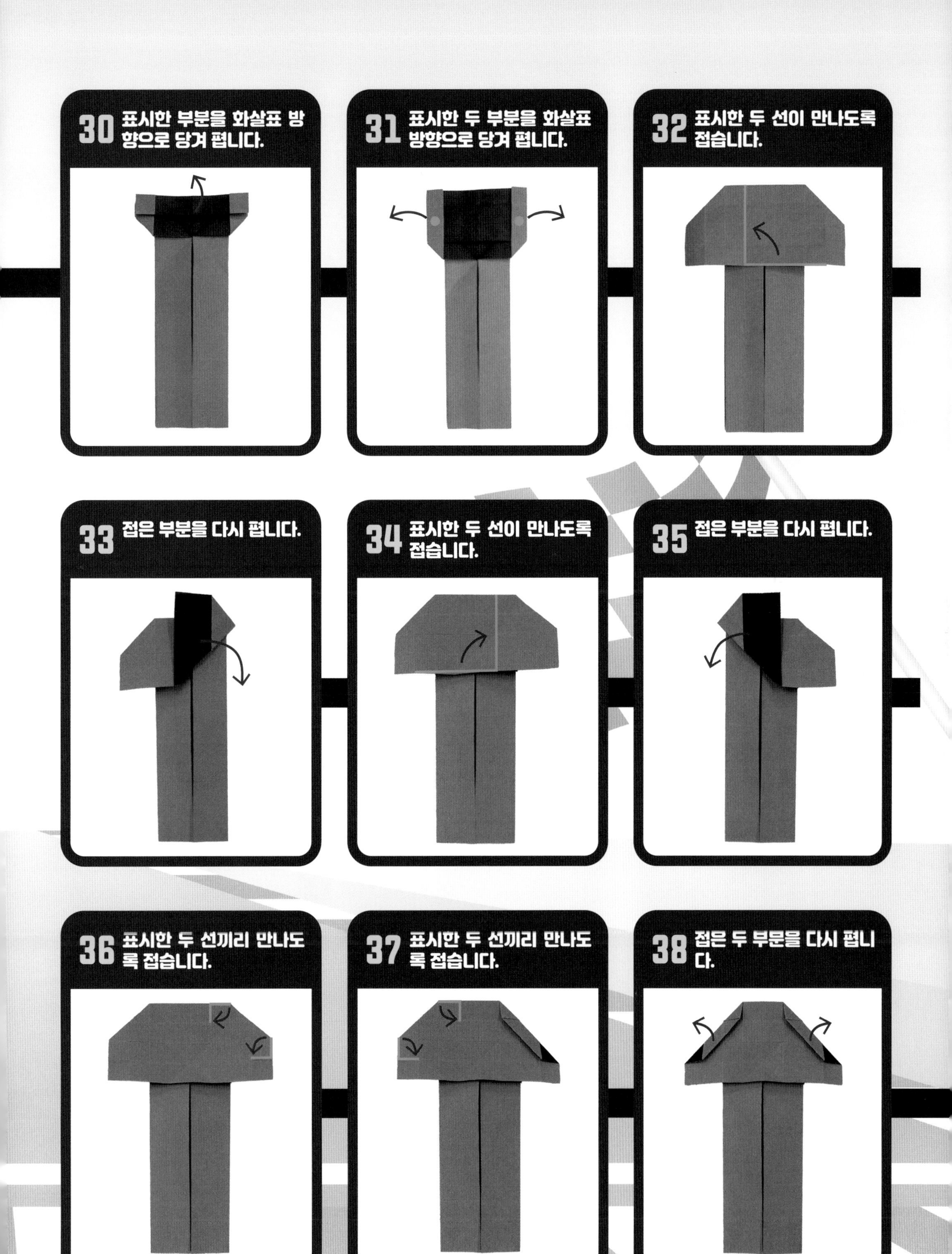
30 표시한 부분을 화살표 방향으로 당겨 펍니다.
31 표시한 두 부분을 화살표 방향으로 당겨 펍니다.
32 표시한 두 선이 만나도록 접습니다.
33 접은 부분을 다시 펍니다.
34 표시한 두 선이 만나도록 접습니다.
35 접은 부분을 다시 펍니다.
36 표시한 두 선끼리 만나도록 접습니다.
37 표시한 두 선끼리 만나도록 접습니다.
38 접은 두 부분을 다시 펍니다.

39 선을 따라 접습니다.

40 선을 따라 윗부분을 화살표 방향으로 접습니다.

41 표시한 부분을 화살표 방향으로 당기며 선을 따라 접습니다.

42 점선으로 표시한 접는 선을 눌러줍니다.

43 선을 따라 화살표 방향으로 접습니다.

44 표시한 부분을 화살표 방향으로 당깁니다.

45 점선으로 표시한 접는 선을 눌러줍니다.

46 선을 따라 화살표 방향으로 접습니다.

47 화살표 부분의 안쪽 틈을 벌립니다.

48 선을 따라 화살표 방향으로 접습니다.

49 선을 따라 화살표 방향으로 밀며 접습니다.

50 반대쪽도 49번의 지시와 똑같이 화살표 방향으로 밀며 접습니다.

51 표시한 선이 잘 보이도록 눌러 접습니다.

52 표시한 두 선이 만나도록 접습니다.

53 접은 부분을 다시 폅니다.

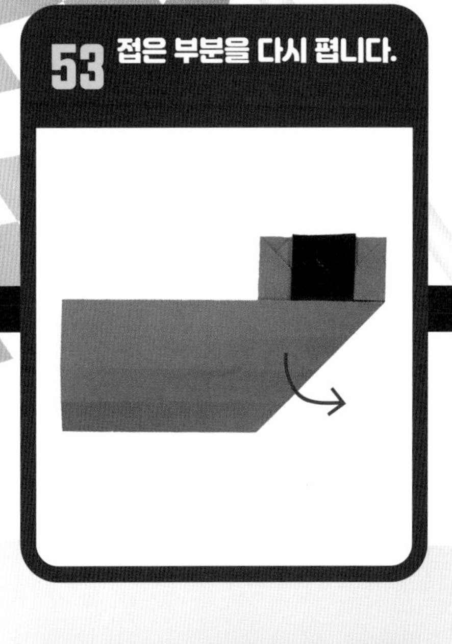

54 표시한 두 선이 만나도록 접습니다.

55 접은 부분을 다시 폅니다.

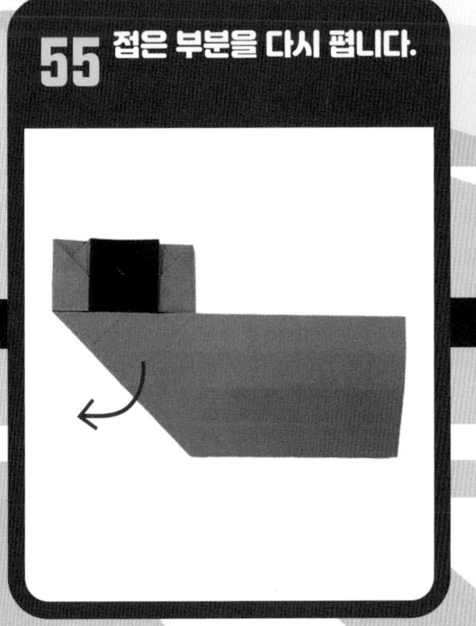

56 표시한 두 선이 만나도록 접습니다.

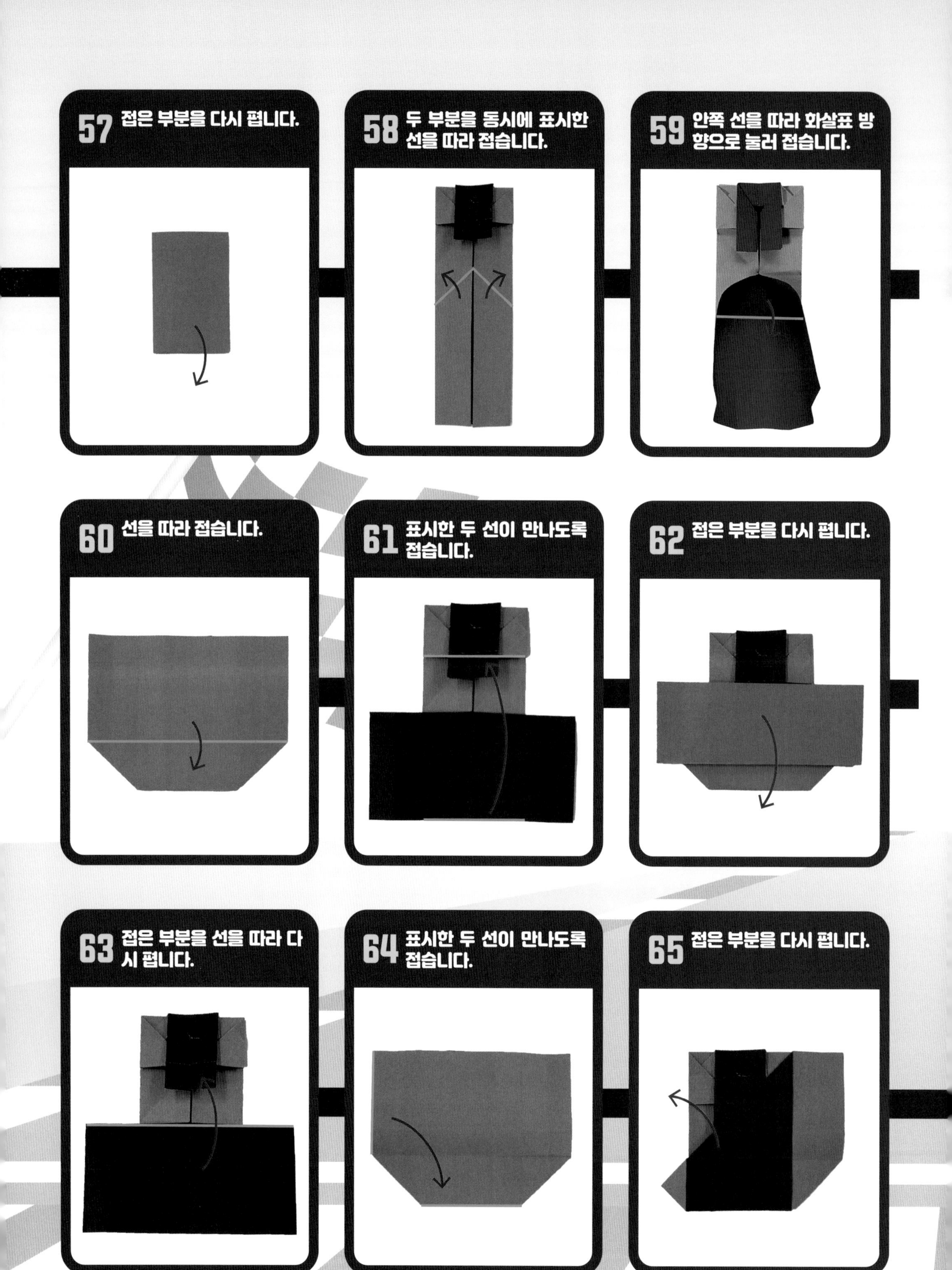
57 접은 부분을 다시 폅니다.
58 두 부분을 동시에 표시한 선을 따라 접습니다.
59 안쪽 선을 따라 화살표 방향으로 눌러 접습니다.
60 선을 따라 접습니다.
61 표시한 두 선이 만나도록 접습니다.
62 접은 부분을 다시 폅니다.
63 접은 부분을 선을 따라 다시 폅니다.
64 표시한 두 선이 만나도록 접습니다.
65 접은 부분을 다시 폅니다.

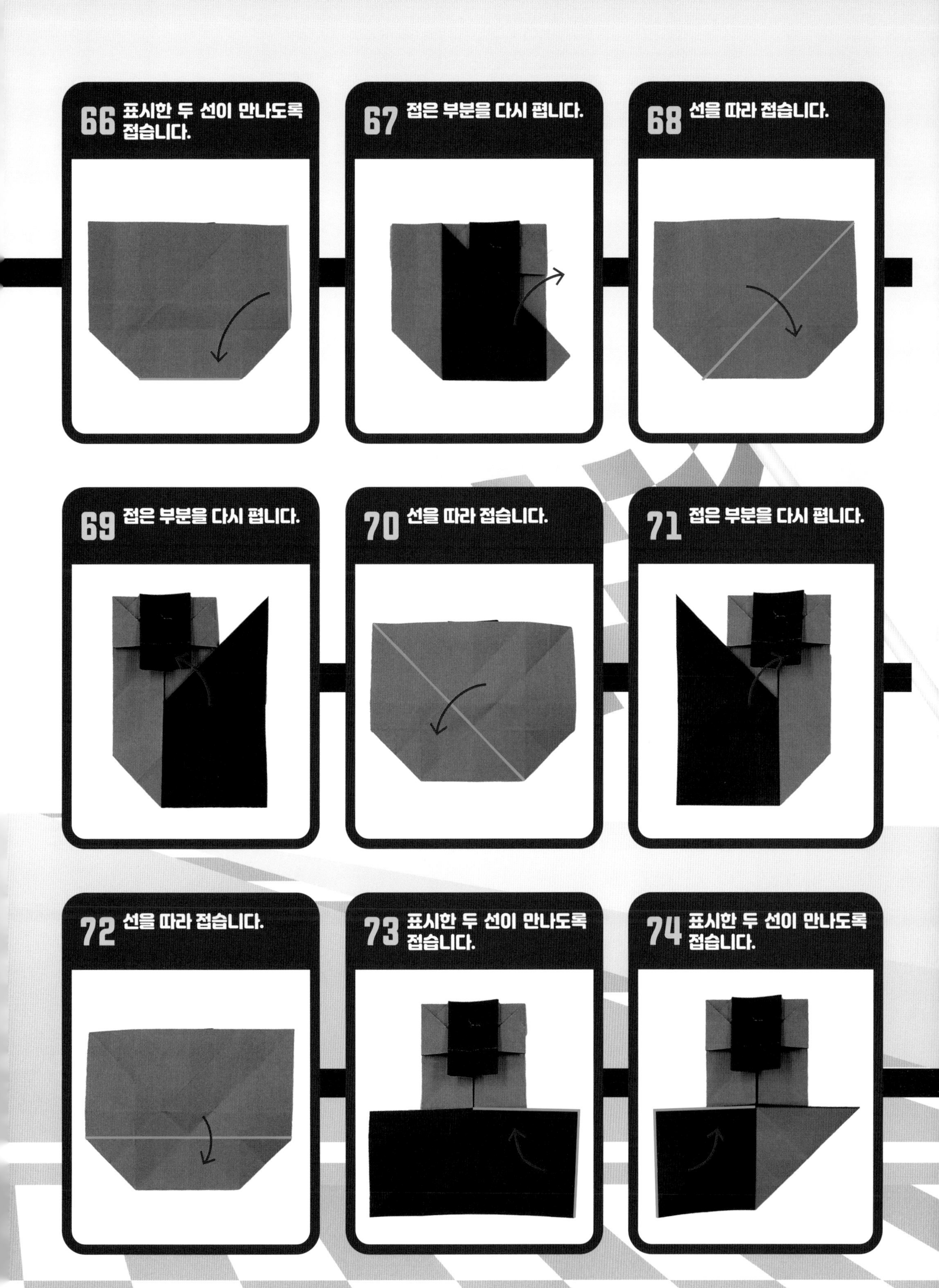
66 표시한 두 선이 만나도록 접습니다.
67 접은 부분을 다시 펍니다.
68 선을 따라 접습니다.
69 접은 부분을 다시 펍니다.
70 선을 따라 접습니다.
71 접은 부분을 다시 펍니다.
72 선을 따라 접습니다.
73 표시한 두 선이 만나도록 접습니다.
74 표시한 두 선이 만나도록 접습니다.

75 표시한 두 부분을 다시 폅니다.

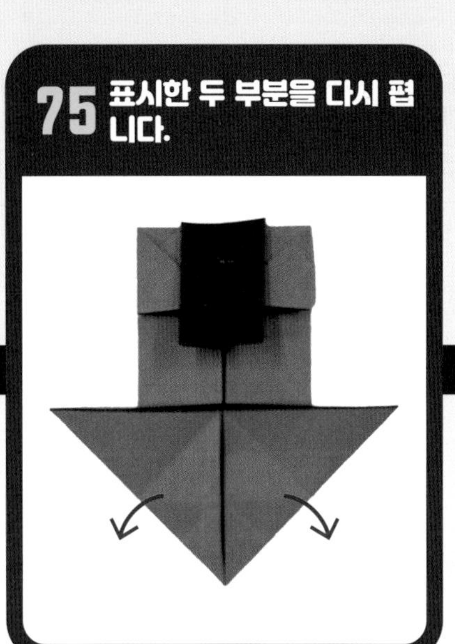

76 따라 접기 쉽도록 전체를 반 바퀴 돌려 주세요.

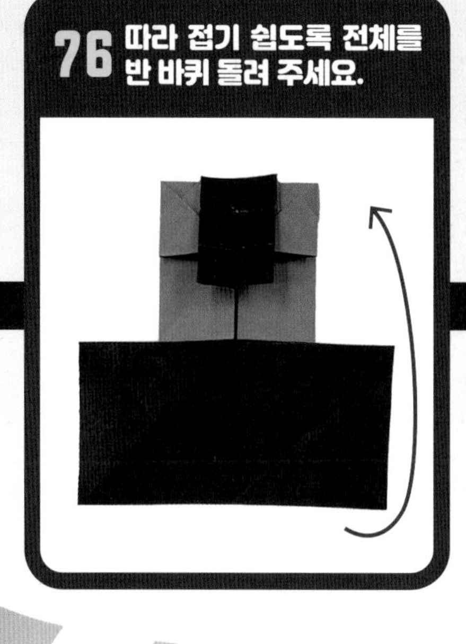

77 선을 따라 접습니다.

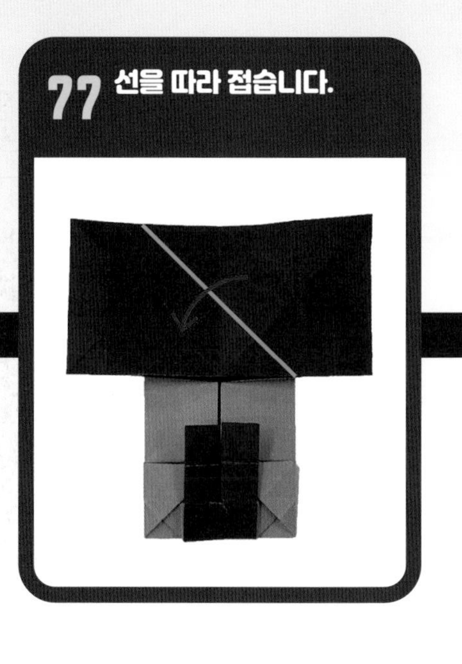

78 선을 따라 화살표 부분을 밀어 접습니다.

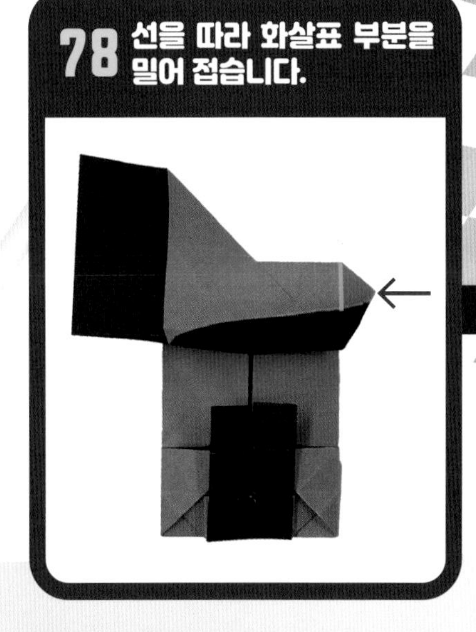

79 표시한 부분을 눌러 접습니다.

80 선을 따라 접습니다.

81 표시한 부분을 화살표 방향으로 밀어 접습니다.

82 표시한 선을 따라 눌러 접습니다.

83 77~82번에서 접은 부분을 화살표 방향으로 당겨 다시 폅니다.

84 선을 따라 접습니다.

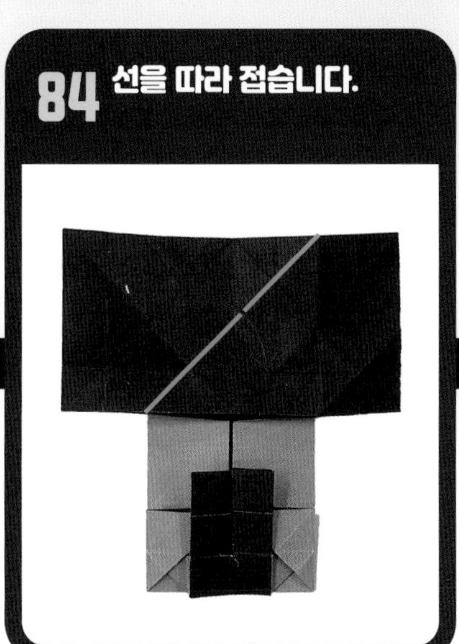

85 선을 따라 화살표 부분을 밀어 접습니다.

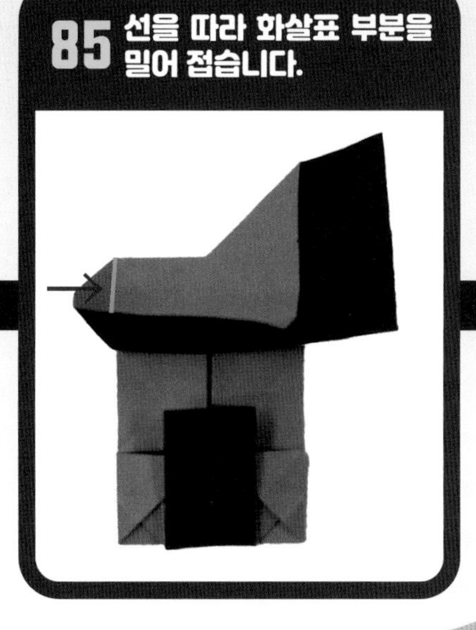

86 선을 따라 81~82번의 지시와 똑같이 접습니다.

87 선을 따라 접습니다.

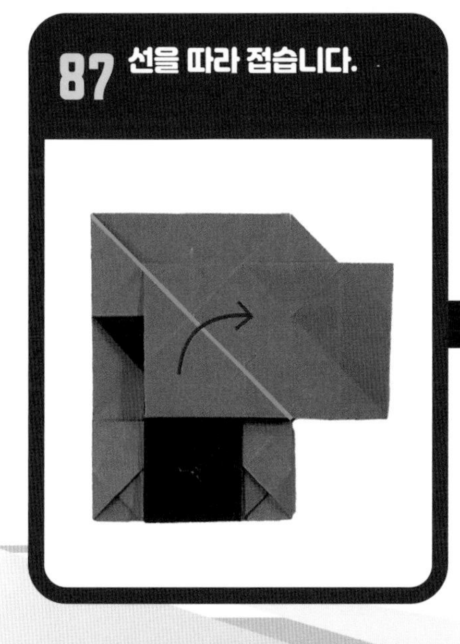

88 표시한 두 선이 만나도록 접습니다.

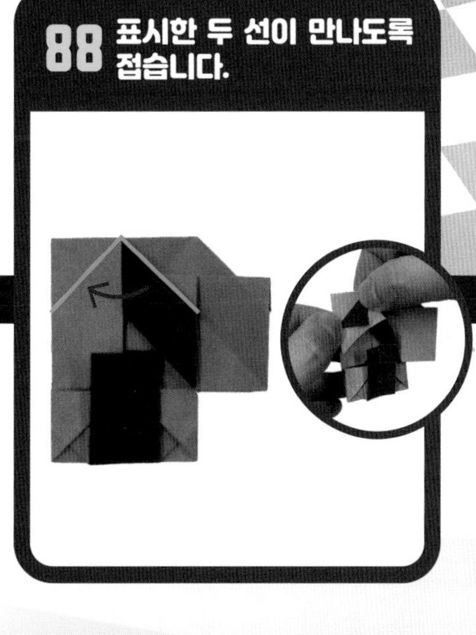

89 화살표 방향으로 밀면서 접습니다.

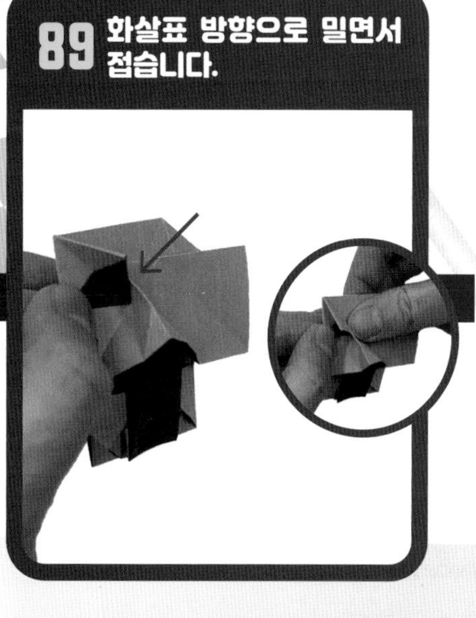

90 선을 따라 접습니다.

91 표시한 부분을 손으로 잡고 화살표 방향으로 당깁니다.

92 표시한 부분을 화살표 방향으로 밀어 접습니다.

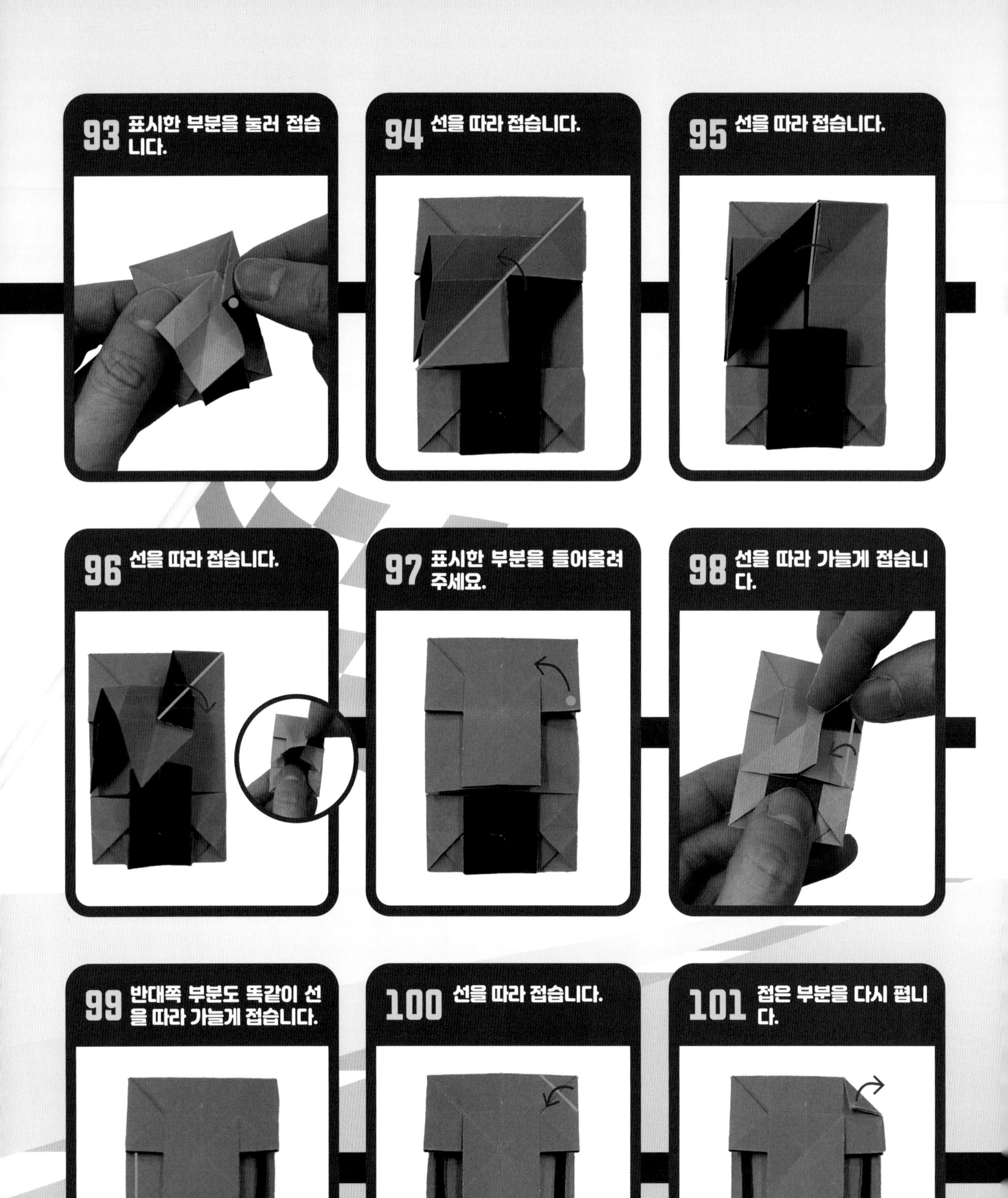
93 표시한 부분을 눌러 접습니다.
94 선을 따라 접습니다.
95 선을 따라 접습니다.
96 선을 따라 접습니다.
97 표시한 부분을 들어올려 주세요.
98 선을 따라 가늘게 접습니다.
99 반대쪽 부분도 똑같이 선을 따라 가늘게 접습니다.
100 선을 따라 접습니다.
101 접은 부분을 다시 폅니다.

102 삼각형 부분을 화살표 방향으로 밀어 넣어 접습니다.

103 선을 따라 접습니다.

104 접은 부분을 다시 폅니다.

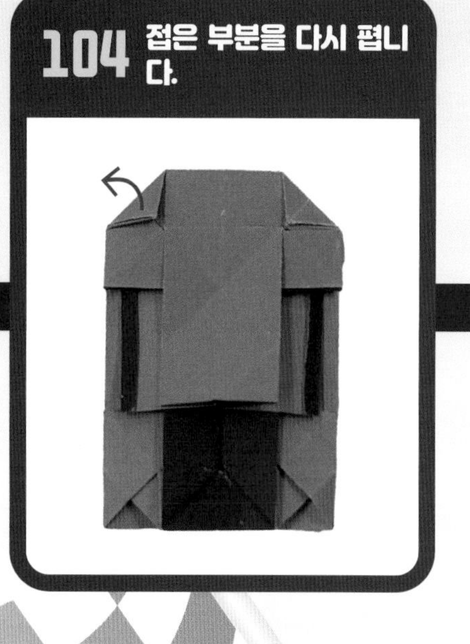

105 삼각형 부분을 102번의 지시에 따라 똑같이 밀어 넣어 접습니다.

106 선을 따라 접습니다.

107 표시한 두 선이 만나도록 접습니다.

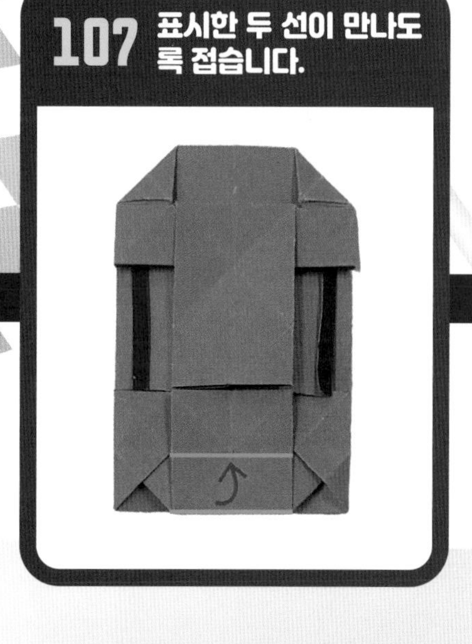

108 표시한 부분을 화살표 방향으로 들어 세웁니다.

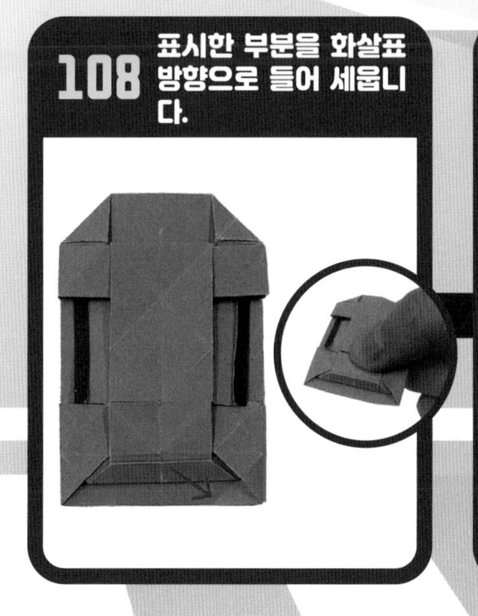

109 표시한 부분을 화살표 방향으로 들어 세웁니다.

110 표시한 두 부분을 양쪽으로 벌립니다.

111 표시한 두 부분을 화살표 사이로 끼워 넣습니다.

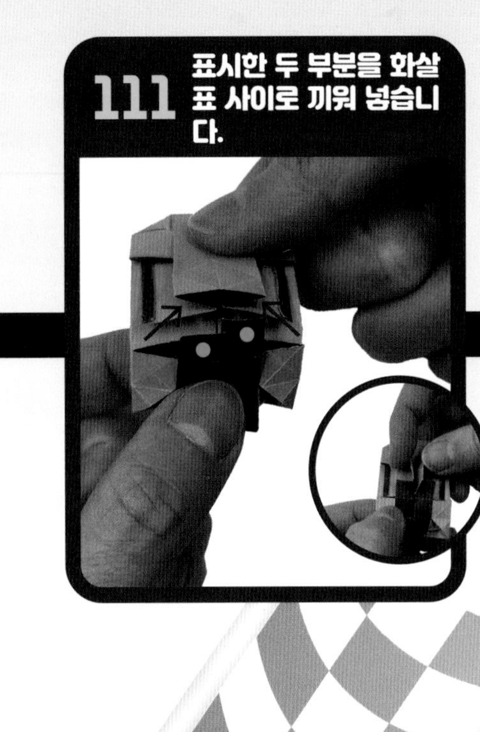

완성

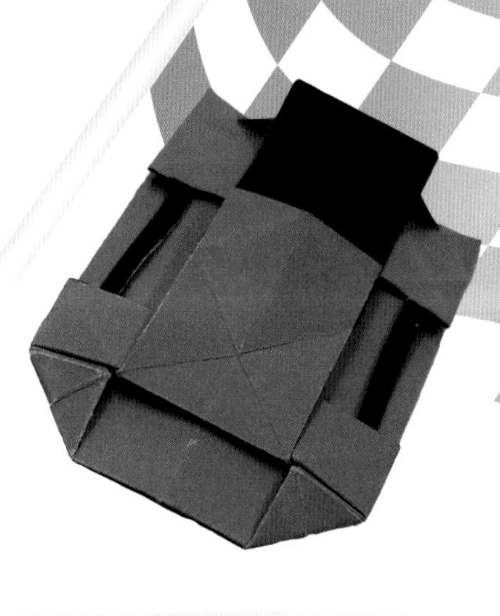

고스트어벤저

빨간색 부스터가 강렬하게 느껴지는 미니카예요.
얼마나 빨리 달릴 수 있는지 만들어서 확인해 보세요.

만들기 동영상

난이도 ★★

스피드

3.5

드리프트		3
커브		4
민첩		5
부스터		3.5

6쪽 공통 부분 접기를 완성하고 시작하세요.

준비물

색종이 1장(빨간색-노란색 양면 색종이)

1 표시한 두 선이 만나도록 접습니다.

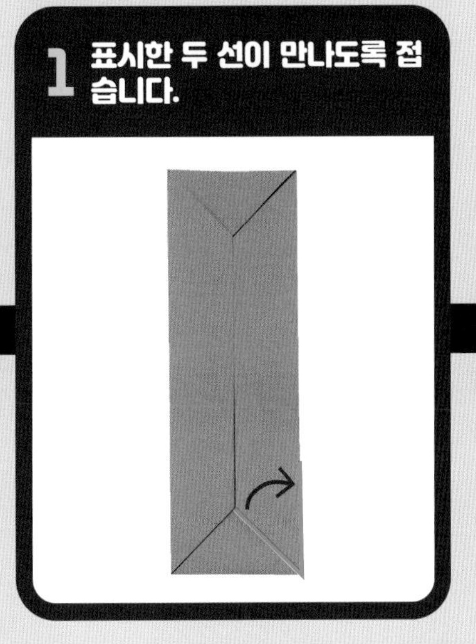

2 표시한 두 선이 만나도록 접습니다.

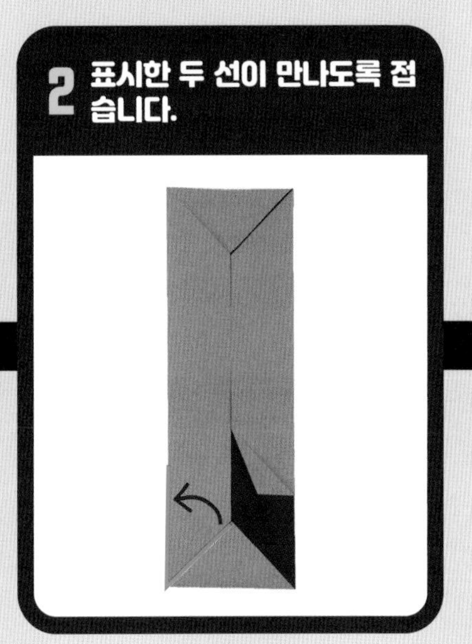

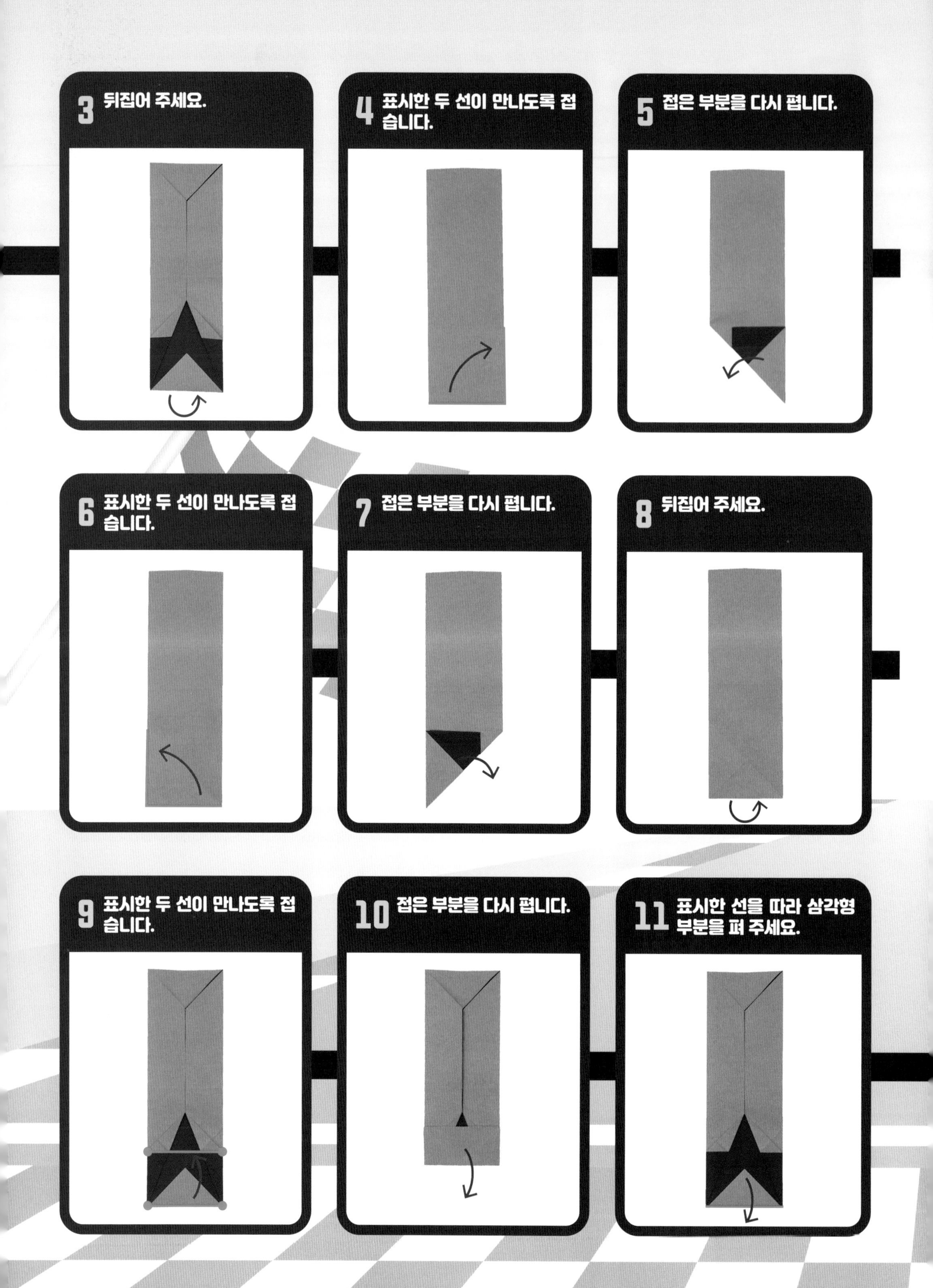
3 뒤집어 주세요.
4 표시한 두 선이 만나도록 접습니다.
5 접은 부분을 다시 폅니다.
6 표시한 두 선이 만나도록 접습니다.
7 접은 부분을 다시 폅니다.
8 뒤집어 주세요.
9 표시한 두 선이 만나도록 접습니다.
10 접은 부분을 다시 폅니다.
11 표시한 선을 따라 삼각형 부분을 펴 주세요.

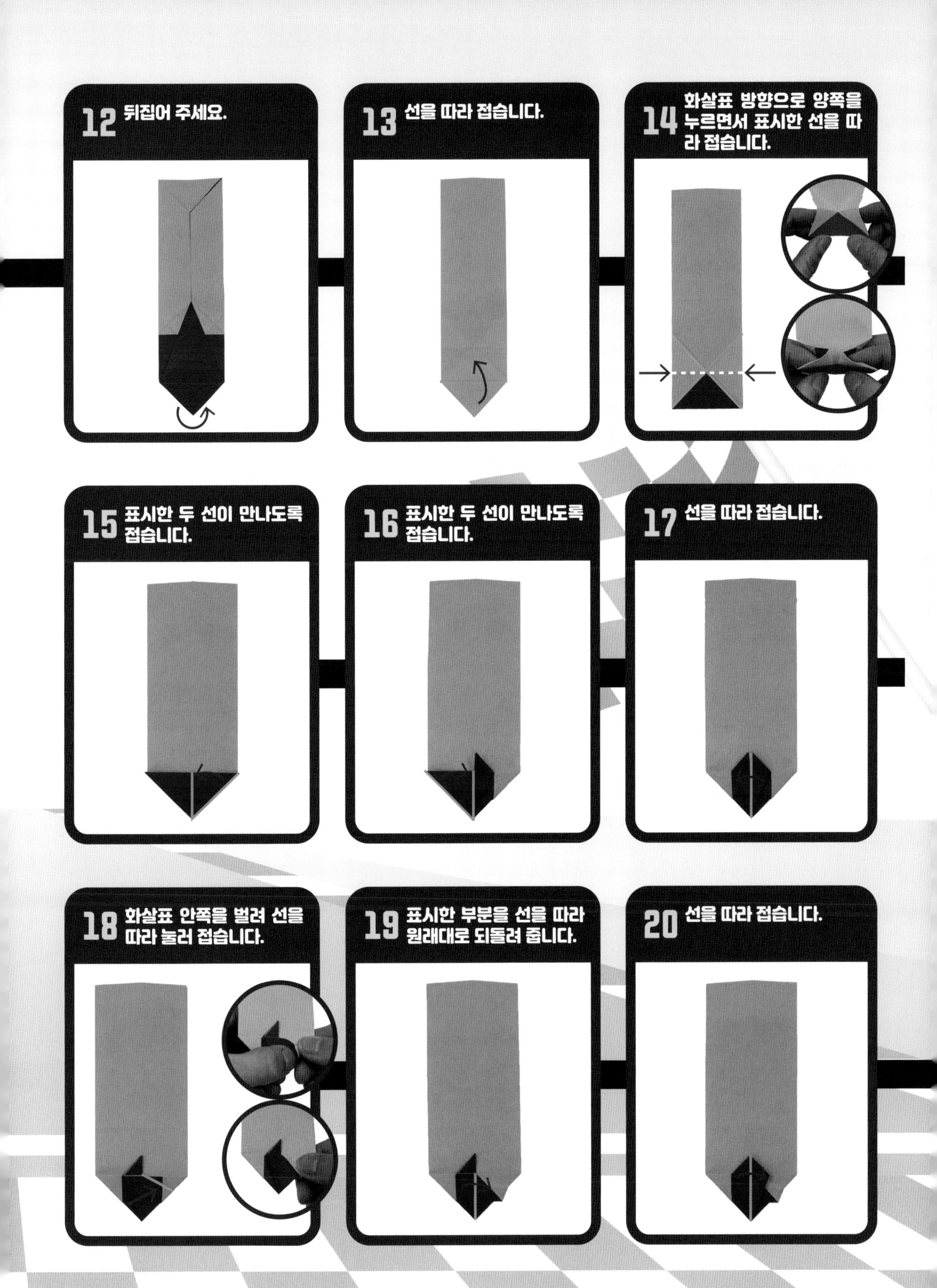
12 뒤집어 주세요.
13 선을 따라 접습니다.
14 화살표 방향으로 양쪽을 누르면서 표시한 선을 따라 접습니다.
15 표시한 두 선이 만나도록 접습니다.
16 표시한 두 선이 만나도록 접습니다.
17 선을 따라 접습니다.
18 화살표 안쪽을 벌려 선을 따라 눌러 접습니다.
19 표시한 부분을 선을 따라 원래대로 되돌려 줍니다.
20 선을 따라 접습니다.

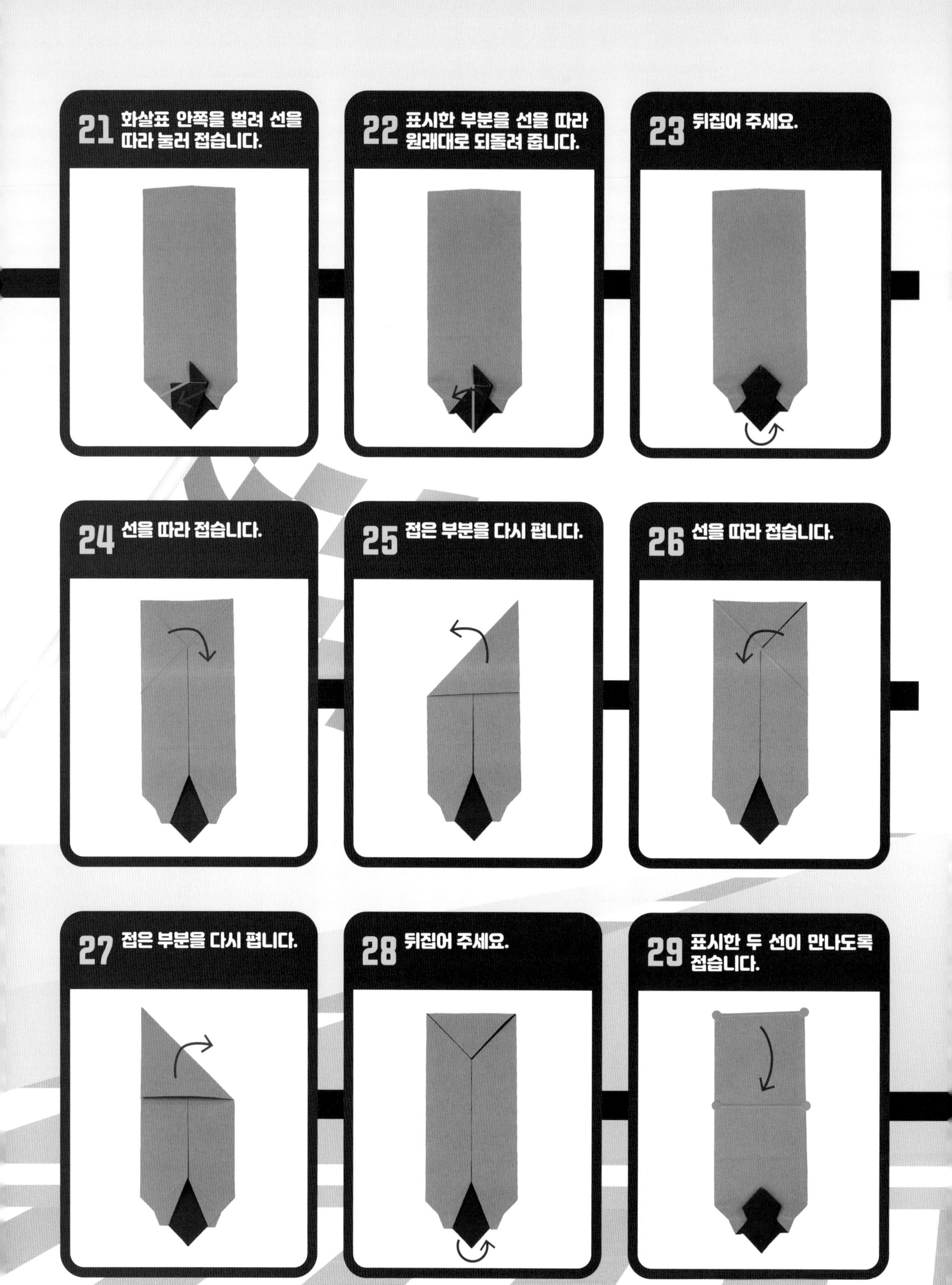
21 화살표 안쪽을 벌려 선을 따라 눌러 접습니다.
22 표시한 부분을 선을 따라 원래대로 되돌려 줍니다.
23 뒤집어 주세요.
24 선을 따라 접습니다.
25 접은 부분을 다시 폅니다.
26 선을 따라 접습니다.
27 접은 부분을 다시 폅니다.
28 뒤집어 주세요.
29 표시한 두 선이 만나도록 접습니다.

30 선을 따라 삼각형 부분을 펍니다.

31 접은 부분을 다시 펍니다.

32 뒤집어 주세요.

33 화살표 방향으로 양쪽을 누르면서 표시한 선을 따라 접습니다.

34 표시한 두 선이 만나도록 접습니다.

35 표시한 두 선이 만나도록 접습니다.

36 표시한 두 선이 만나도록 접습니다.

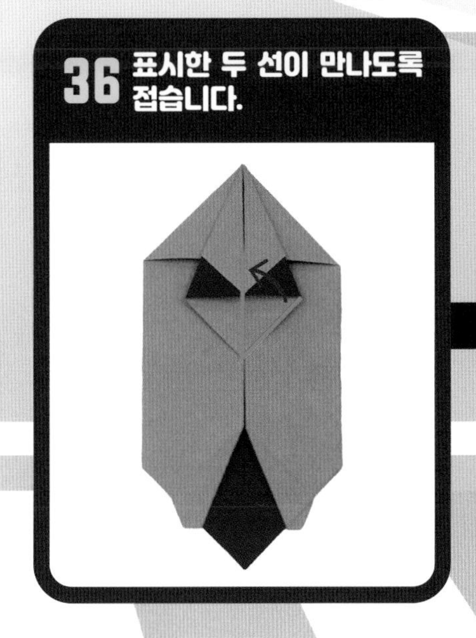

37 표시한 두 선이 만나도록 접습니다.

38 표시한 두 부분을 다시 펍니다.

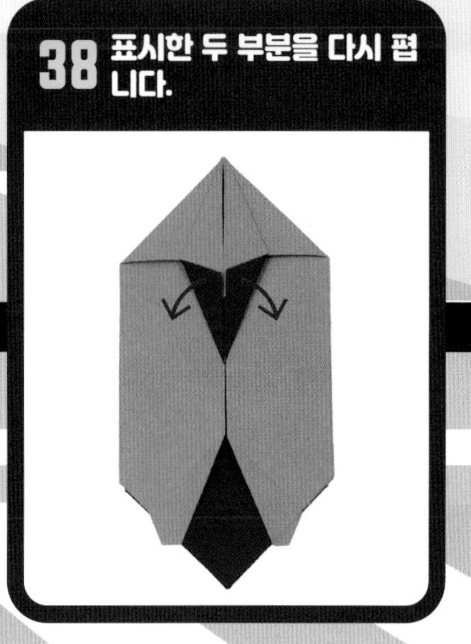

39 선을 따라 화살표 안쪽으로 접어 넣습니다.

40 선을 따라 화살표 안쪽으로 접어 넣습니다.

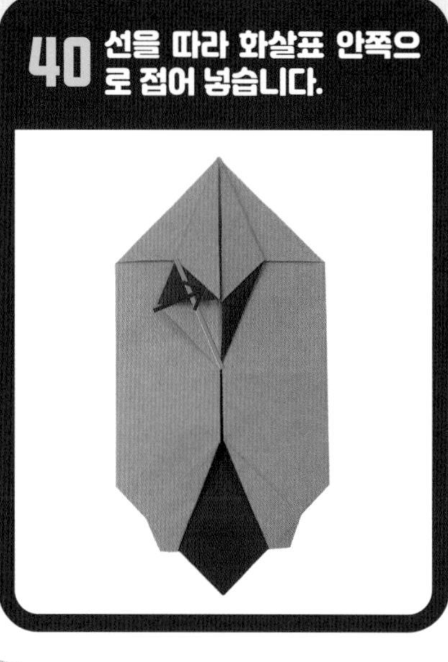

41 뒤집어 주세요.

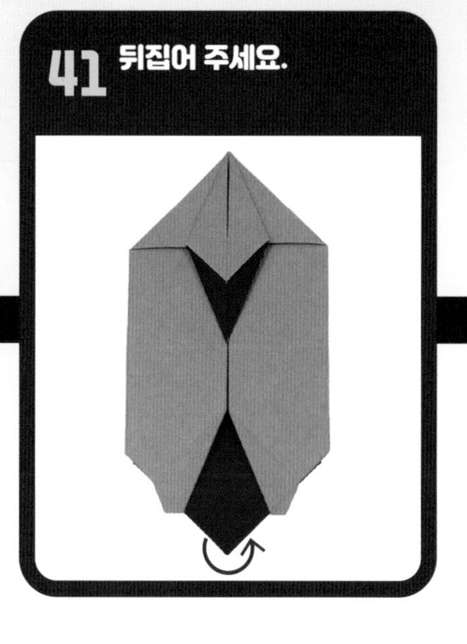

42 표시한 두 점이 만나도록 접습니다.

43 접은 부분을 다시 폅니다.

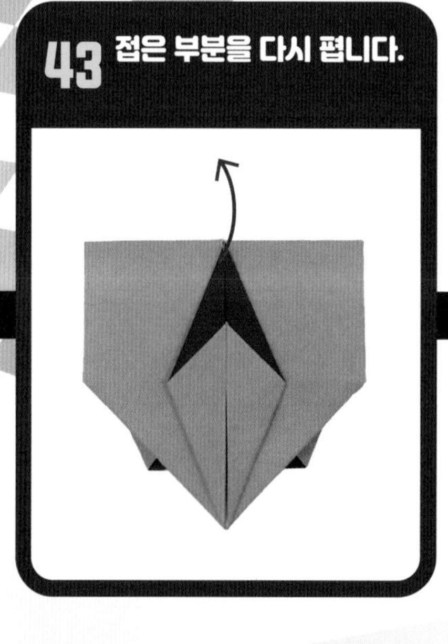

44 표시한 두 점이 만나도록 접습니다.(선 위에 위치한 점을 잘 보고 접으세요.)

45 접은 부분을 다시 폅니다.

46 뒤집어 주세요.

47 표시한 두 선이 만나도록 접습니다.(선 위에 위치한 점을 잘 보고 접으세요.)

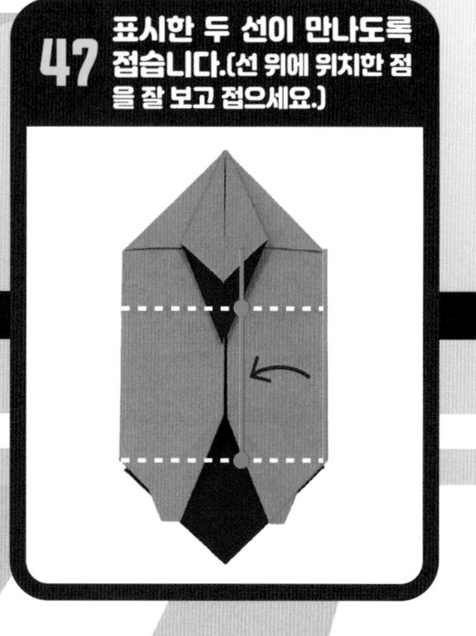

48 표시한 화살표 부분 안쪽으로 접어 넣습니다.

49 47~48번의 지시에 따라 표시한 두 선이 만나도록 접습니다.

50 뒤집어 주세요.

51 선을 따라 접습니다.

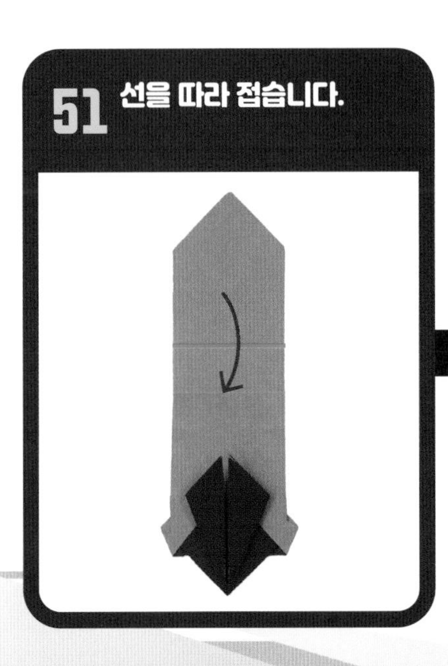

52 표시한 두 선이 만나도록 접습니다.

53 표시한 두 선이 만나도록 접습니다.

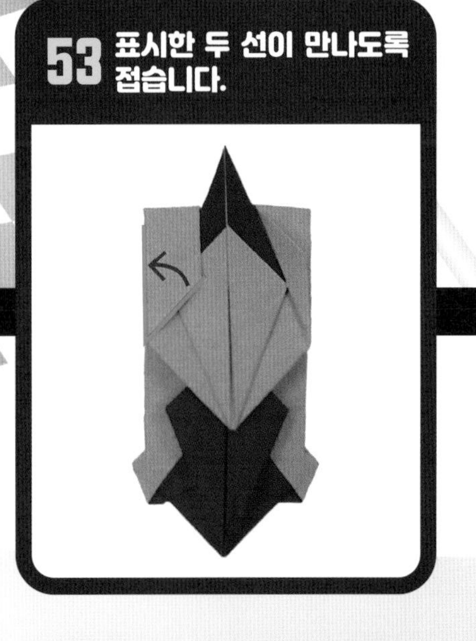

54 표시한 부분을 화살표 방향으로 들어 세웁니다.

55 표시한 두 부분을 화살표 방향으로 벌립니다.

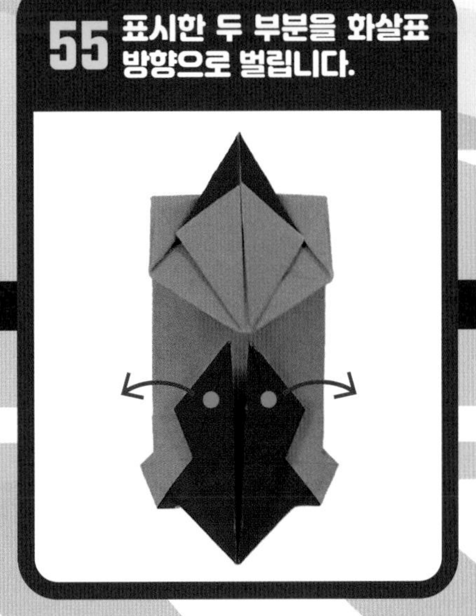

56 화살표 안쪽을 벌려 표시한 부분을 넣습니다.

57 화살표 안쪽을 벌려 표시한 부분을 넣습니다.

58 화살표 안쪽의 공간을 만들어 모양을 다듬어 줍니다.

완성

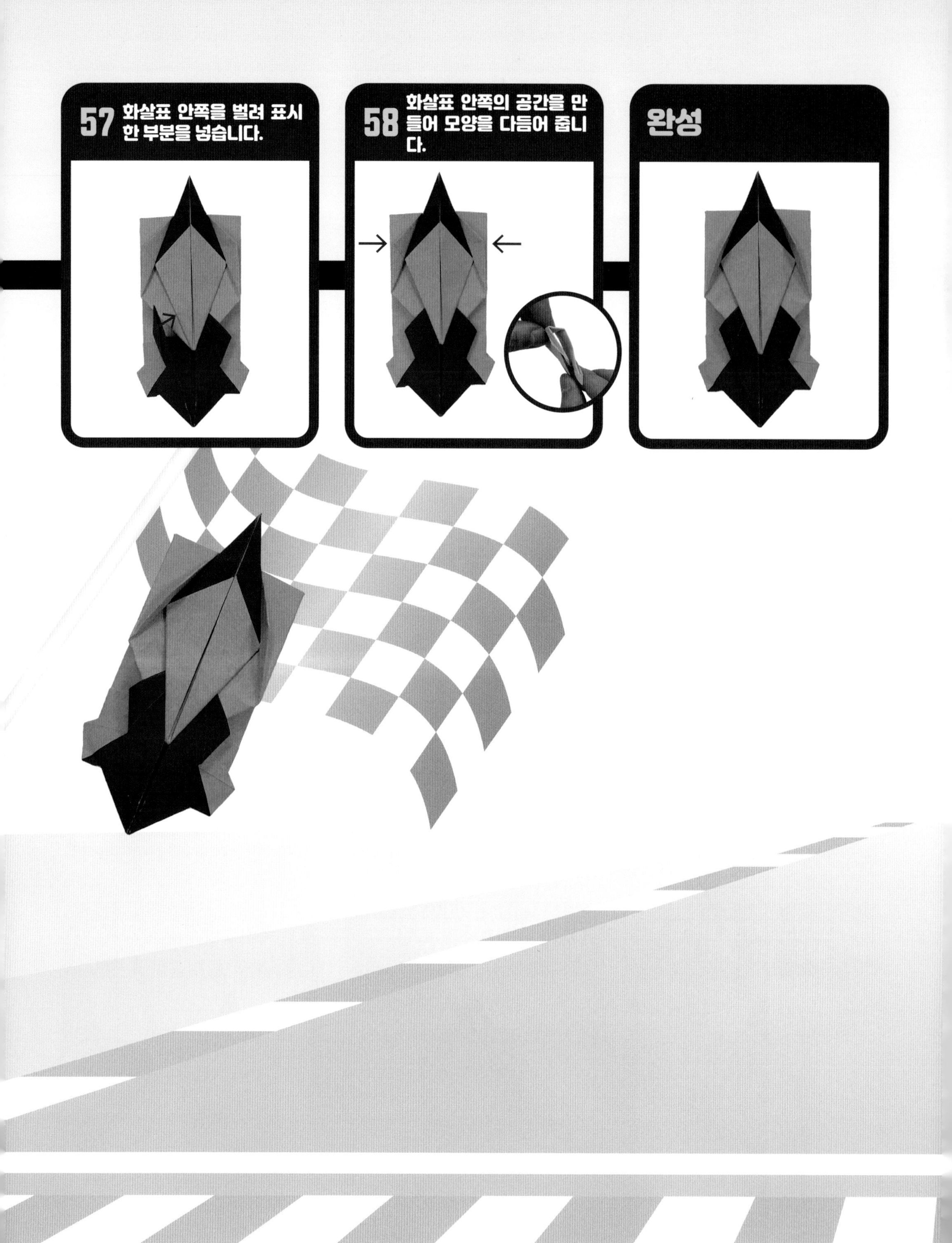

스텔스

스텔스 전투기 모습을 한 미니카예요.
기존 미니카와 비교할 수 없는, 상상도 못할 속도를 느껴 보세요.

만들기 동영상

난이도 ★★

스피드 5

드리프트	2
커브	2.5
민첩	4
부스터	5

준비물

색종이 1장(검은색-회색 양면 색종이)

1 선을 따라 접습니다.

2 접은 부분을 다시 폅니다.

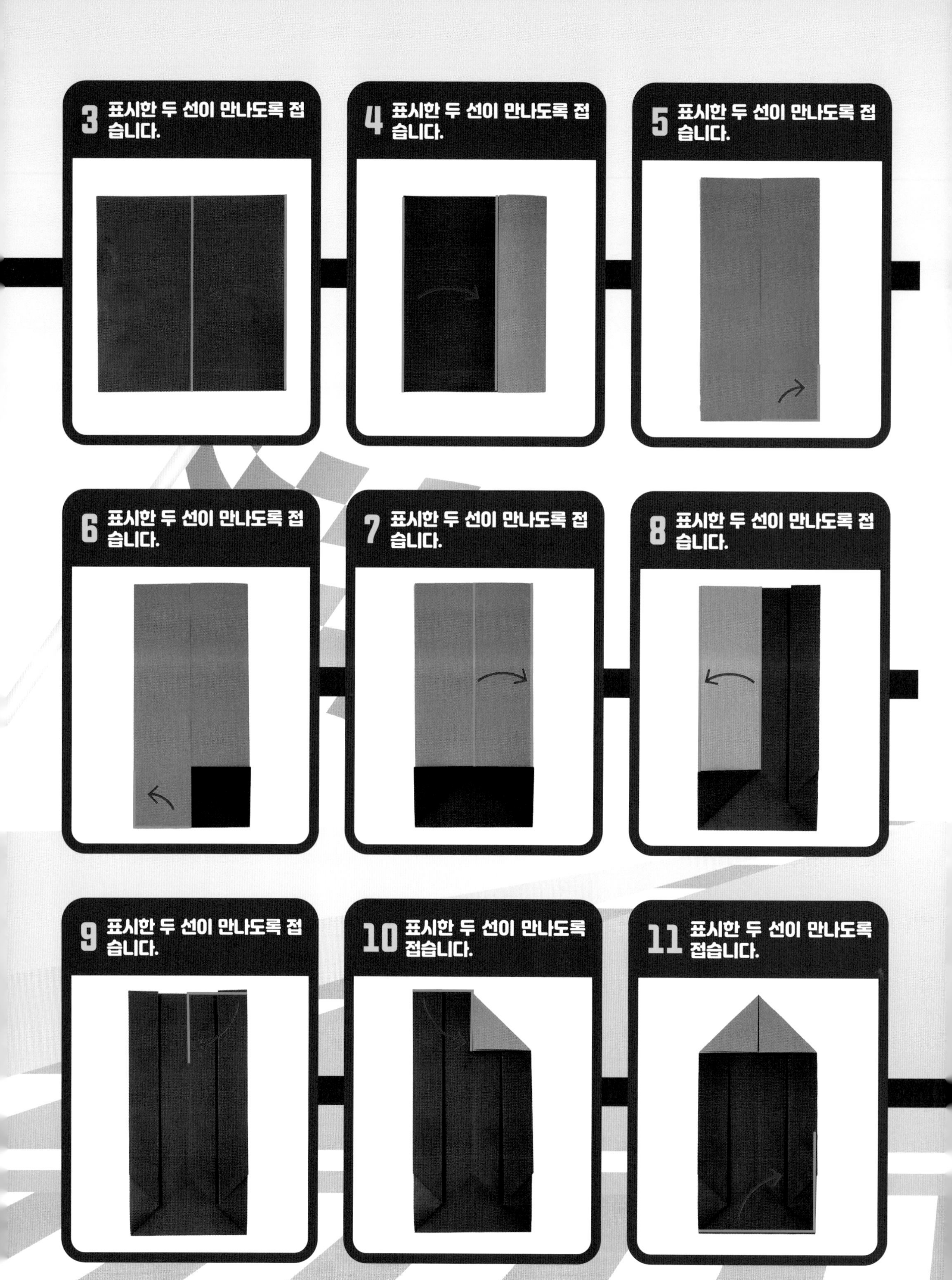
3 표시한 두 선이 만나도록 접습니다.
4 표시한 두 선이 만나도록 접습니다.
5 표시한 두 선이 만나도록 접습니다.
6 표시한 두 선이 만나도록 접습니다.
7 표시한 두 선이 만나도록 접습니다.
8 표시한 두 선이 만나도록 접습니다.
9 표시한 두 선이 만나도록 접습니다.
10 표시한 두 선이 만나도록 접습니다.
11 표시한 두 선이 만나도록 접습니다.

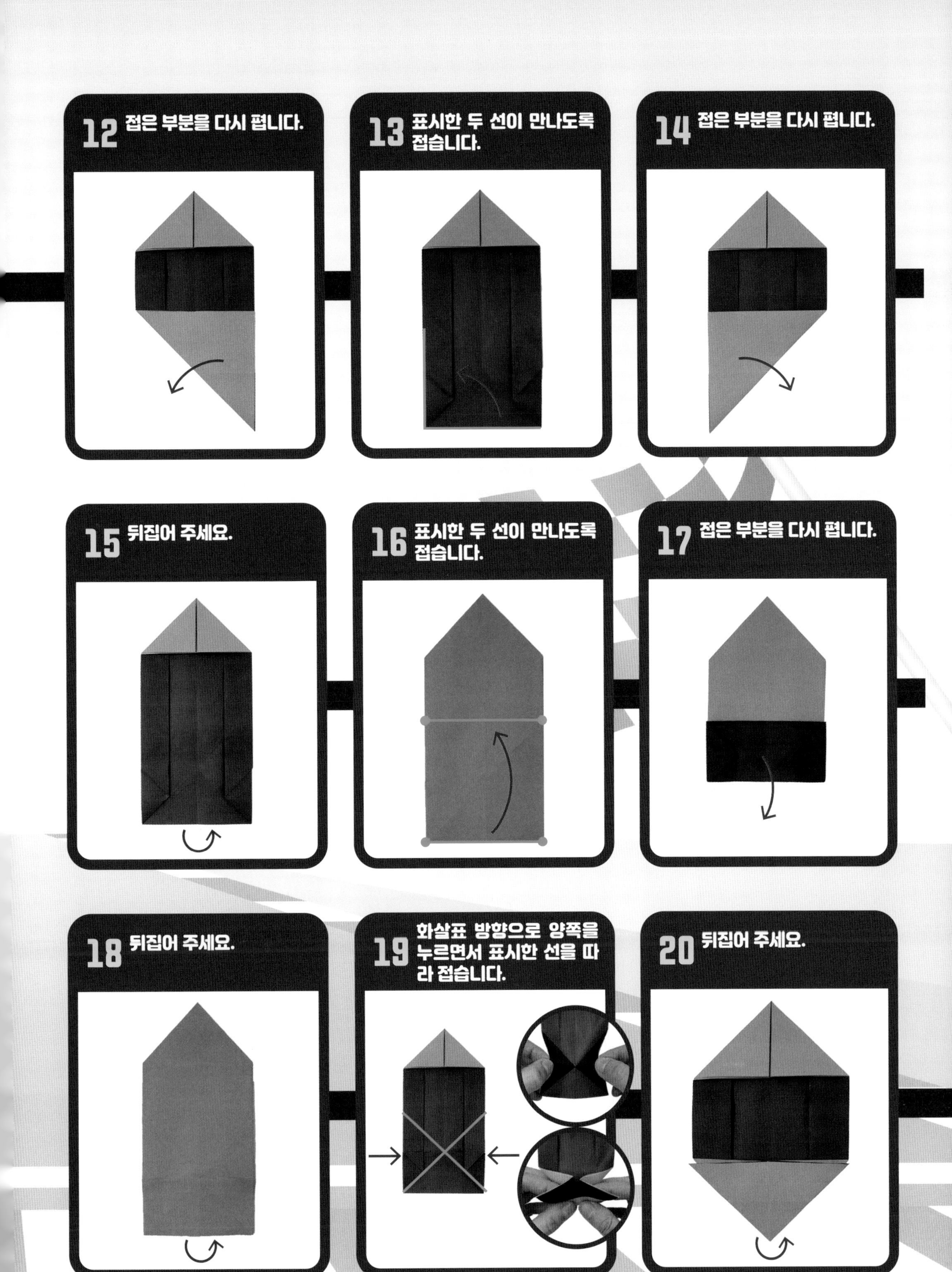
12 접은 부분을 다시 폅니다.
13 표시한 두 선이 만나도록 접습니다.
14 접은 부분을 다시 폅니다.
15 뒤집어 주세요.
16 표시한 두 선이 만나도록 접습니다.
17 접은 부분을 다시 폅니다.
18 뒤집어 주세요.
19 화살표 방향으로 양쪽을 누르면서 표시한 선을 따라 접습니다.
20 뒤집어 주세요.

21 표시한 두 선이 만나도록 접습니다.

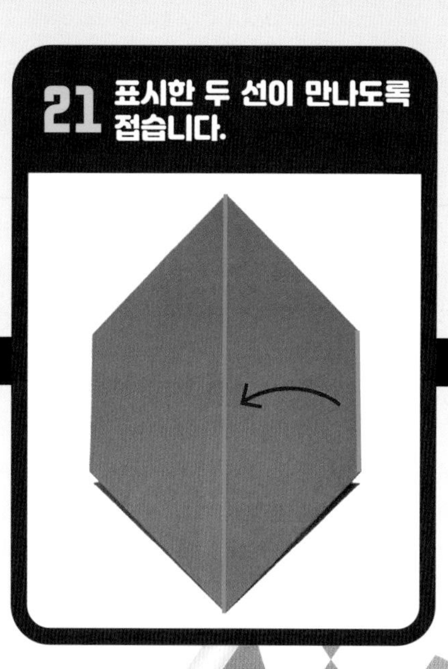

22 표시한 두 선이 만나도록 접습니다.

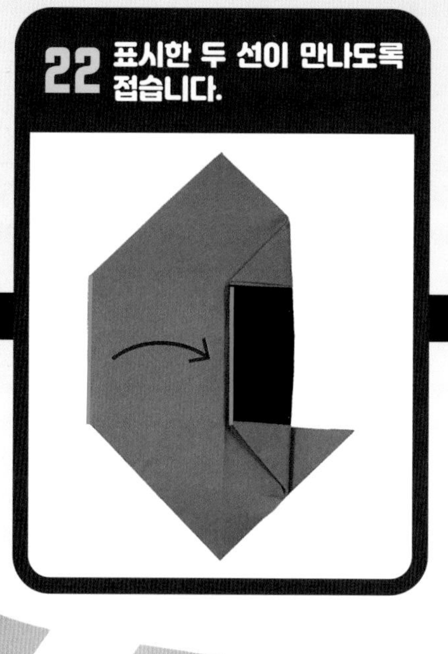

23 표시한 두 부분을 다시 폅니다.

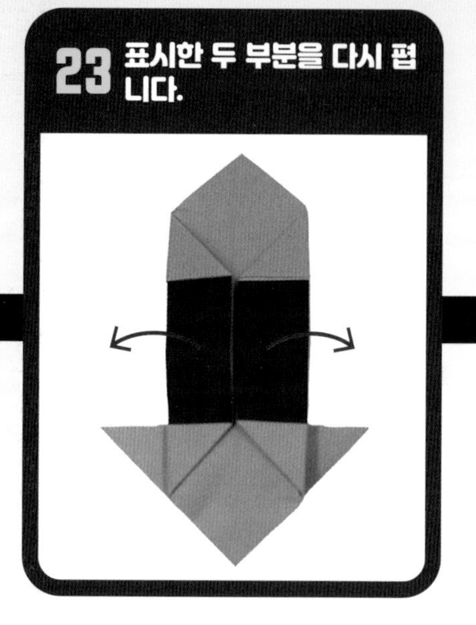

24 표시한 두 선이 만나도록 접습니다.(표시한 선까지만 접어서 접는 선을 만듭니다.)

25 접은 부분을 다시 폅니다.

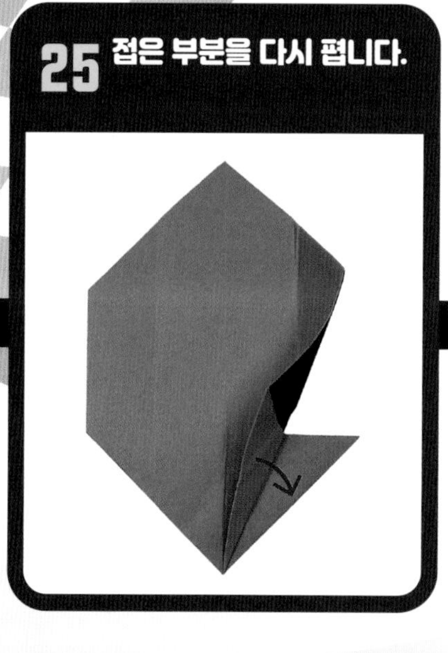

26 표시한 두 선이 만나도록 접습니다.(표시한 선까지만 접어서 접는 선을 만듭니다.)

27 접은 부분을 다시 폅니다.

28 표시한 두 선이 만나도록 접습니다.

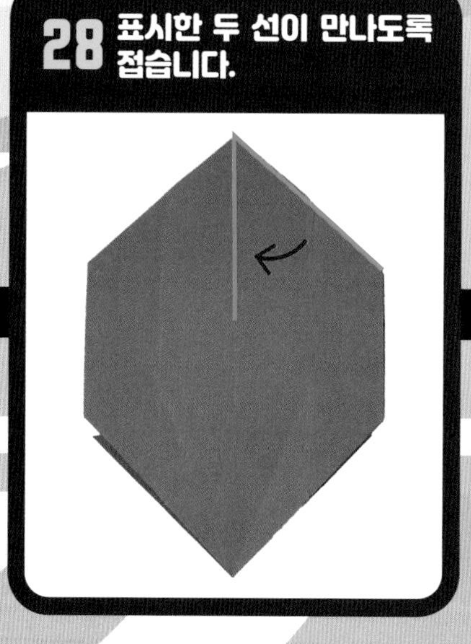

29 선을 따라 접습니다.

30 표시한 두 선이 만나도록 접습니다.

31 선을 따라 접습니다.

32 접은 부분을 다시 폅니다.

33 흰색 화살표 부분을 벌려서 표시한 안쪽 선을 따라 접습니다.

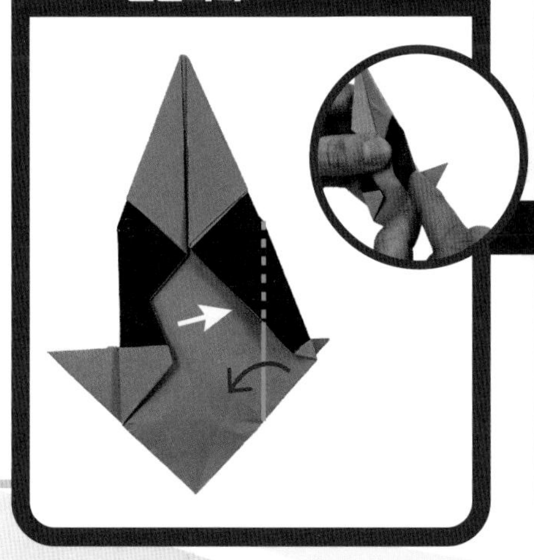

34 선을 따라 접습니다.

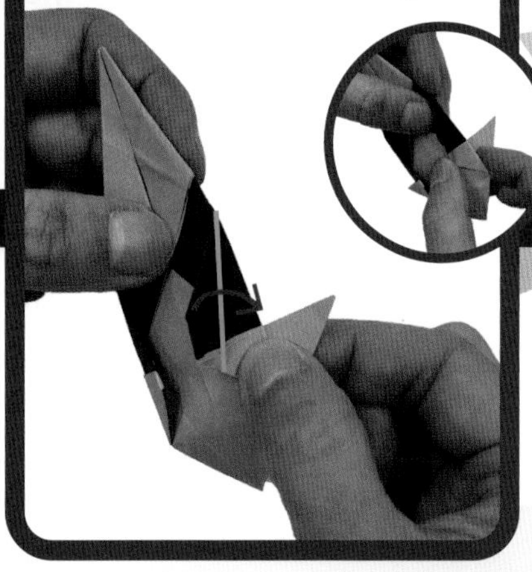

35 접은 부분을 다시 폅니다.

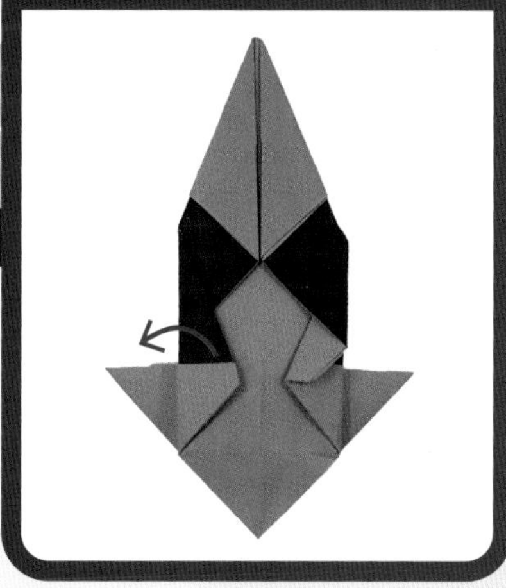

36 표시한 부분을 33~34번의 지시에 따라 똑같이 접습니다.

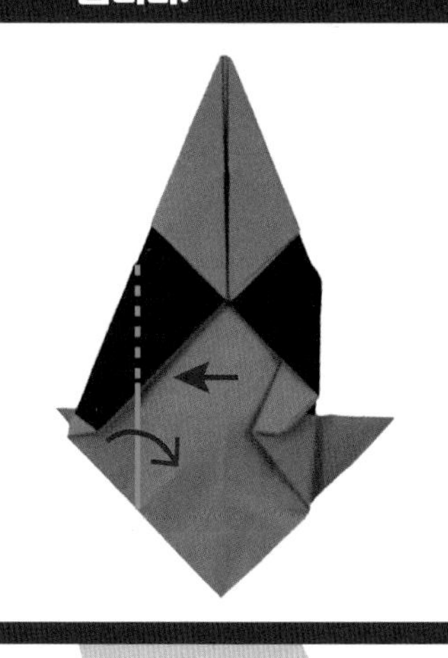

37 뒤집어 주세요.

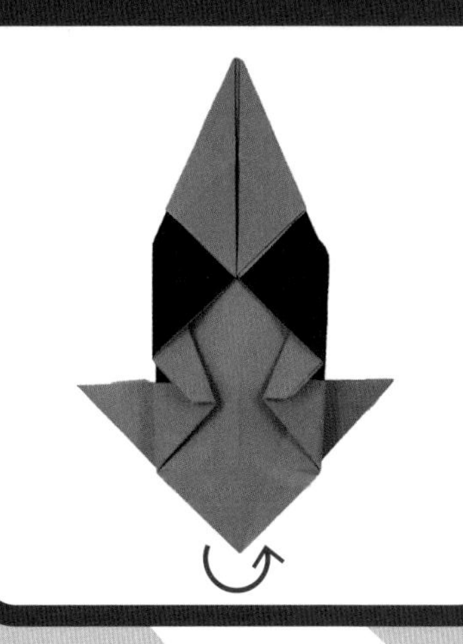

38 위아래의 두 점이 서로 만나도록 선을 따라 접습니다.

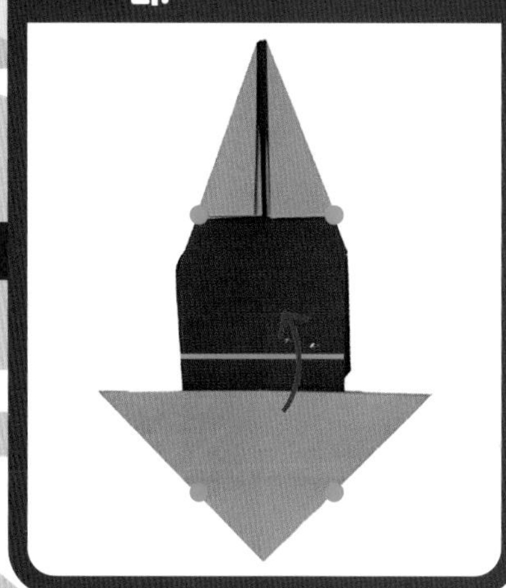

39 흰색 화살표 부분을 벌려서 표시한 안쪽 선을 따라 접습니다.

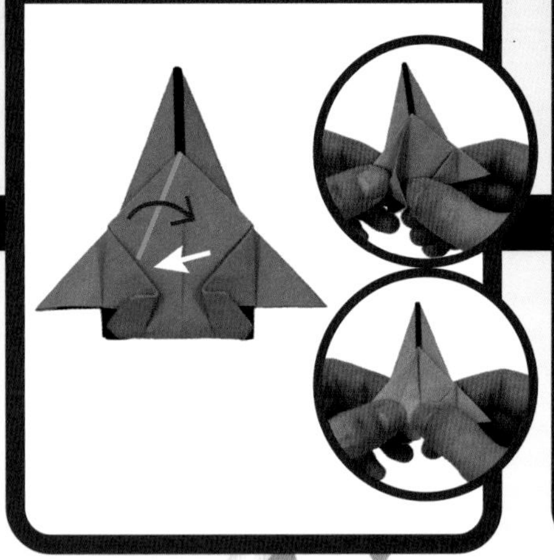

40 선을 따라 화살표 방향으로 눌러 접습니다.

41 39번의 지시에 따라 똑같이 접습니다.

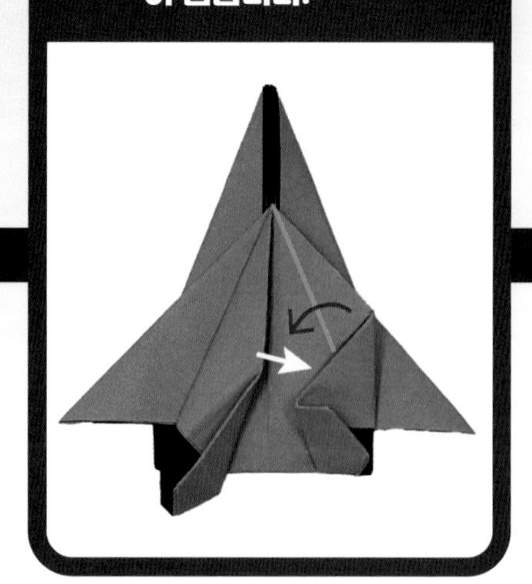

42 선을 따라 화살표 방향으로 눌러 접습니다.

43 뒤집어 주세요.

44 표시한 두 선이 만나도록 접습니다.

45 표시한 두 선이 만나도록 접습니다.

46 접은 부분을 다시 폅니다.

47 흰색 화살표 부분을 벌려서 표시한 안쪽 선을 따라 접습니다.

48 선을 따라 화살표 방향으로 눌러 접습니다.

49 화살표 부분을 46~48번의 지시에 따라 똑같이 접습니다.

50 뒤집어 주세요.

51 표시한 두 부분을 화살표 방향으로 벌립니다.

52 표시한 부분을 화살표 안쪽으로 넣습니다.

53 표시한 부분을 화살표 안쪽으로 넣습니다.

완성

흑룡

어둠 속에서 승천하는 검은 용을 닮은 미니카예요.
그 위엄에 걸맞은 뛰어난 성능을 지닌 흑룡을 함께 만들어 보세요.

만들기 동영상

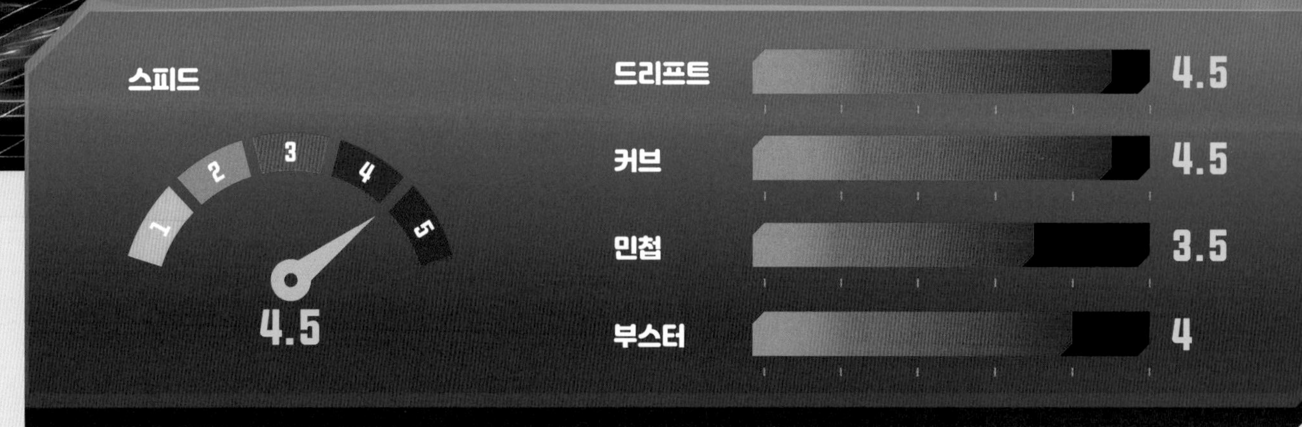

6쪽 공통 부분 접기를 12번까지 만든 후 시작하세요.

준비물

색종이 1장(검은색-회색 양면)

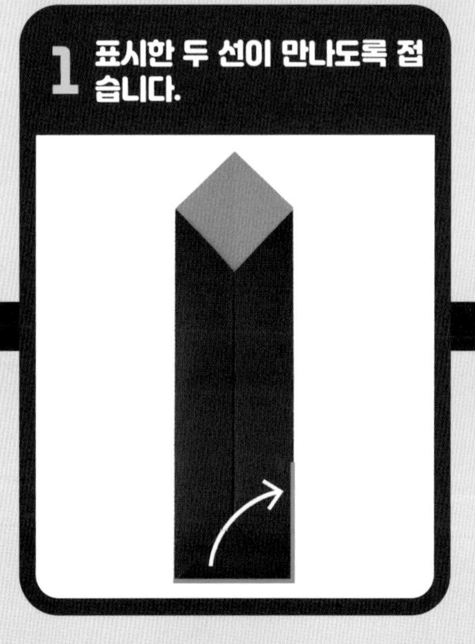

1 표시한 두 선이 만나도록 접습니다.

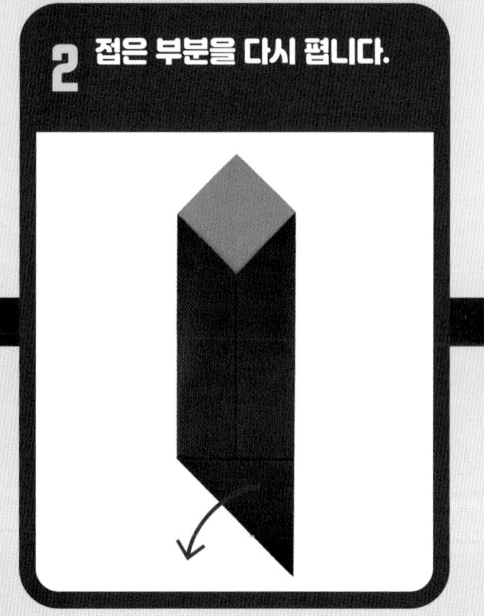

2 접은 부분을 다시 펍니다.

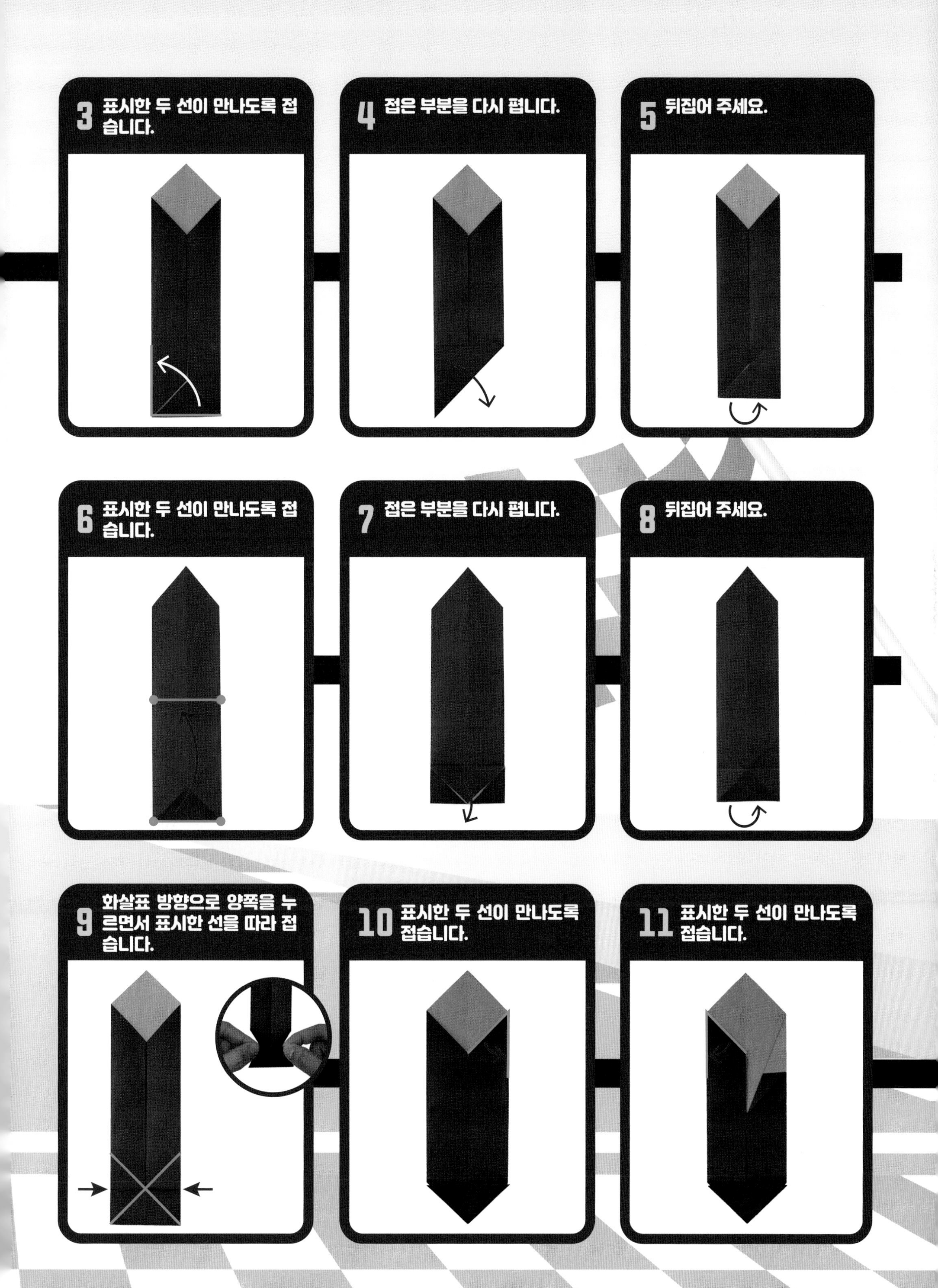
3 표시한 두 선이 만나도록 접습니다.
4 접은 부분을 다시 폅니다.
5 뒤집어 주세요.
6 표시한 두 선이 만나도록 접습니다.
7 접은 부분을 다시 폅니다.
8 뒤집어 주세요.
9 화살표 방향으로 양쪽을 누르면서 표시한 선을 따라 접습니다.
10 표시한 두 선이 만나도록 접습니다.
11 표시한 두 선이 만나도록 접습니다.

12 표시한 두 부분을 화살표 방향으로 접어서 접는 선을 만듭니다.

13 접은 두 부분을 다시 펼니다.

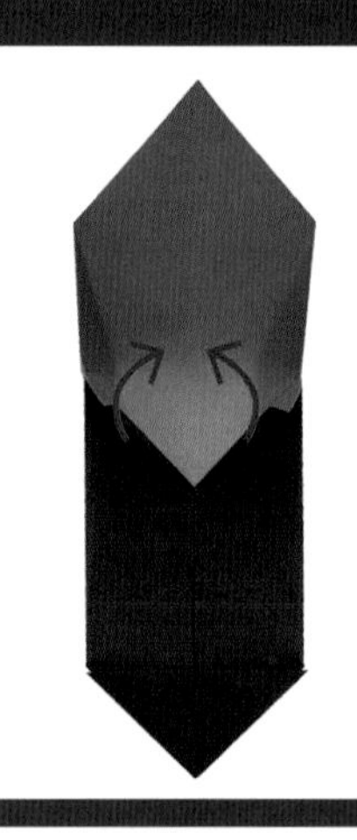

14 접은 부분을 다시 펼니다.

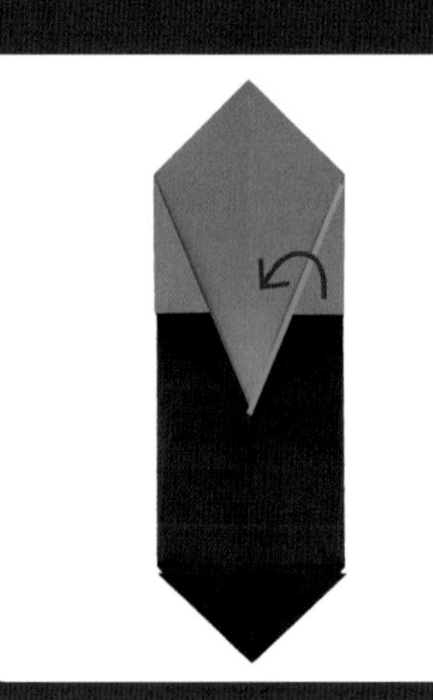

15 14번에서 편 부분을 안쪽으로 넣어 접습니다.

16 접은 부분을 다시 펼니다.

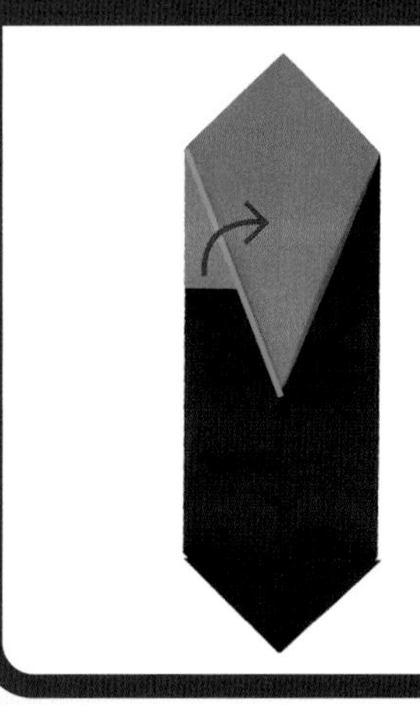

17 16번에서 편 부분을 안쪽으로 넣어 접습니다.

18 표시한 두 부분을 화살표 방향으로 동시에 접습니다.

19 흰색 화살표 방향으로 양쪽을 벌리며 선을 따라 윗부분을 접습니다.

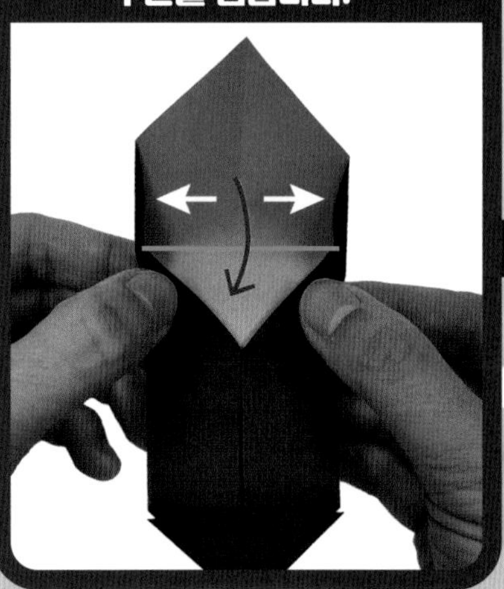

20 표시한 두 선이 만나도록 접습니다.

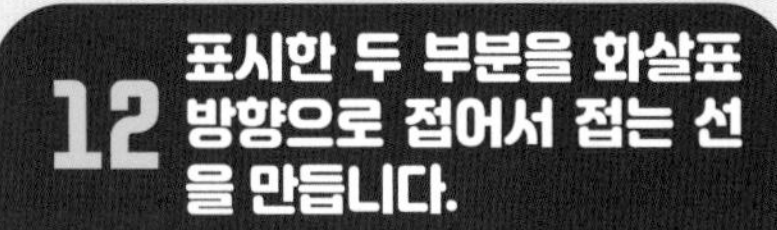

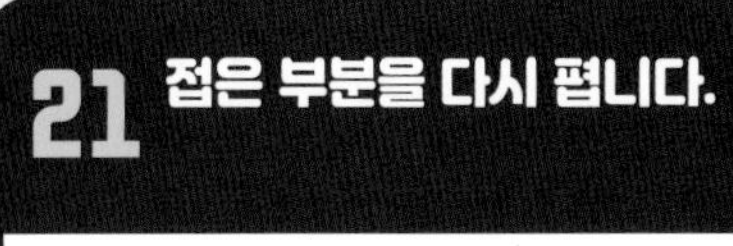

21 접은 부분을 다시 폅니다.

22 표시한 두 선이 만나도록 접습니다.

23 접은 부분을 다시 폅니다.

24 표시한 두 점이 만나도록 접습니다.

25 선을 따라 위로 올려서, 접지 않은 채 손으로 고정합니다.

26 표시한 부분을 화살표 방향으로 밀어서 눌러 접습니다.

27 표시한 부분을 화살표 방향으로 밀어서 눌러 접습니다.

28 뒤집어 주세요.

29 표시한 두 선이 만나도록 접습니다.

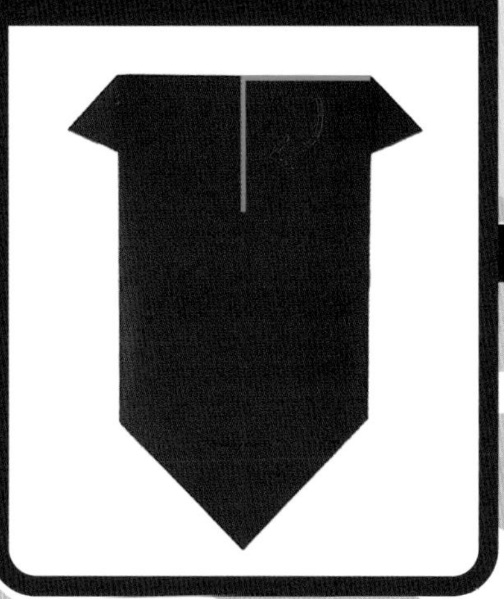

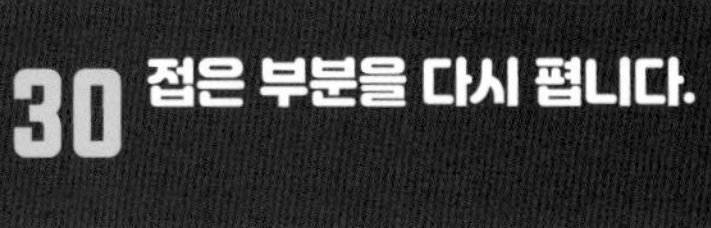

30 접은 부분을 다시 폅니다.

31 표시한 두 선이 만나도록 접습니다.

32 접은 부분을 다시 폅니다.

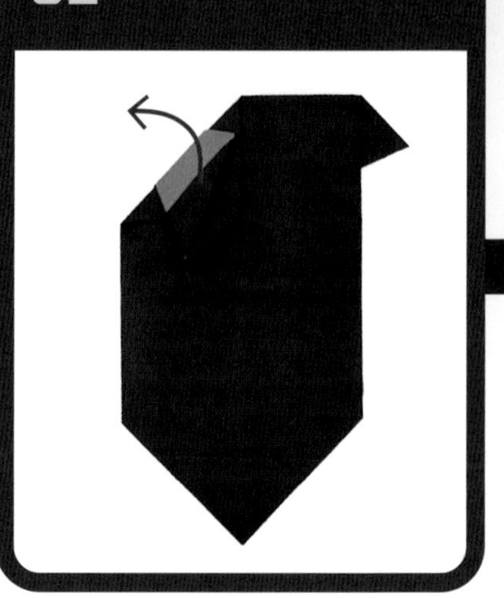

33 표시한 두 선이 만나도록 접습니다.

34 선을 따라 화살표 방향으로 눌러 접습니다.

35 표시한 두 선이 만나도록 접은 후 34번의 지시에 따라 똑같이 접습니다.

36 흰색 화살표 부분의 안쪽 틈을 벌리고 빨간색 화살표 방향으로 밀어 올립니다.

37 화살표 방향으로 눌러 접습니다.

38 흰색 화살표 부분의 안쪽 틈을 벌리고 빨간색 화살표 방향으로 밀어 올려 접습니다.

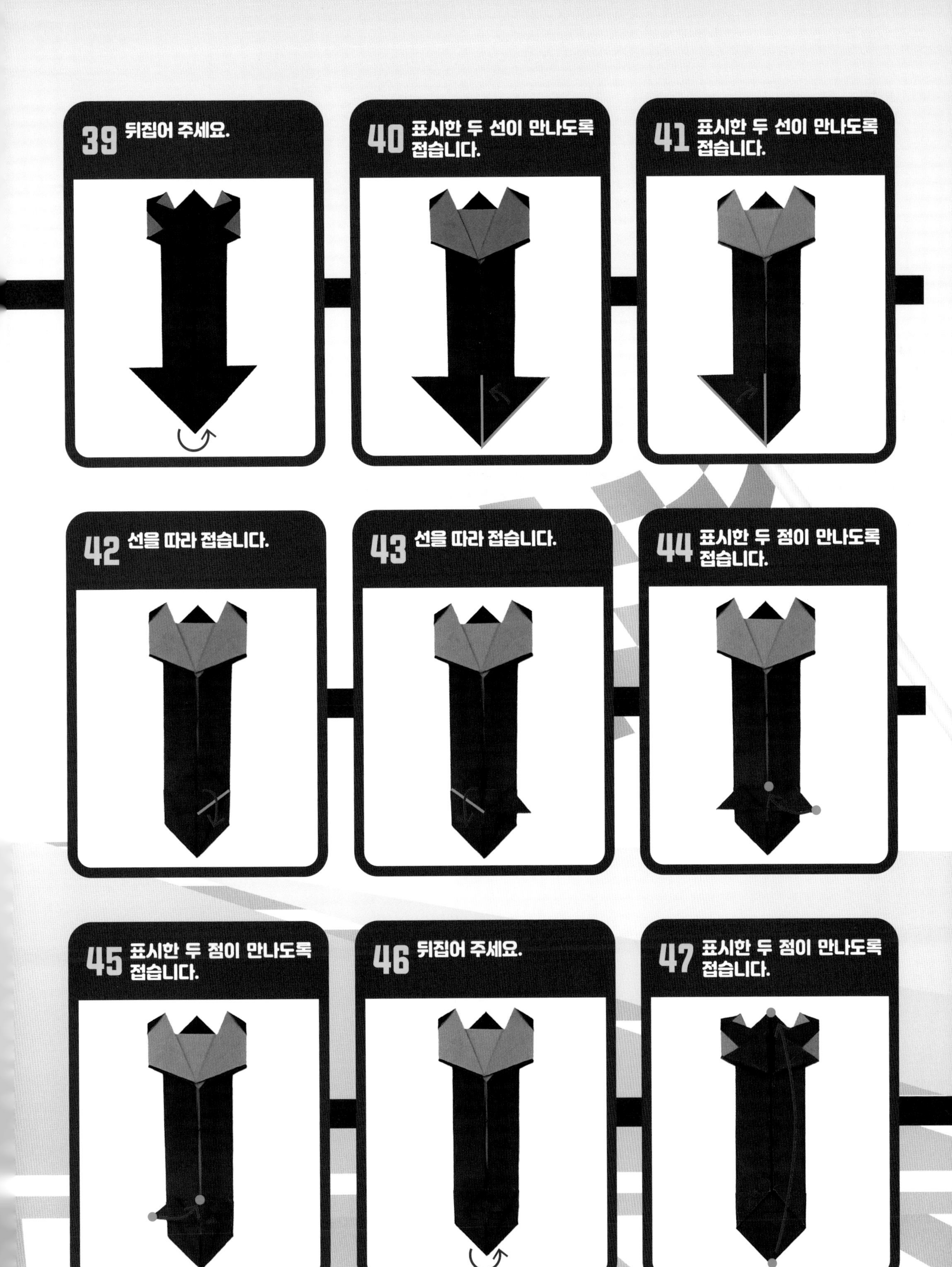
39 뒤집어 주세요.
40 표시한 두 선이 만나도록 접습니다.
41 표시한 두 선이 만나도록 접습니다.
42 선을 따라 접습니다.
43 선을 따라 접습니다.
44 표시한 두 점이 만나도록 접습니다.
45 표시한 두 점이 만나도록 접습니다.
46 뒤집어 주세요.
47 표시한 두 점이 만나도록 접습니다.

48 접은 부분을 다시 펍니다.

49 표시한 두 점이 만나도록 접습니다.(선 위에 위치한 점을 잘 보고 접으세요.)

50 접은 부분을 다시 펍니다.

51 두 흰색 선을 동시에 구부려 접습니다.

52 51번 점선을 따라 화살표 부분을 안쪽으로 밀어 넣어 접습니다.

53 표시한 두 부분을 화살표 안쪽으로 끼워 넣습니다.

완성

하이퍼제노

멋진 제노의 업그레이드판이에요.
제노보다 한층 더 멋있어진 하이퍼제노의 모습을 미니카로 만들어 보세요.

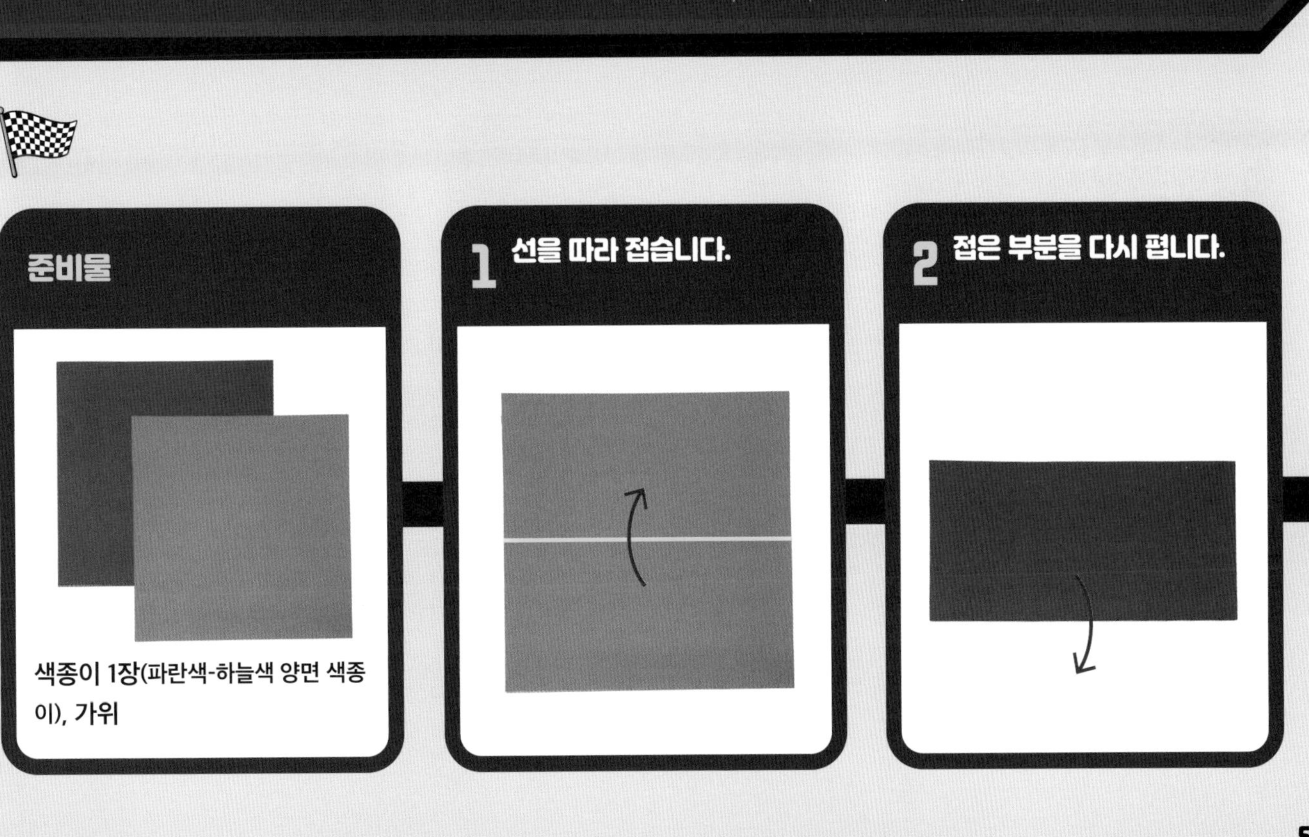

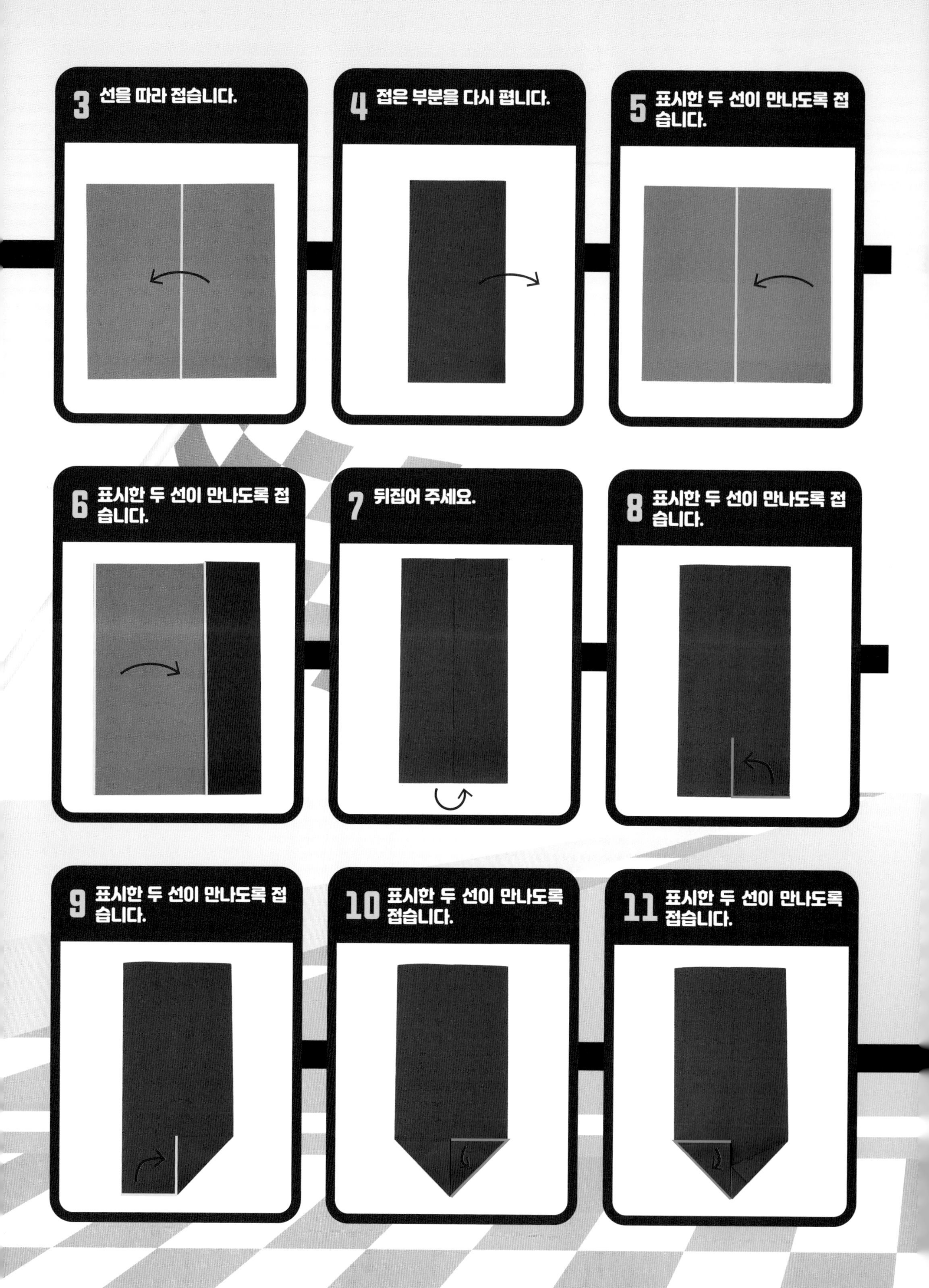
3 선을 따라 접습니다.
4 접은 부분을 다시 폅니다.
5 표시한 두 선이 만나도록 접습니다.
6 표시한 두 선이 만나도록 접습니다.
7 뒤집어 주세요.
8 표시한 두 선이 만나도록 접습니다.
9 표시한 두 선이 만나도록 접습니다.
10 표시한 두 선이 만나도록 접습니다.
11 표시한 두 선이 만나도록 접습니다.

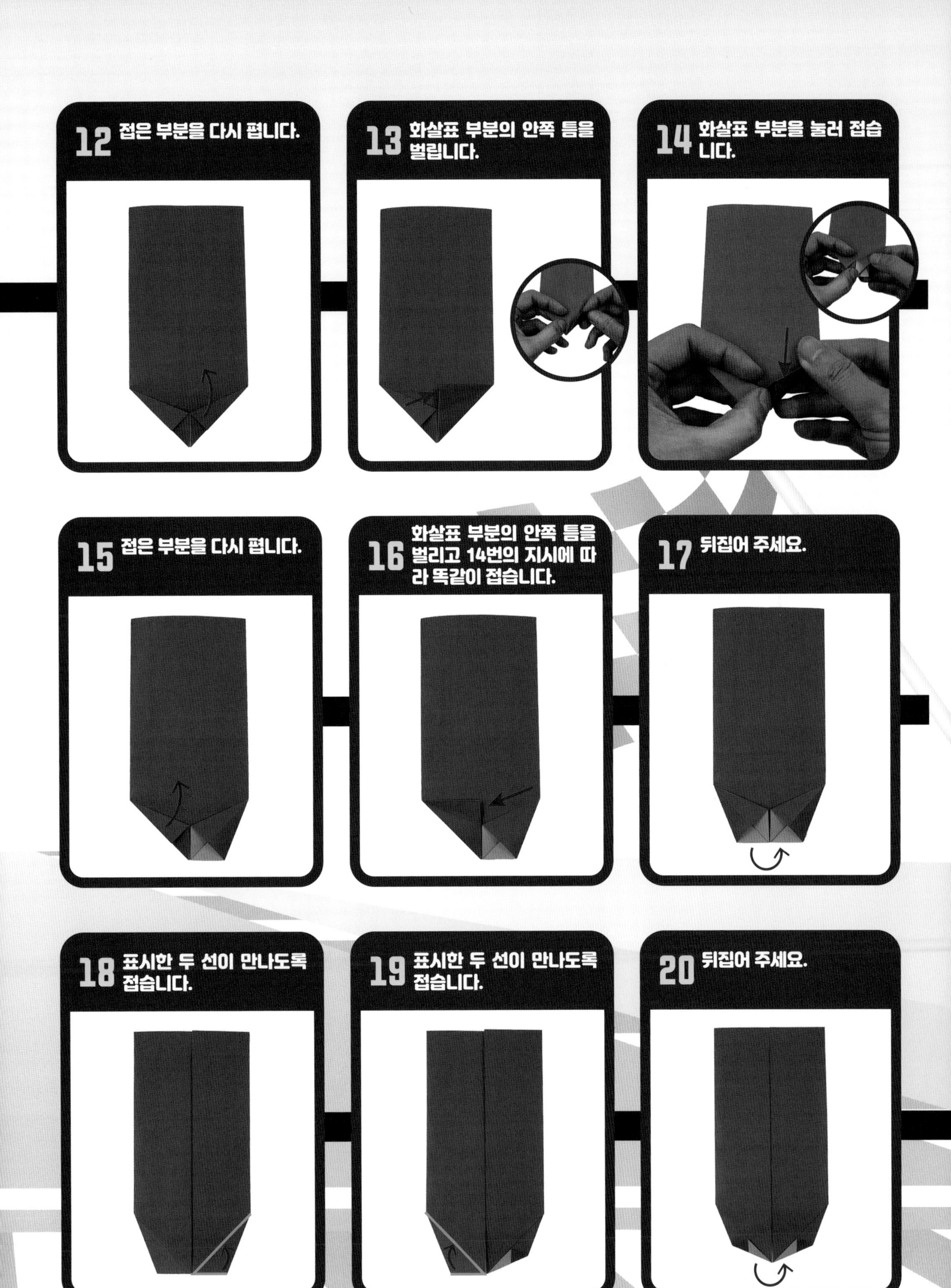
12 접은 부분을 다시 폅니다.
13 화살표 부분의 안쪽 틈을 벌립니다.
14 화살표 부분을 눌러 접습니다.
15 접은 부분을 다시 폅니다.
16 화살표 부분의 안쪽 틈을 벌리고 14번의 지시에 따라 똑같이 접습니다.
17 뒤집어 주세요.
18 표시한 두 선이 만나도록 접습니다.
19 표시한 두 선이 만나도록 접습니다.
20 뒤집어 주세요.

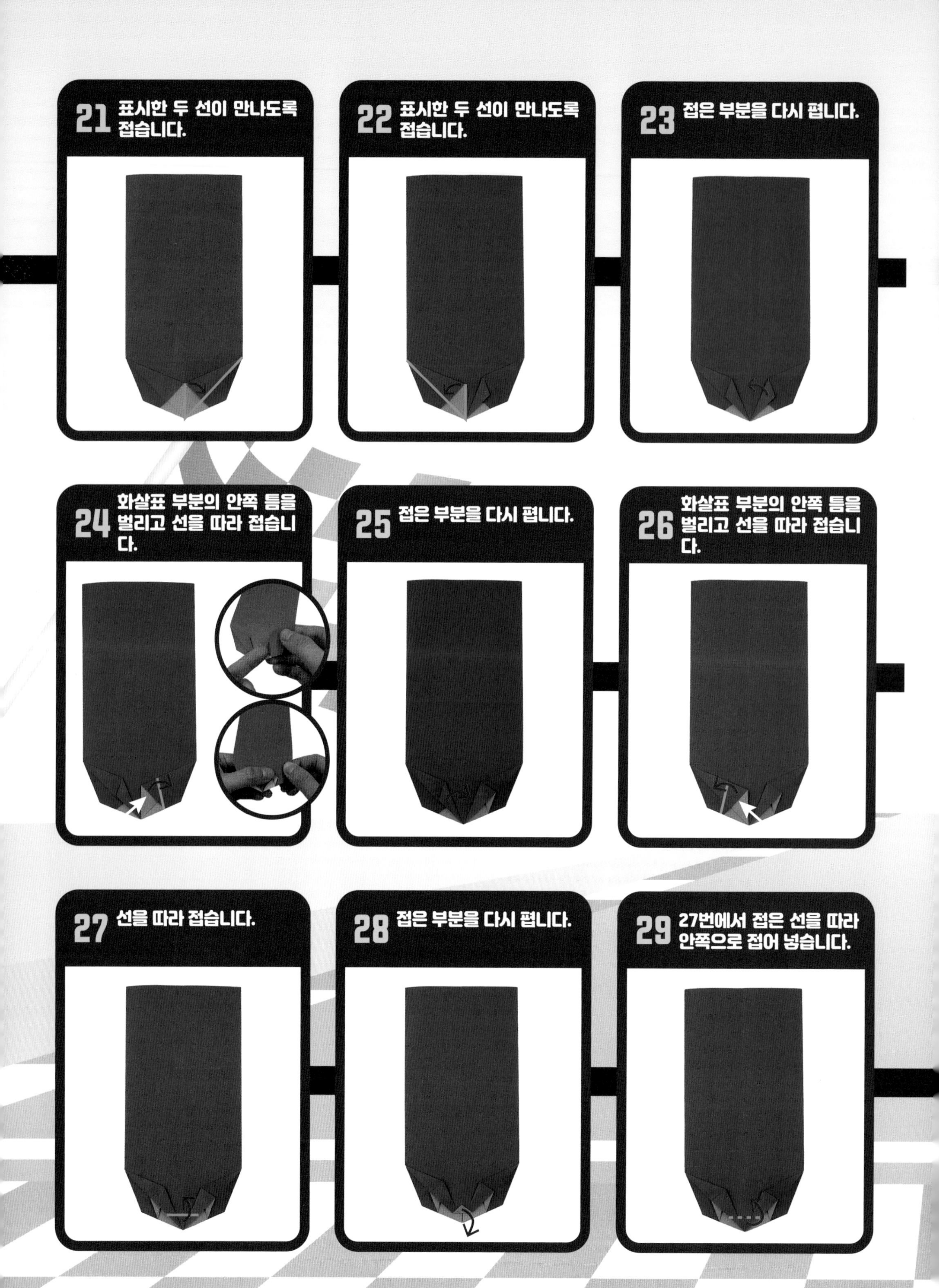
21 표시한 두 선이 만나도록 접습니다.
22 표시한 두 선이 만나도록 접습니다.
23 접은 부분을 다시 폅니다.
24 화살표 부분의 안쪽 틈을 벌리고 선을 따라 접습니다.
25 접은 부분을 다시 폅니다.
26 화살표 부분의 안쪽 틈을 벌리고 선을 따라 접습니다.
27 선을 따라 접습니다.
28 접은 부분을 다시 폅니다.
29 27번에서 접은 선을 따라 안쪽으로 접어 넣습니다.

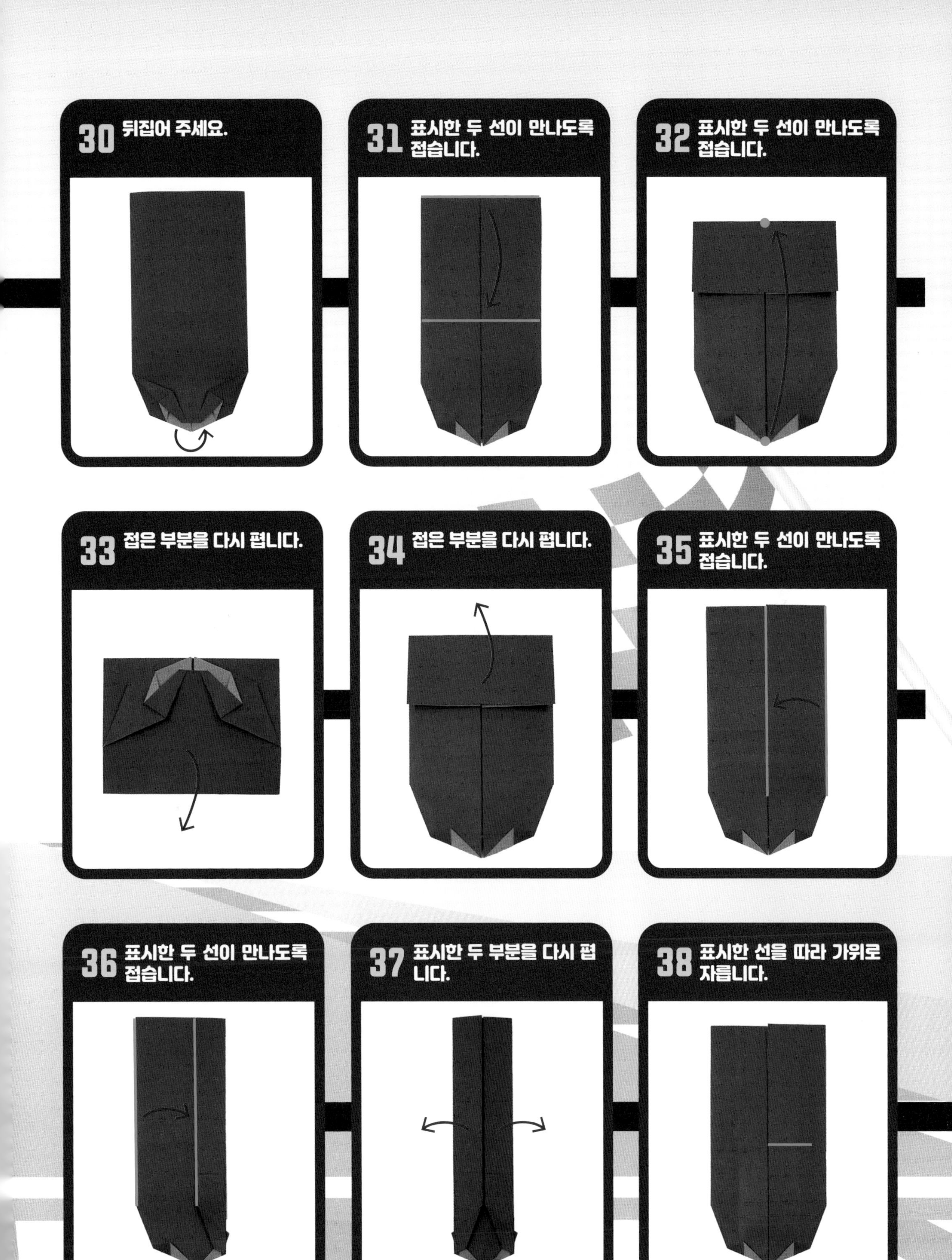
30 뒤집어 주세요.
31 표시한 두 선이 만나도록 접습니다.
32 표시한 두 선이 만나도록 접습니다.
33 접은 부분을 다시 폅니다.
34 접은 부분을 다시 폅니다.
35 표시한 두 선이 만나도록 접습니다.
36 표시한 두 선이 만나도록 접습니다.
37 표시한 두 부분을 다시 폅니다.
38 표시한 선을 따라 가위로 자릅니다.

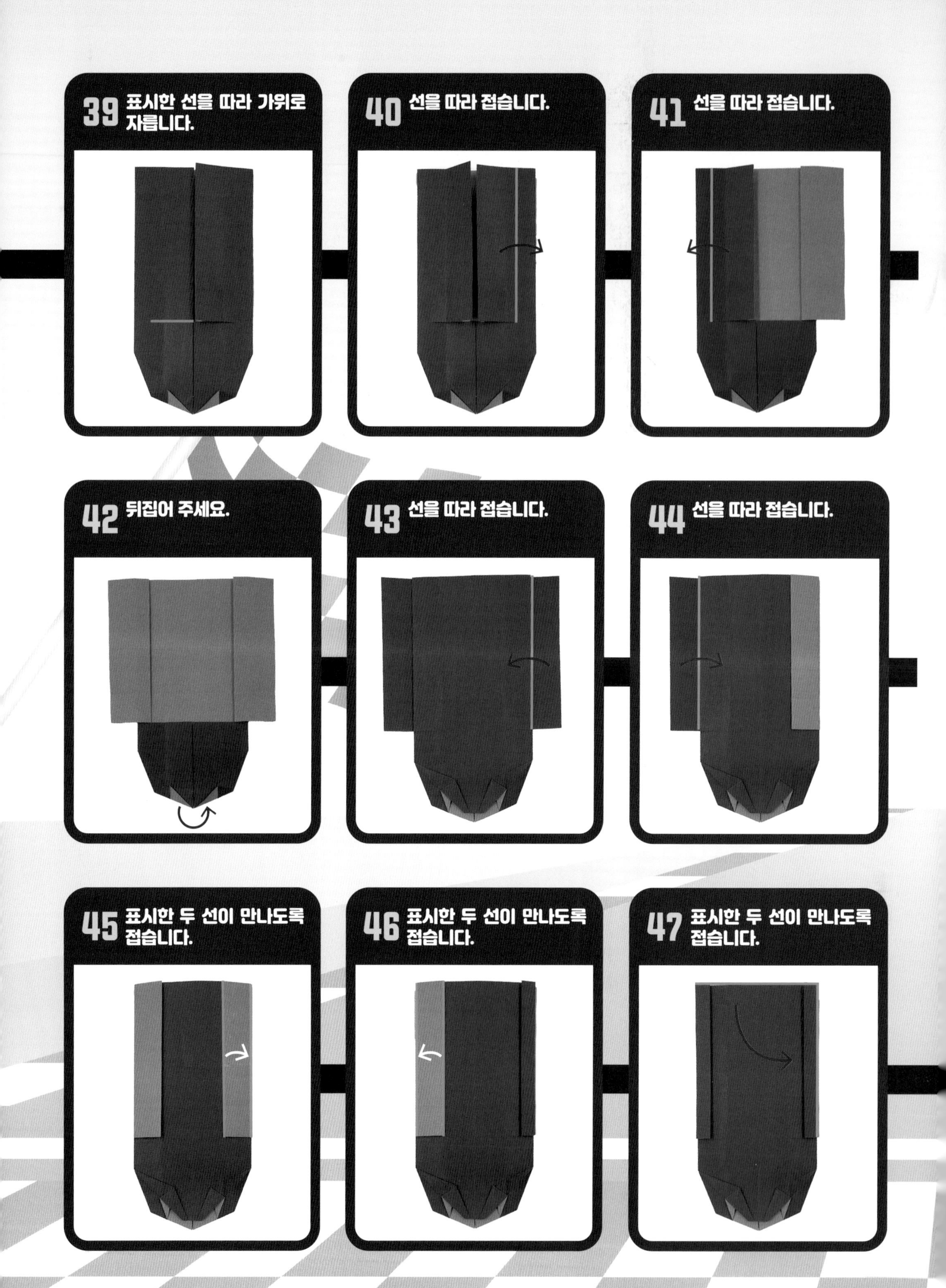
39 표시한 선을 따라 가위로 자릅니다.
40 선을 따라 접습니다.
41 선을 따라 접습니다.
42 뒤집어 주세요.
43 선을 따라 접습니다.
44 선을 따라 접습니다.
45 표시한 두 선이 만나도록 접습니다.
46 표시한 두 선이 만나도록 접습니다.
47 표시한 두 선이 만나도록 접습니다.

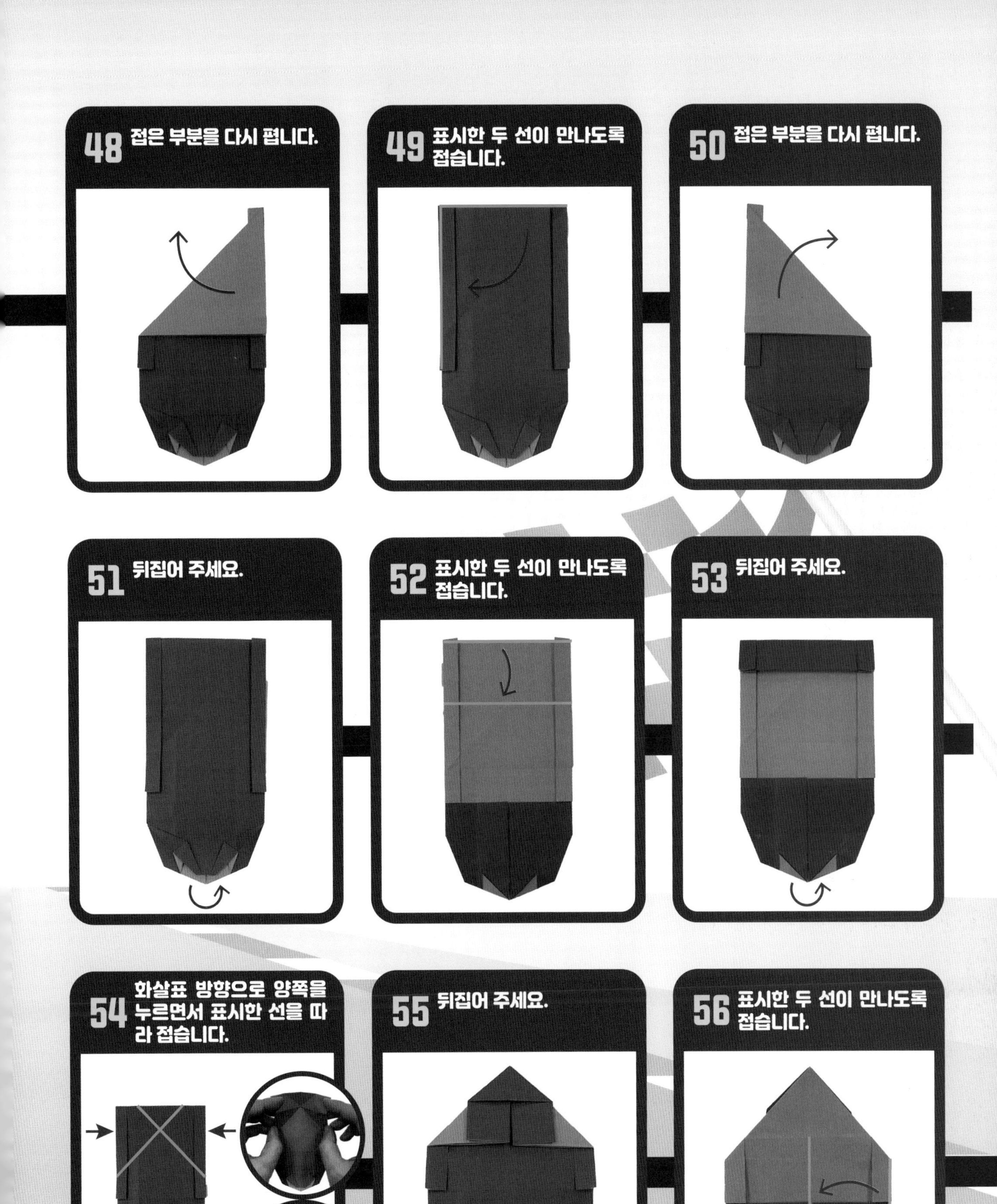
48 접은 부분을 다시 폅니다.
49 표시한 두 선이 만나도록 접습니다.
50 접은 부분을 다시 폅니다.
51 뒤집어 주세요.
52 표시한 두 선이 만나도록 접습니다.
53 뒤집어 주세요.
54 화살표 방향으로 양쪽을 누르면서 표시한 선을 따라 접습니다.
55 뒤집어 주세요.
56 표시한 두 선이 만나도록 접습니다.

57 표시한 두 선이 만나도록 접습니다.

58 뒤집어 주세요.

59 표시한 두 점이 만나도록 접습니다.

60 접은 부분을 다시 폅니다.

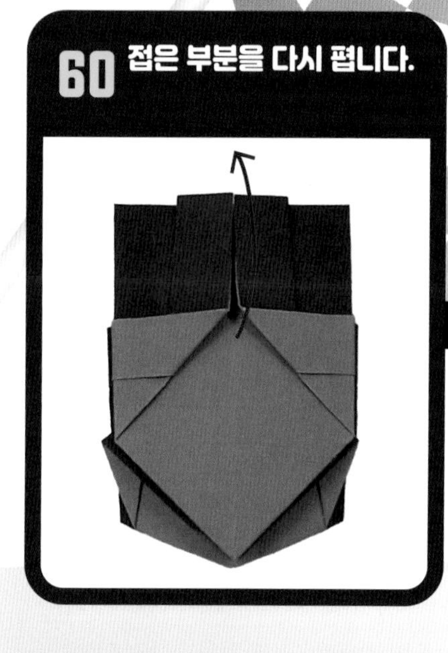

61 안쪽으로 접어 넣은 삼각형 부분을 다시 폅니다.

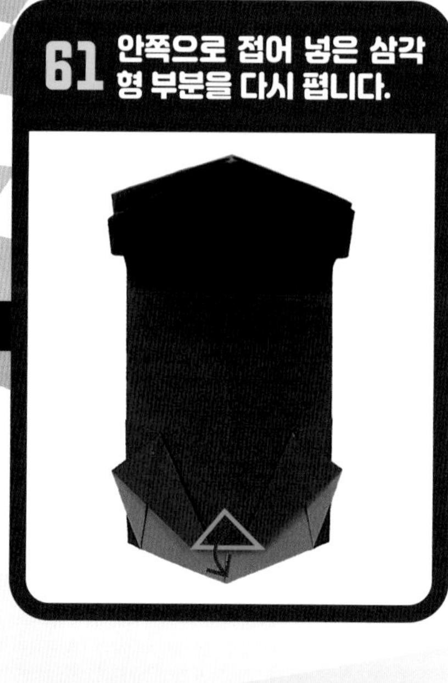

62 표시한 부분을 화살표 안쪽으로 끼워 넣습니다.

63 61번에서 편 부분을 다시 안쪽으로 접어 넣습니다.

64 선을 따라 접습니다.

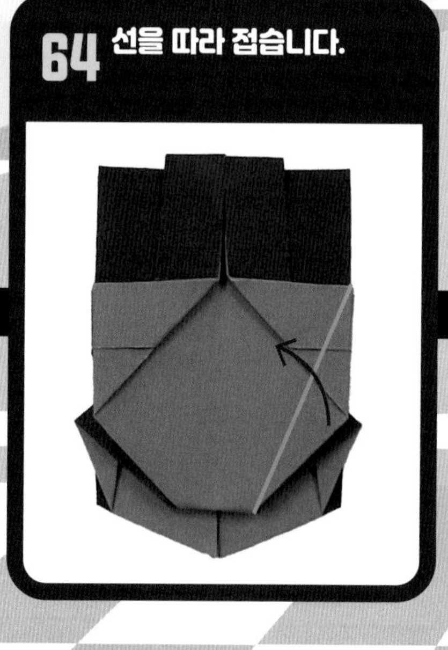

65 선을 따라 접습니다.

66 선을 따라 접습니다.

67 선을 따라 접습니다.

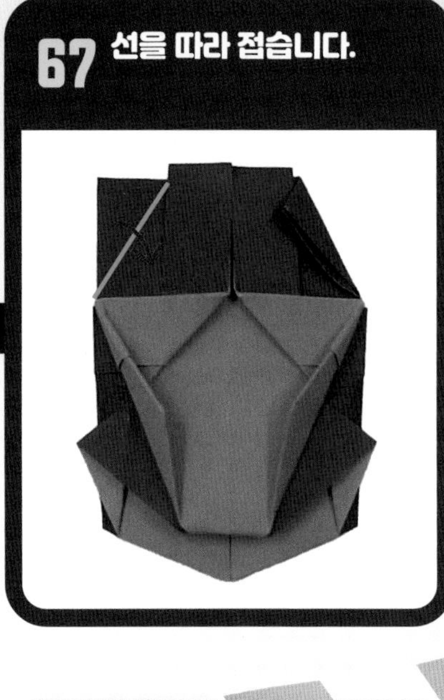

68 접은 부분을 다시 폅니다.

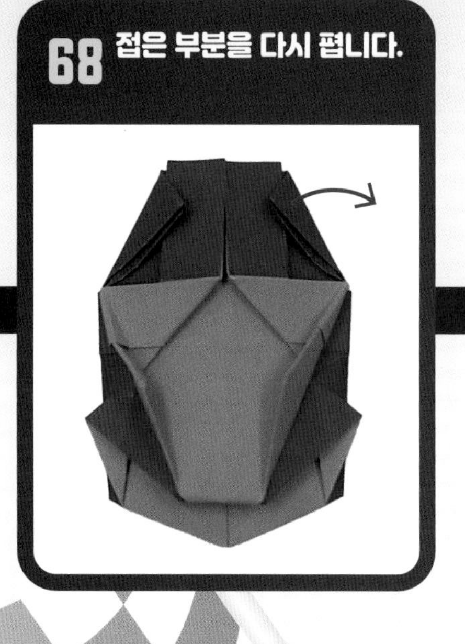

69 검은색 화살표 안쪽 틈을 벌리고 표시한 두 선이 만나도록 밀어 넣어 접습니다.

70 접은 부분을 다시 폅니다.

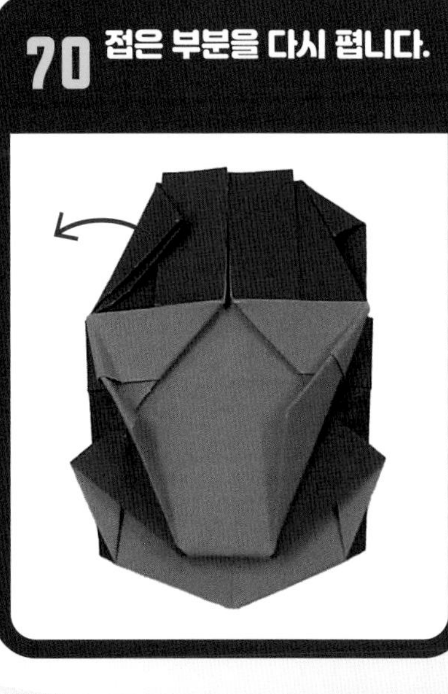

71 검은색 화살표 안쪽 틈을 벌리고 표시한 두 선이 만나도록 밀어 넣어 접습니다.

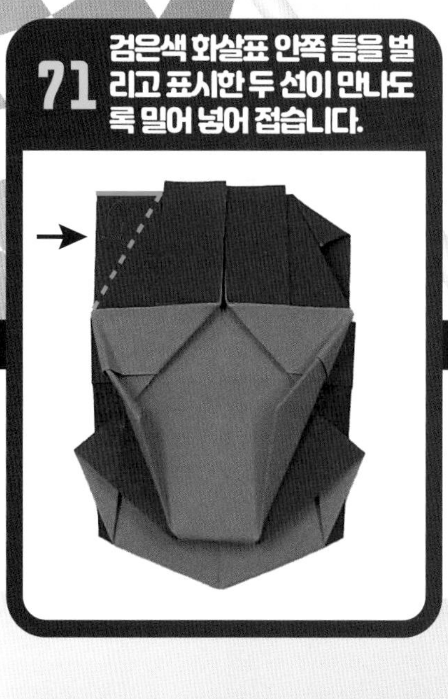

72 선을 따라 가늘게 접습니다.

73 선을 따라 가늘게 접습니다.

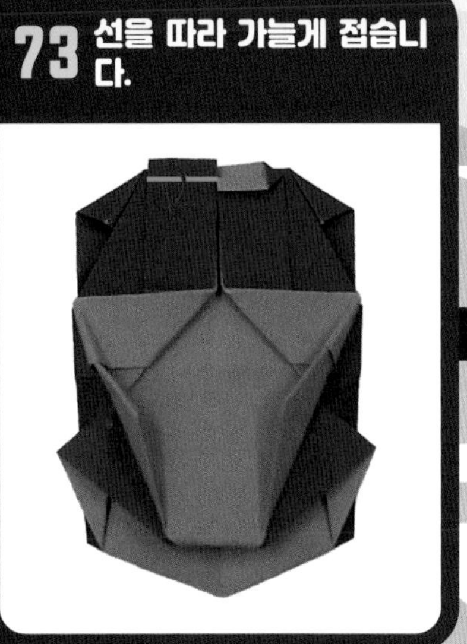

74 표시한 양쪽 부분을 화살표 방향으로 들어 세웁니다.

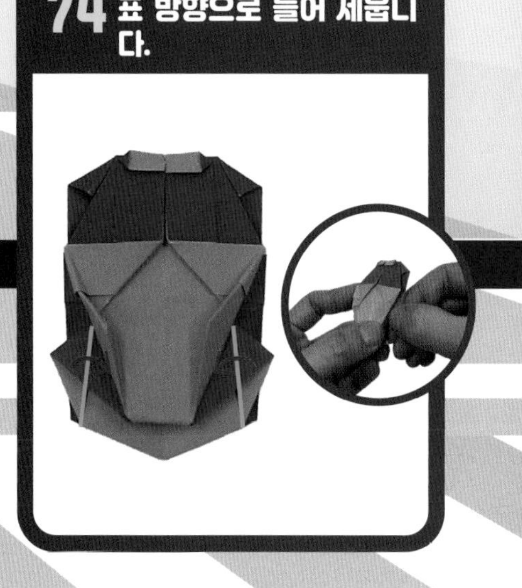

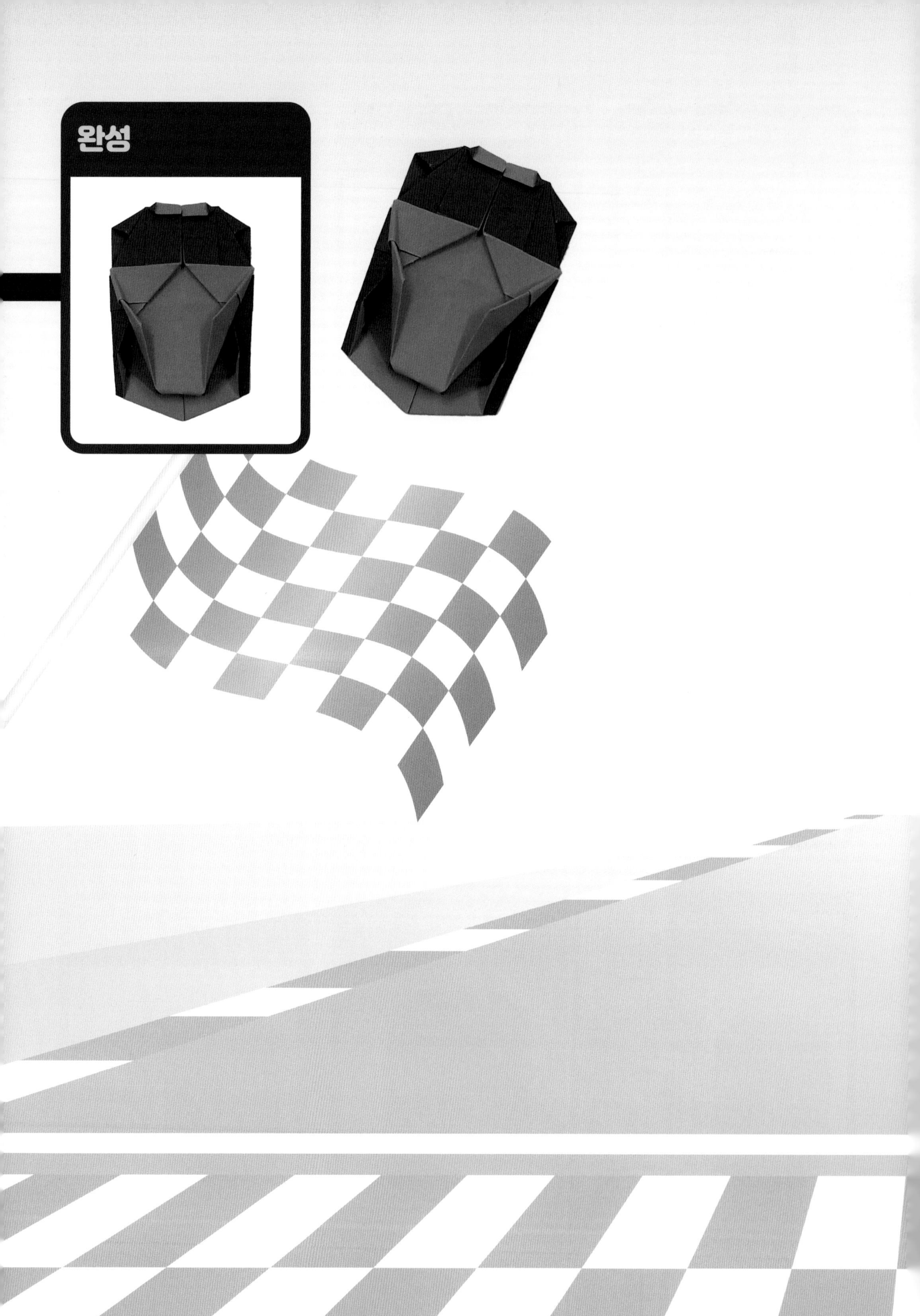
완성

멘티스

사마귀의 날카로움을 표현한 미니카예요.
날카로움 속에서 최고의 속도를 느낄 수 있는 멘티스를 함께 만들어 보세요.

만들기 동영상

난이도 ★★★

스피드	3
드리프트	3.5
커브	4
민첩	2.5
부스터	2

6쪽 공통 부분 접기를 완성하고 시작하세요.

준비물

색종이 1장(보라색 단면 색종이), 가위

1 뒤집어 주세요.

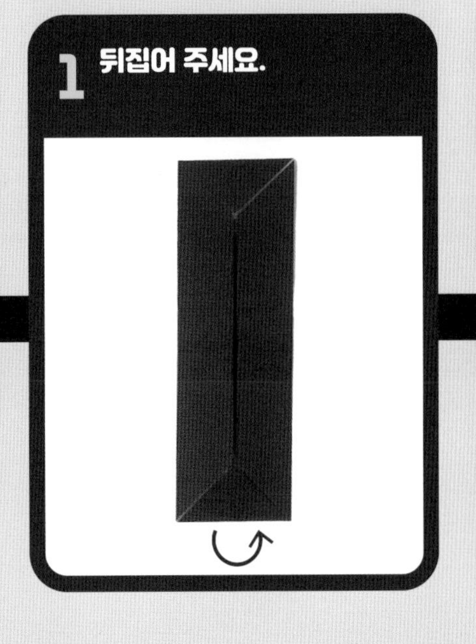

2 표시한 두 선이 만나도록 접습니다.

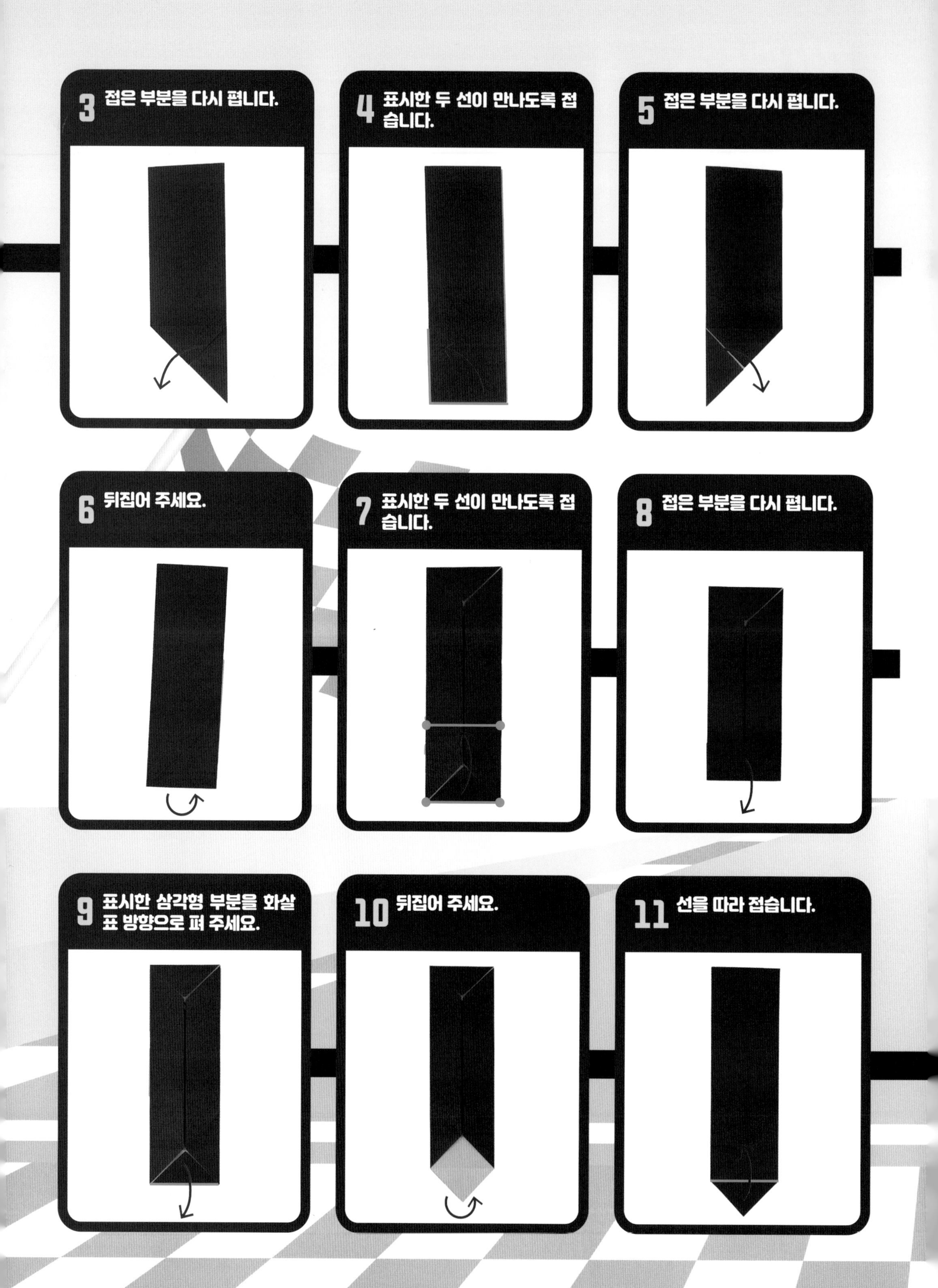
3 접은 부분을 다시 펍니다.
4 표시한 두 선이 만나도록 접습니다.
5 접은 부분을 다시 펍니다.
6 뒤집어 주세요.
7 표시한 두 선이 만나도록 접습니다.
8 접은 부분을 다시 펍니다.
9 표시한 삼각형 부분을 화살표 방향으로 펴 주세요.
10 뒤집어 주세요.
11 선을 따라 접습니다.

12 화살표 방향으로 양쪽을 누르면서 표시한 선을 따라 접습니다.

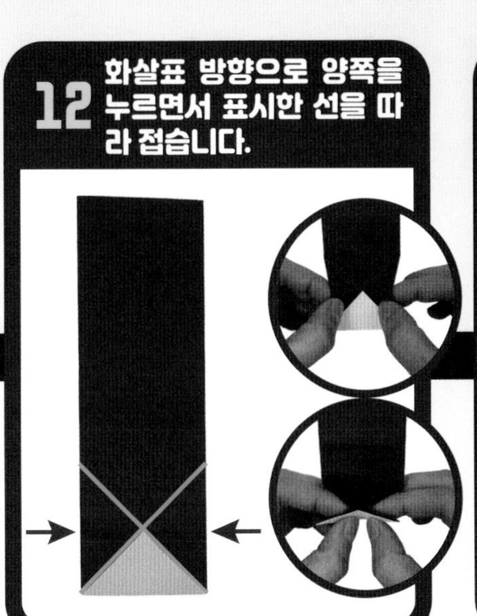

13 표시한 두 선이 만나도록 접습니다.

14 표시한 두 선이 만나도록 접습니다.

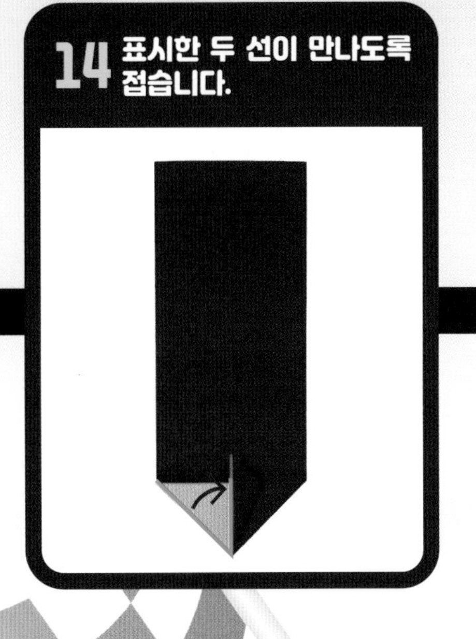

15 접은 두 부분을 다시 펍니다.

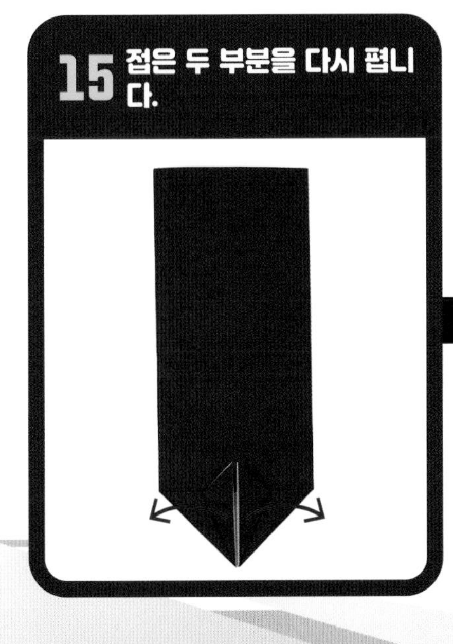

16 표시한 부분을 화살표 방향으로 들어 세웁니다.

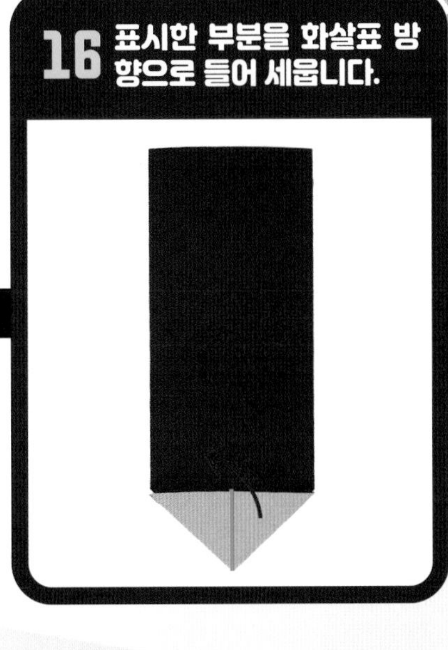

17 화살표 부분의 안쪽 틈을 벌립니다.

18 화살표 방향으로 눌러 접습니다.

19 선을 따라 접습니다.

20 표시한 부분을 화살표 방향으로 들어 세웁니다.

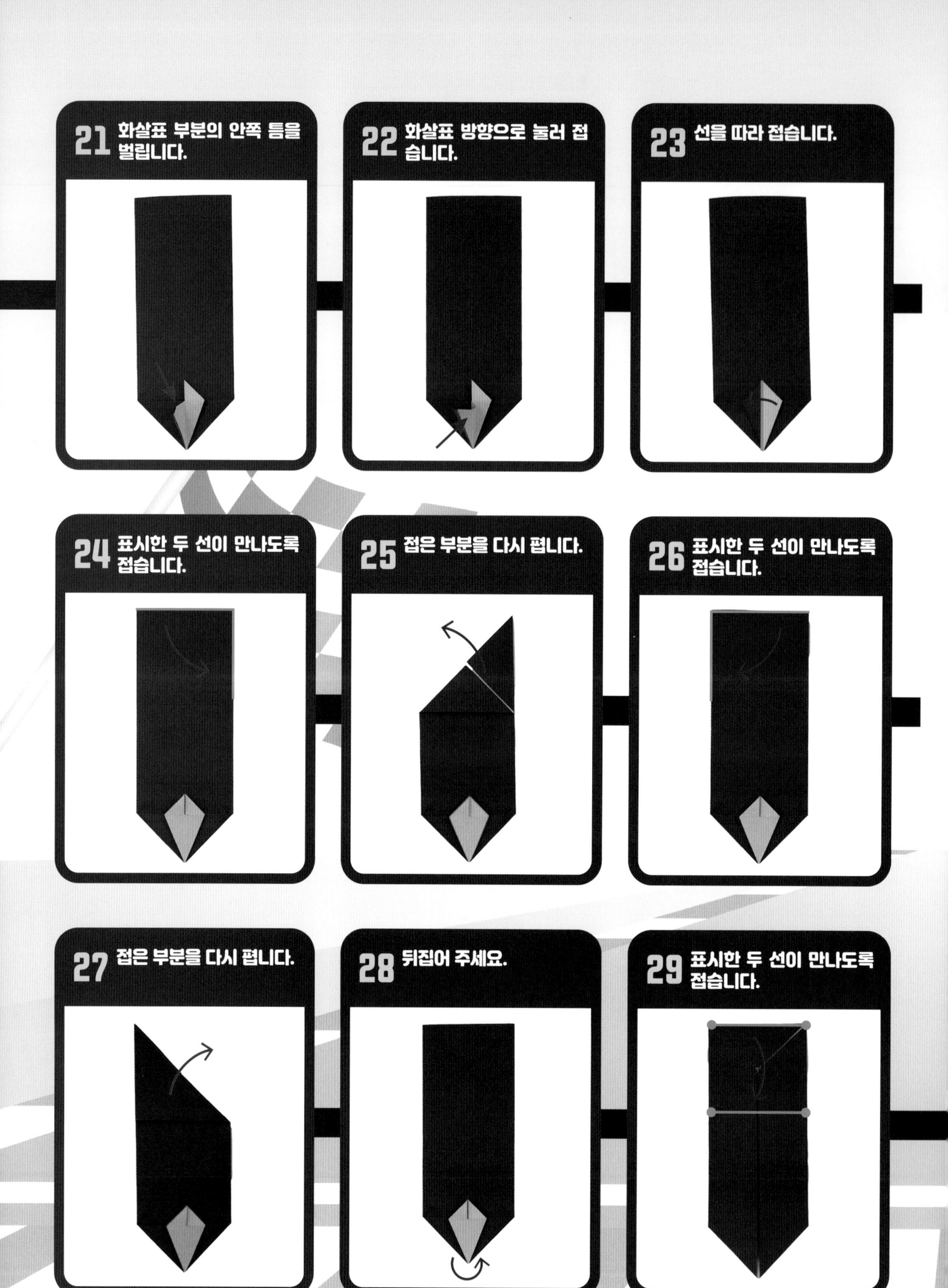
21 화살표 부분의 안쪽 틈을 벌립니다.
22 화살표 방향으로 눌러 접습니다.
23 선을 따라 접습니다.
24 표시한 두 선이 만나도록 접습니다.
25 접은 부분을 다시 폅니다.
26 표시한 두 선이 만나도록 접습니다.
27 접은 부분을 다시 폅니다.
28 뒤집어 주세요.
29 표시한 두 선이 만나도록 접습니다.

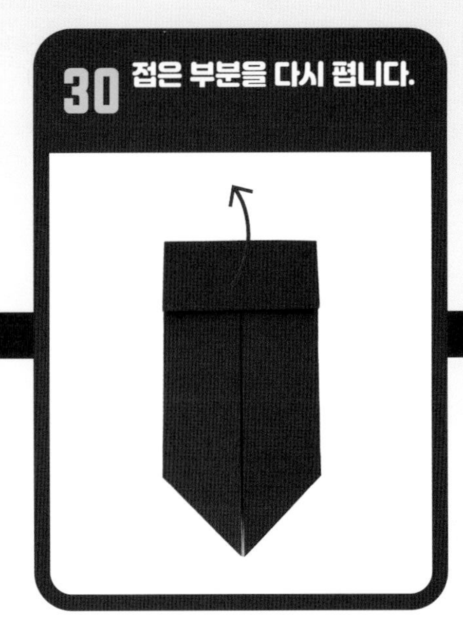
30
접은 부분을 다시 펍니다.

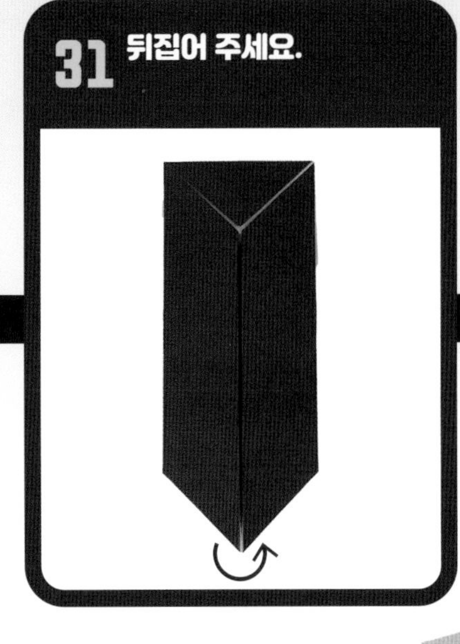
31
뒤집어 주세요.

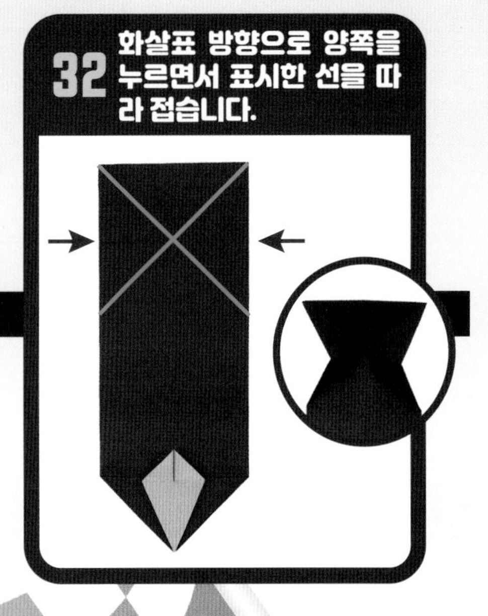
32
화살표 방향으로 양쪽을 누르면서 표시한 선을 따라 접습니다.

33
표시한 삼각형 부분을 화살표 방향으로 펴 주세요.

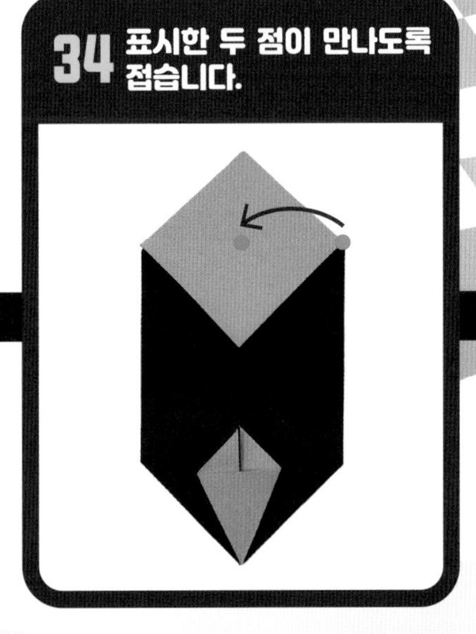
34
표시한 두 점이 만나도록 접습니다.

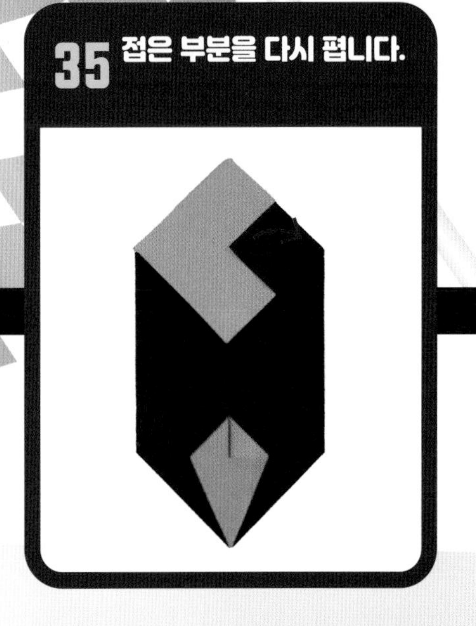
35
접은 부분을 다시 펍니다.

36
표시한 두 점이 만나도록 접습니다.(34번에서 접은 선 위의 점)

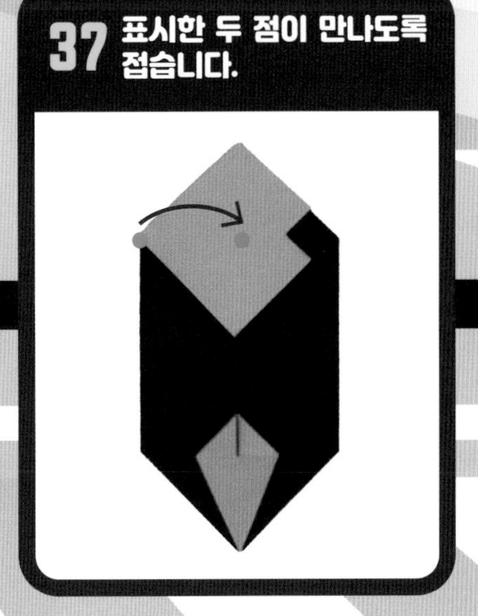
37
표시한 두 점이 만나도록 접습니다.

38
접은 부분을 다시 펍니다.

39 표시한 두 점이 만나도록 접습니다.(37번에서 접은 선 위의 점)

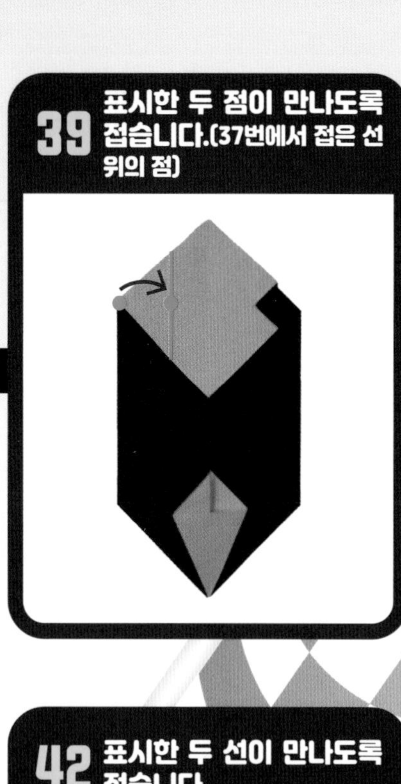

40 선을 따라 접습니다.

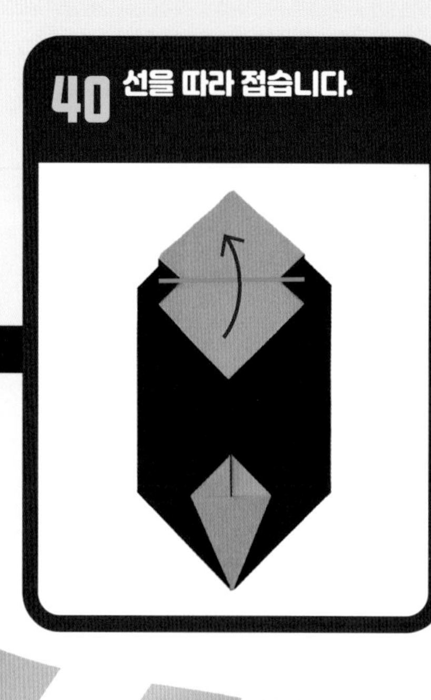

41 뒤집어 주세요.

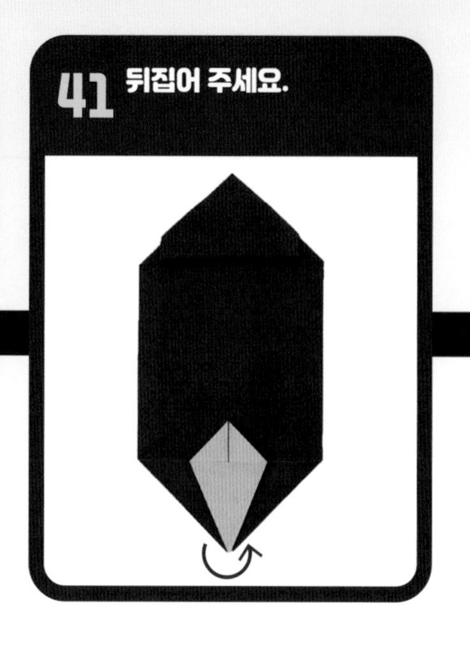

42 표시한 두 선이 만나도록 접습니다.

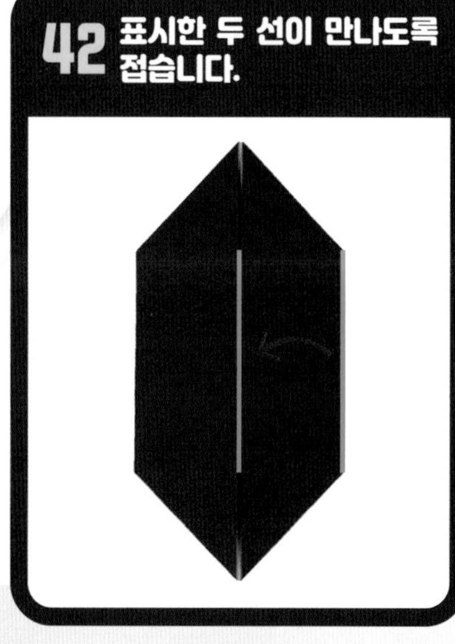

43 표시한 두 선이 만나도록 접습니다.

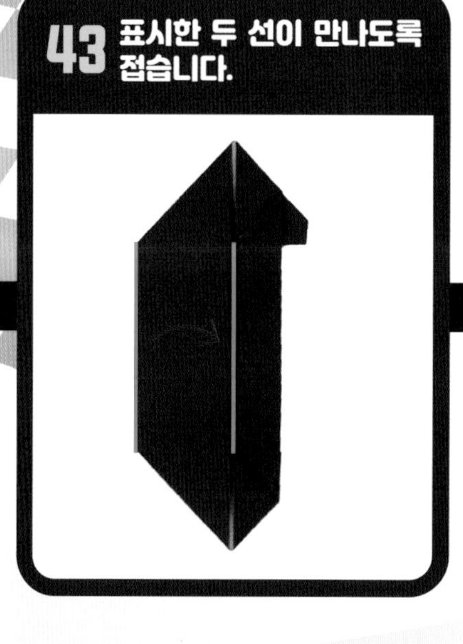

44 선을 따라 접습니다.

45 접은 부분을 다시 폅니다.

46 주황색 화살표 안쪽의 틈을 벌리고 선을 따라 접습니다.

47 선을 따라 접습니다.

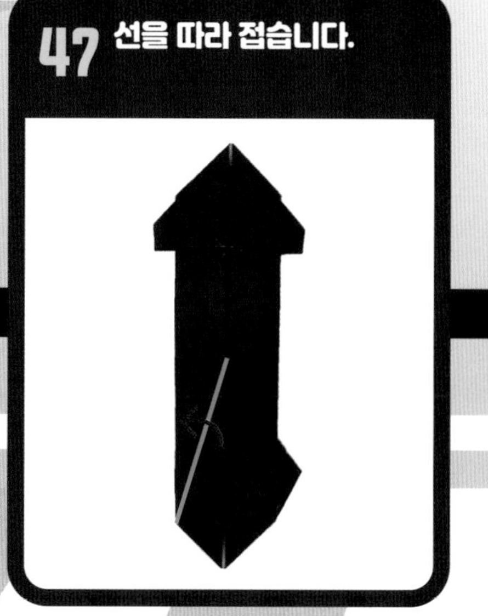

48 접은 부분을 다시 폅니다.

49 주황색 화살표 안쪽의 틈을 벌리고 선을 따라 접습니다.

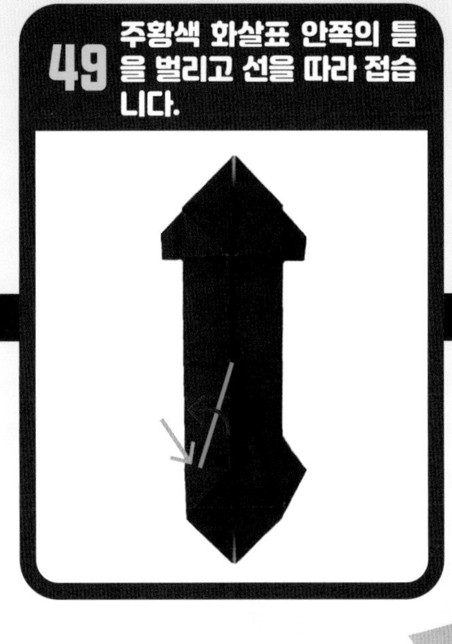

50 뒤집어 주세요.

51 선을 따라 2장 모두 접습니다.

52 표시한 실선을 따라 가위로 자릅니다.(점선은 자르지 않습니다.)

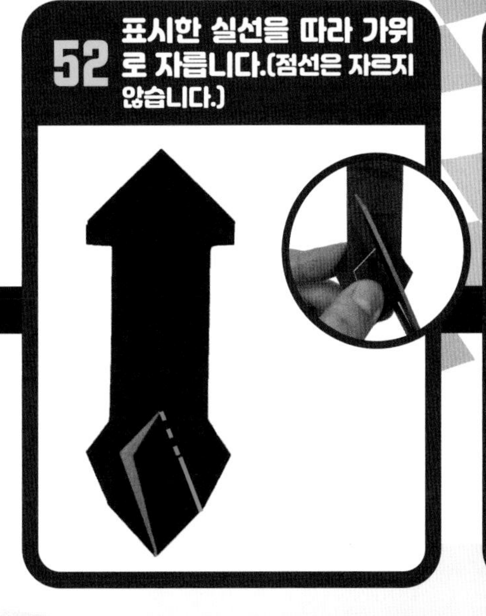

53 표시한 부분을 선을 따라 1장만 원래대로 되돌려 줍니다.

54 선을 따라 접습니다.

55 표시한 부분을 선을 따라 원래대로 되돌려 줍니다.

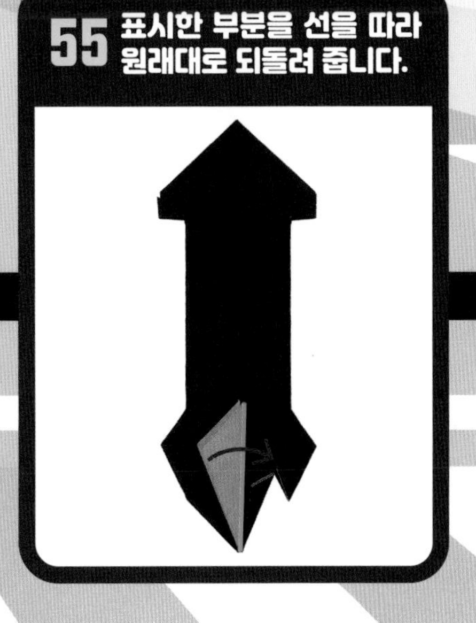

56 선을 따라 2장 모두 접습니다.

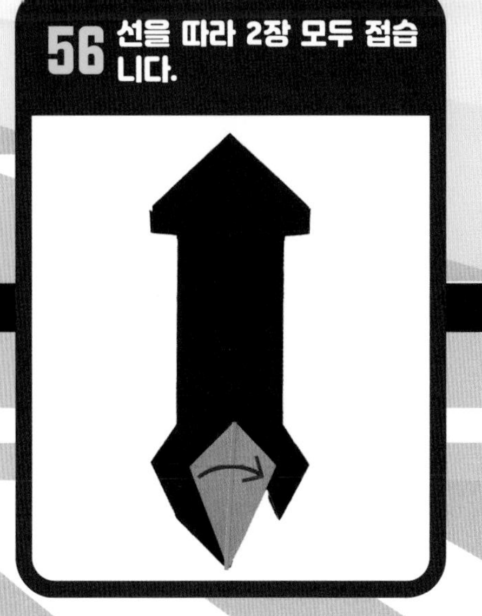

57 표시한 실선을 따라 가위로 자릅니다.(점선은 자르지 않습니다.)

58 표시한 부분을 선을 따라 1장만 원래대로 되돌려 줍니다.

59 선을 따라 접습니다.

60 표시한 부분을 선을 따라 원래대로 되돌려 줍니다.

61 표시한 부분을 화살표 방향으로 당겨 폅니다.

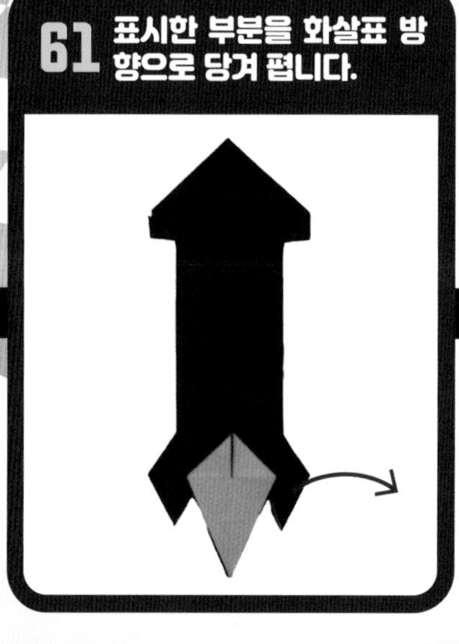

62 표시한 두 선이 만나도록 접습니다.

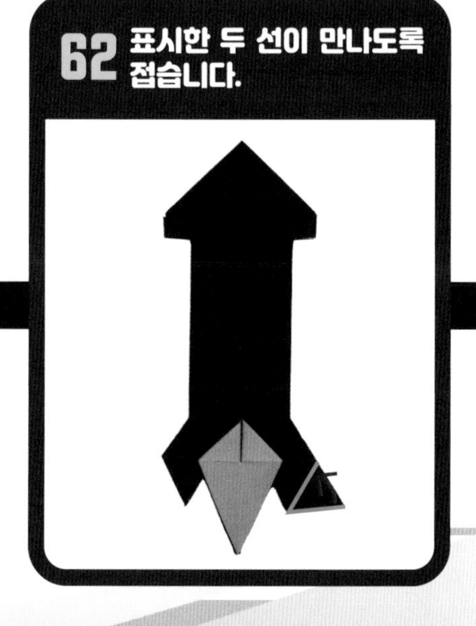

63 접은 부분을 다시 폅니다.

64 표시한 선을 따라 화살표 순서대로 차례차례 말아서 접습니다.

65 표시한 부분을 화살표 방향으로 당겨 폅니다.

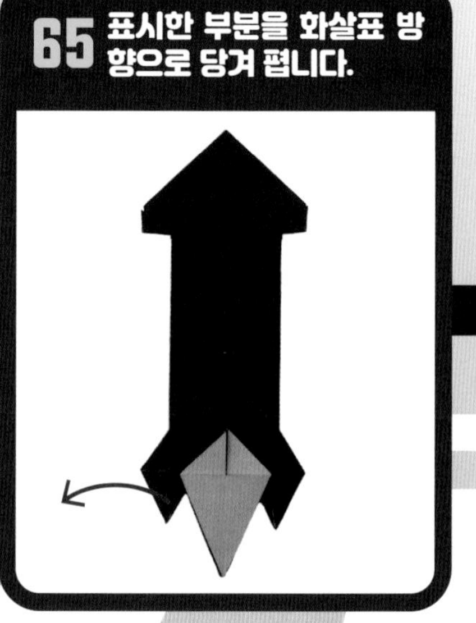

66 표시한 두 선이 만나도록 접습니다.

67 접은 부분을 다시 폅니다.

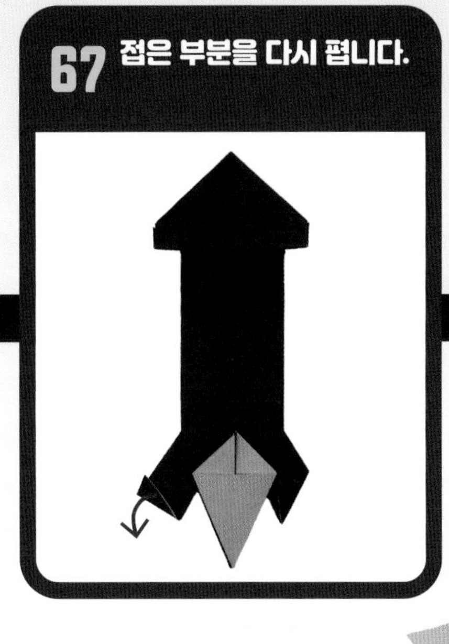

68 표시한 선을 따라 화살표 순서대로 차례차례 말아서 접습니다.

69 표시한 두 점이 만나도록 접습니다.

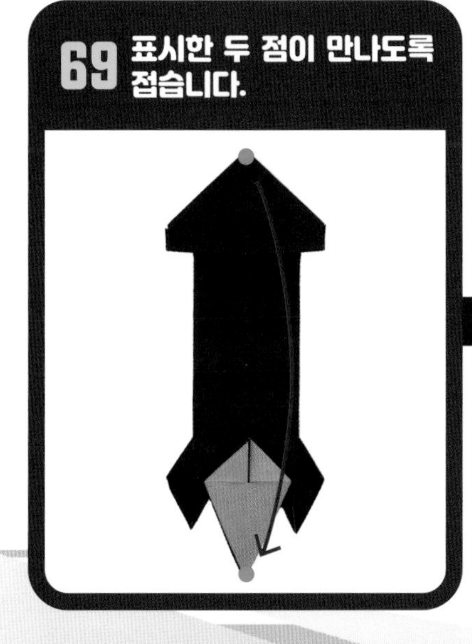

70 접은 부분을 다시 폅니다.

71 표시한 두 점이 만나도록 접습니다.

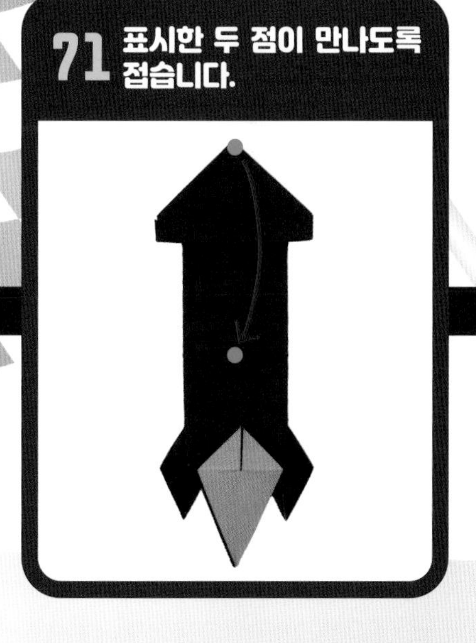

72 선을 따라 접습니다.

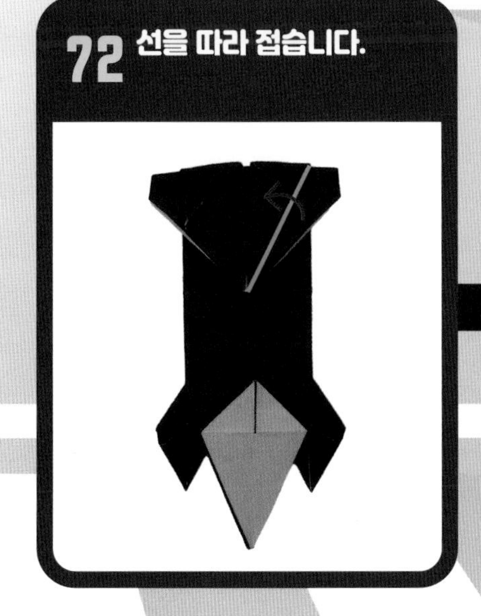

73 접은 부분을 다시 폅니다.

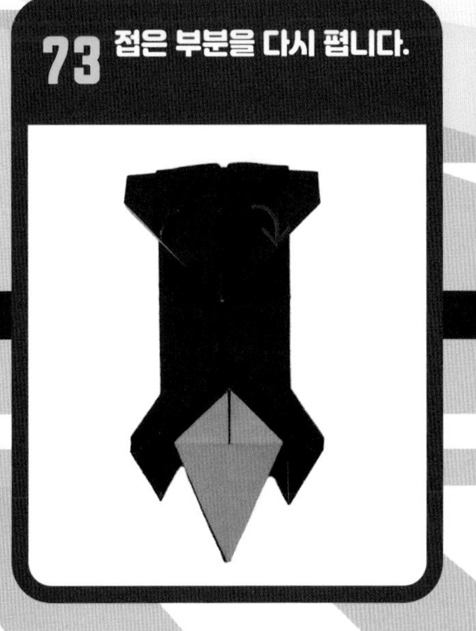

74 흰색 화살표 안쪽의 틈을 벌리고 선을 따라 접습니다.

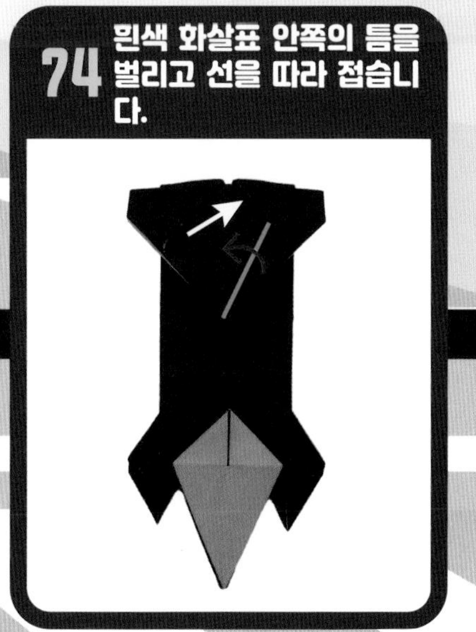

75 화살표 방향으로 눌러 접습니다.

76 선을 따라 접습니다.

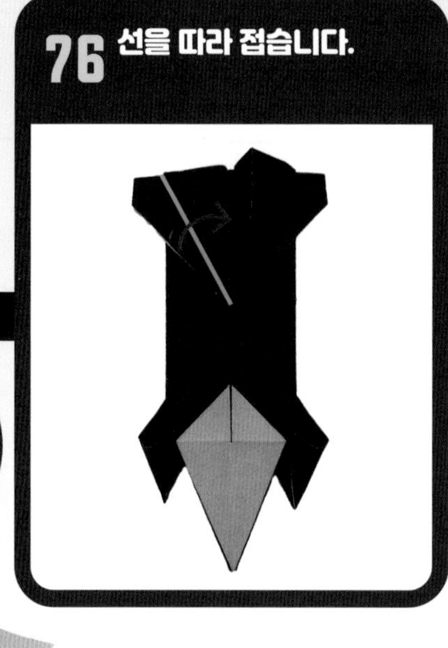

77 접은 부분을 다시 폅니다.

78 흰색 화살표 안쪽의 틈을 벌리고 선을 따라 접습니다.

79 선을 따라 1장만 접습니다.

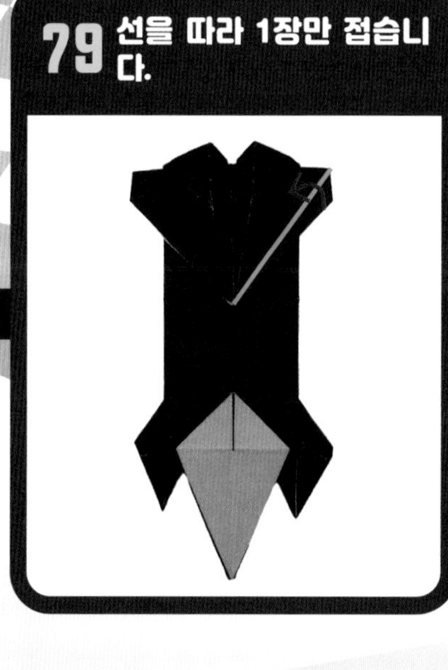

80 선을 따라 1장만 접습니다.

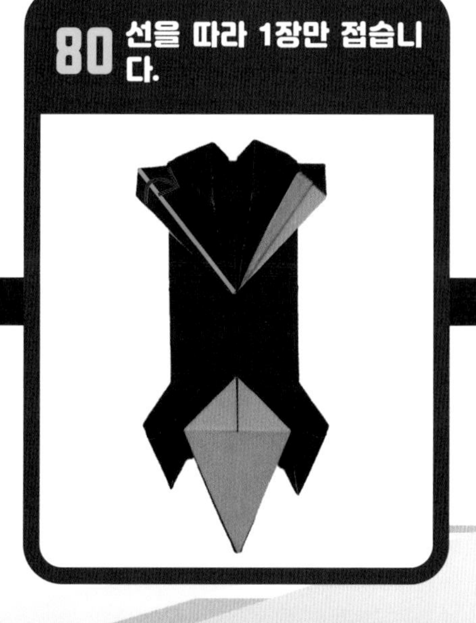

81 표시한 부분을 화살표 방향으로 접어 세웁니다.

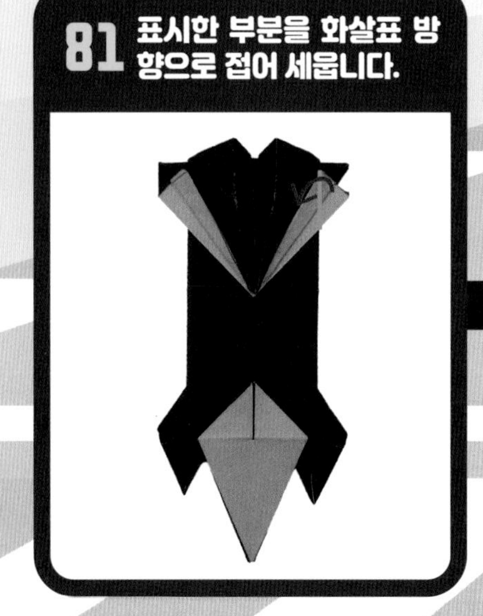

82 표시한 부분을 화살표 방향으로 접어 세웁니다.

83 뒤집어 주세요.

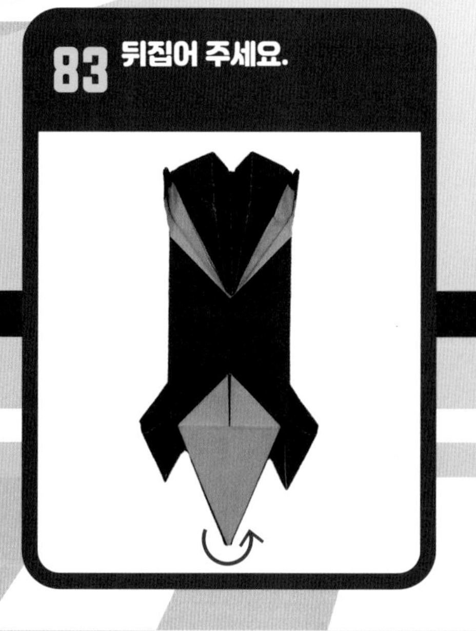

84 표시한 두 선이 만나도록 접습니다.

85 뒤집어 주세요.

86 선을 따라 접습니다.

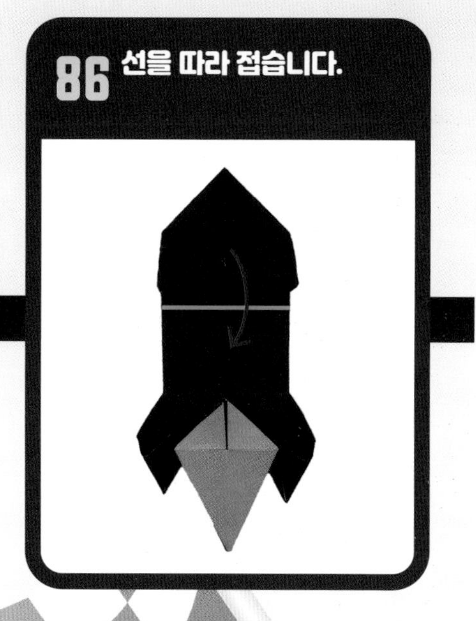

87 표시한 두 부분을 화살표 안쪽으로 끼워 넣습니다.

88 표시한 부분을 화살표 방향으로 접어 세웁니다.

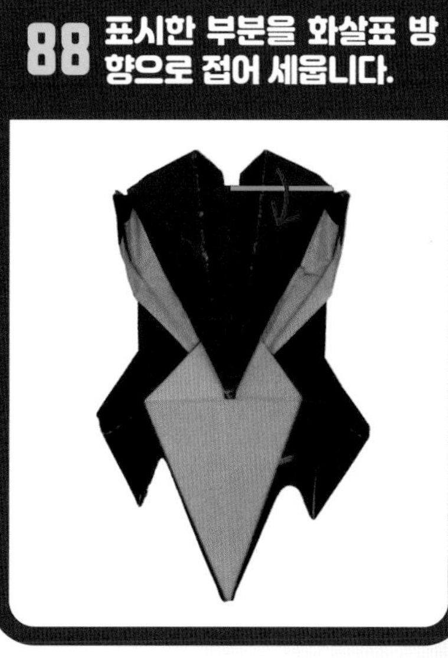

89 표시한 부분을 화살표 방향으로 접어 세웁니다.

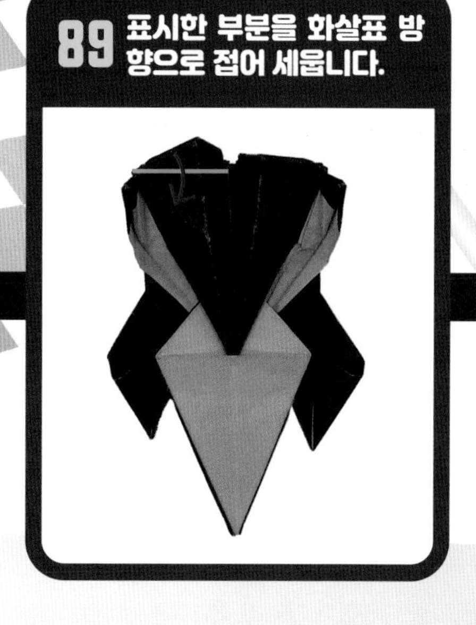

완성

당근미니카

당근의 모습을 본떠 귀엽지만 그 성능은 결코 귀엽지 않아요.
당근미니카의 성능을 종이접기로 느껴 보세요.

만들기 동영상

난이도 ★★

스피드

2.5

드리프트	3
커브	3.5
민첩	2.5
부스터	3

6쪽 공통 부분 접기를 완성하고 시작하세요.

준비물

색종이 1장(주황색-연두색 양면 색종이)

1 표시한 두 선이 만나도록 접습니다.

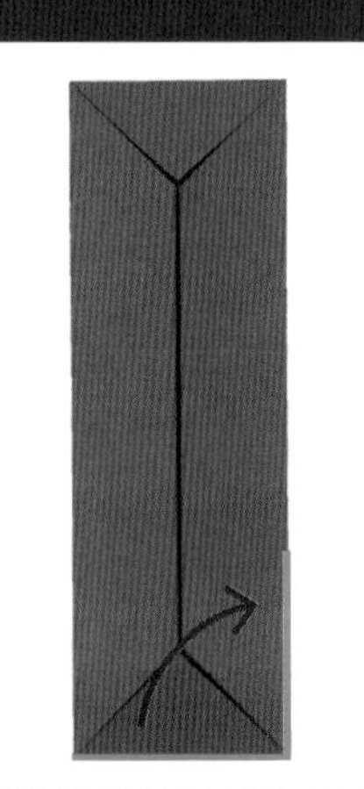

2 접은 부분을 다시 폅니다.

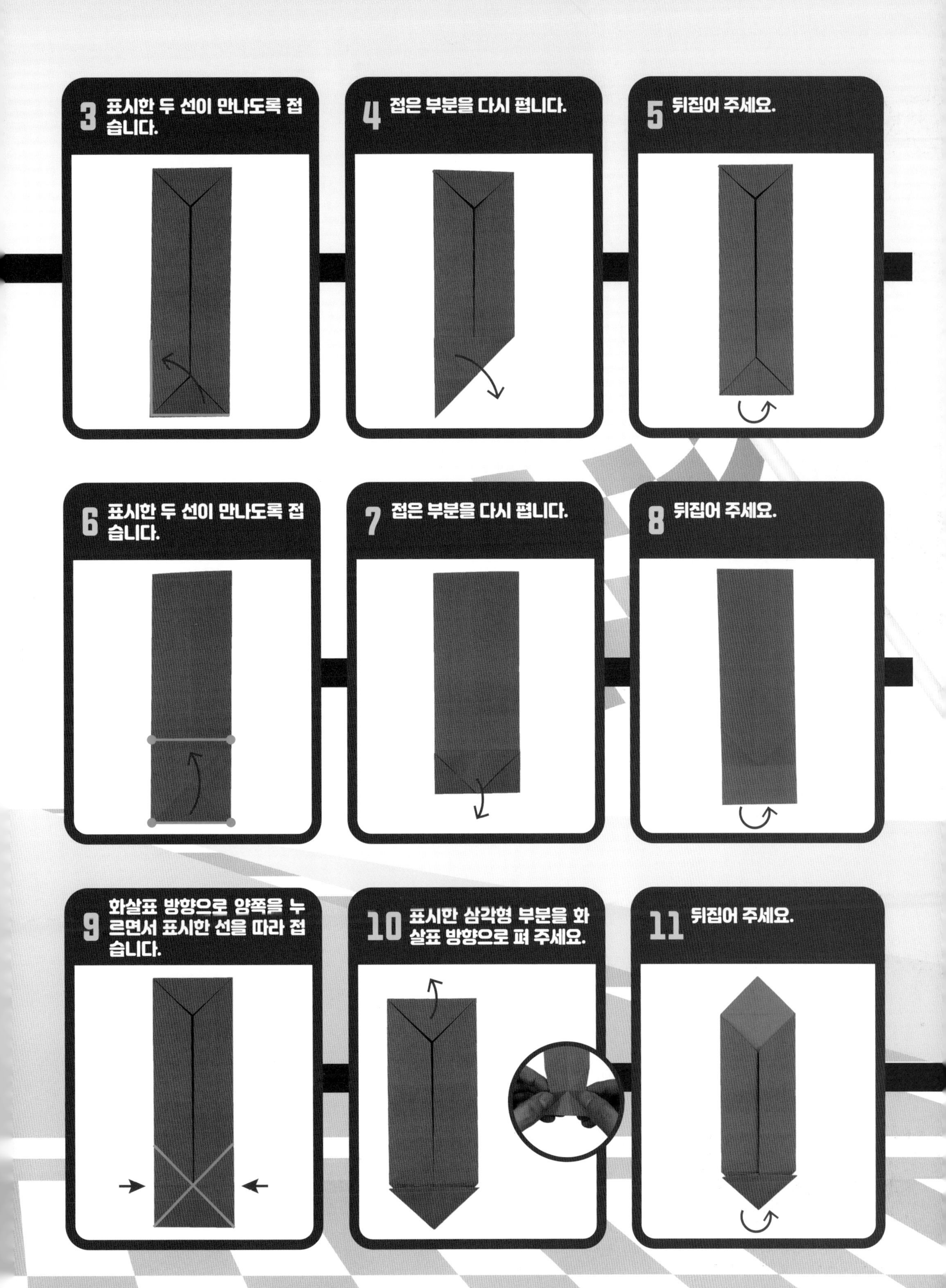
3 표시한 두 선이 만나도록 접습니다.
4 접은 부분을 다시 폅니다.
5 뒤집어 주세요.
6 표시한 두 선이 만나도록 접습니다.
7 접은 부분을 다시 폅니다.
8 뒤집어 주세요.
9 화살표 방향으로 양쪽을 누르면서 표시한 선을 따라 접습니다.
10 표시한 삼각형 부분을 화살표 방향으로 펴 주세요.
11 뒤집어 주세요.

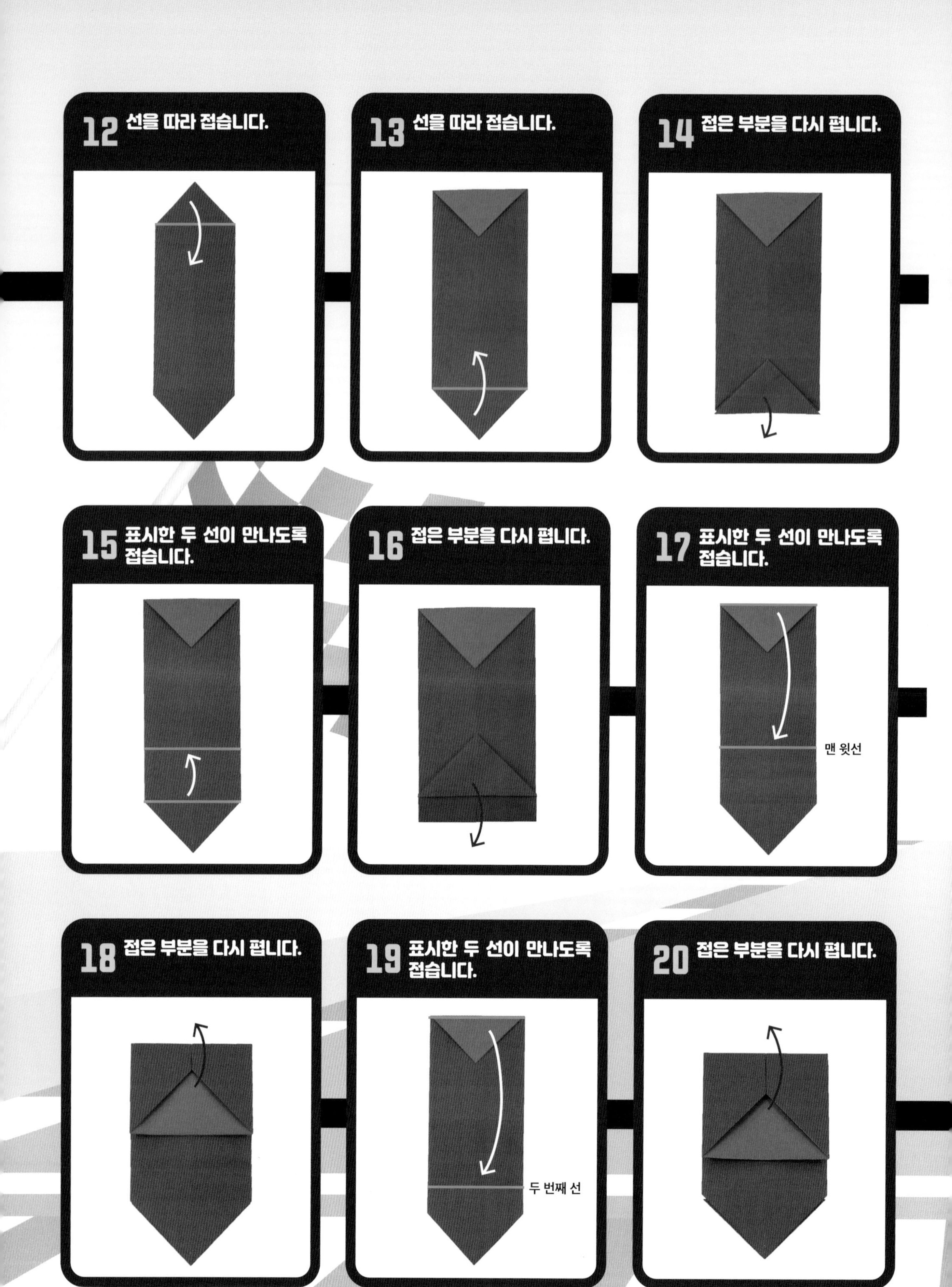
12 선을 따라 접습니다.
13 선을 따라 접습니다.
14 접은 부분을 다시 폅니다.
15 표시한 두 선이 만나도록 접습니다.
16 접은 부분을 다시 폅니다.
17 표시한 두 선이 만나도록 접습니다.
맨 윗선
18 접은 부분을 다시 폅니다.
19 표시한 두 선이 만나도록 접습니다.
두 번째 선
20 접은 부분을 다시 폅니다.

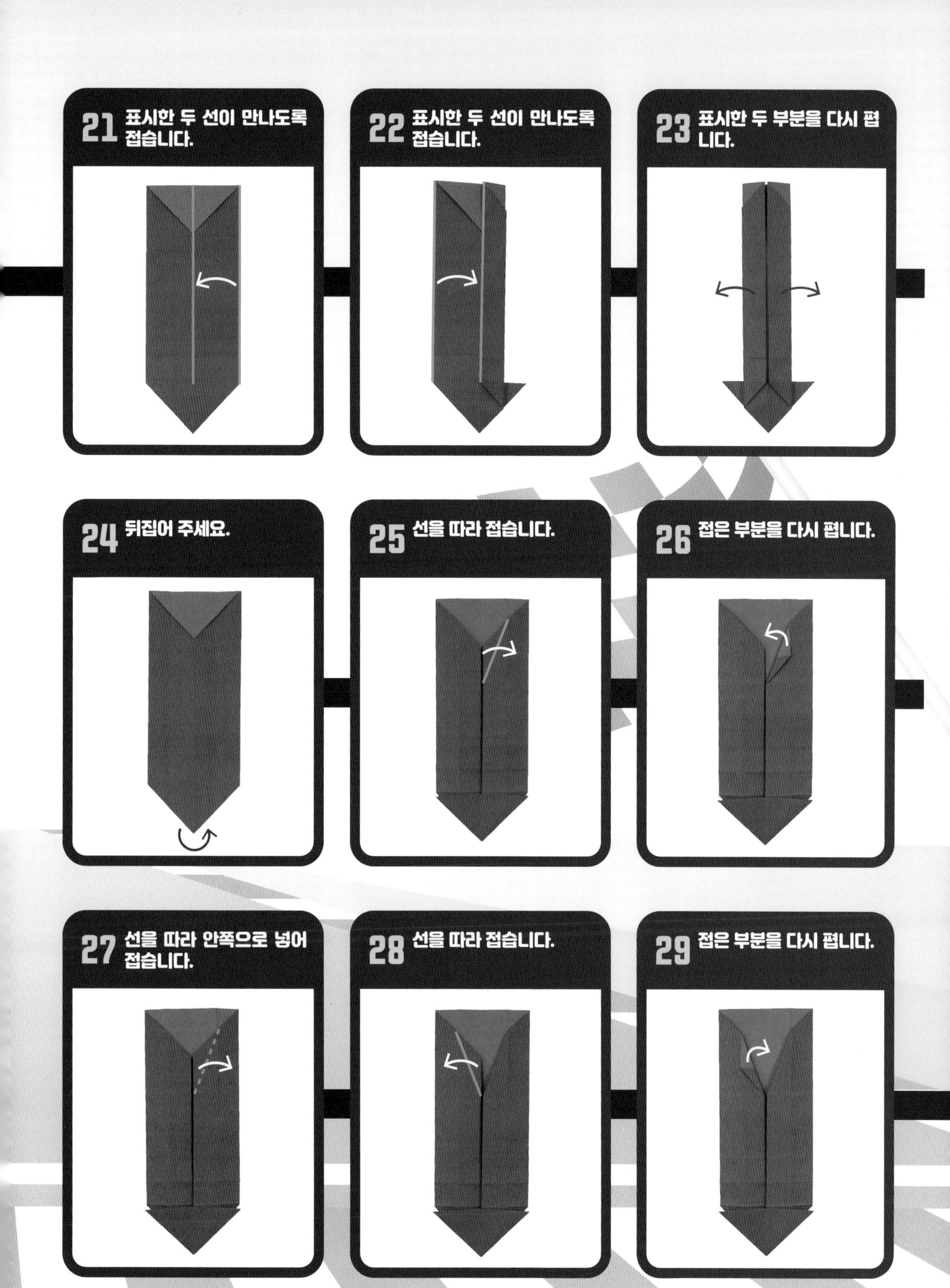
21 표시한 두 선이 만나도록 접습니다.
22 표시한 두 선이 만나도록 접습니다.
23 표시한 두 부분을 다시 폅니다.
24 뒤집어 주세요.
25 선을 따라 접습니다.
26 접은 부분을 다시 폅니다.
27 선을 따라 안쪽으로 넣어 접습니다.
28 선을 따라 접습니다.
29 접은 부분을 다시 폅니다.

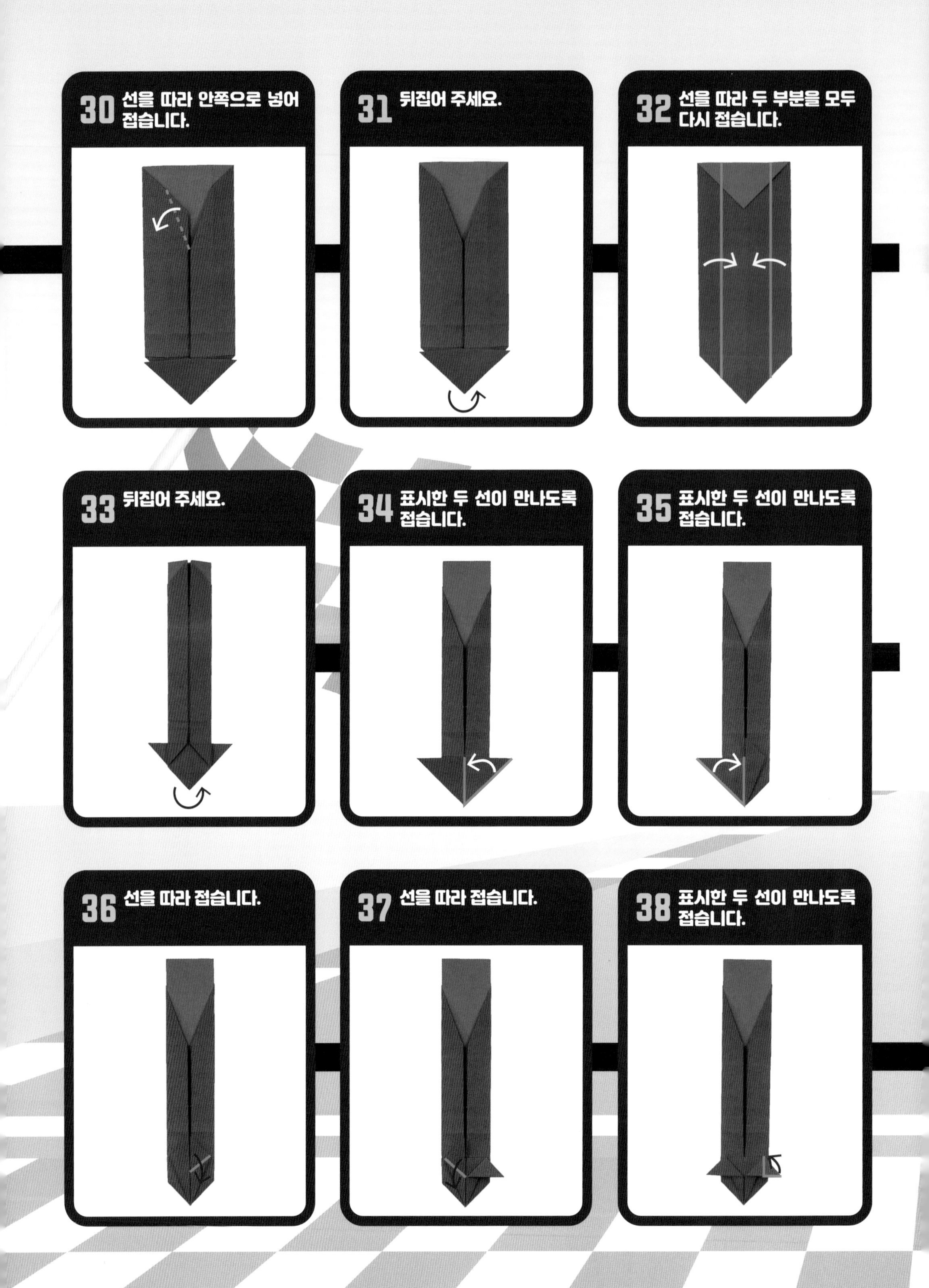
30 선을 따라 안쪽으로 넘어 접습니다.
31 뒤집어 주세요.
32 선을 따라 두 부분을 모두 다시 접습니다.
33 뒤집어 주세요.
34 표시한 두 선이 만나도록 접습니다.
35 표시한 두 선이 만나도록 접습니다.
36 선을 따라 접습니다.
37 선을 따라 접습니다.
38 표시한 두 선이 만나도록 접습니다.

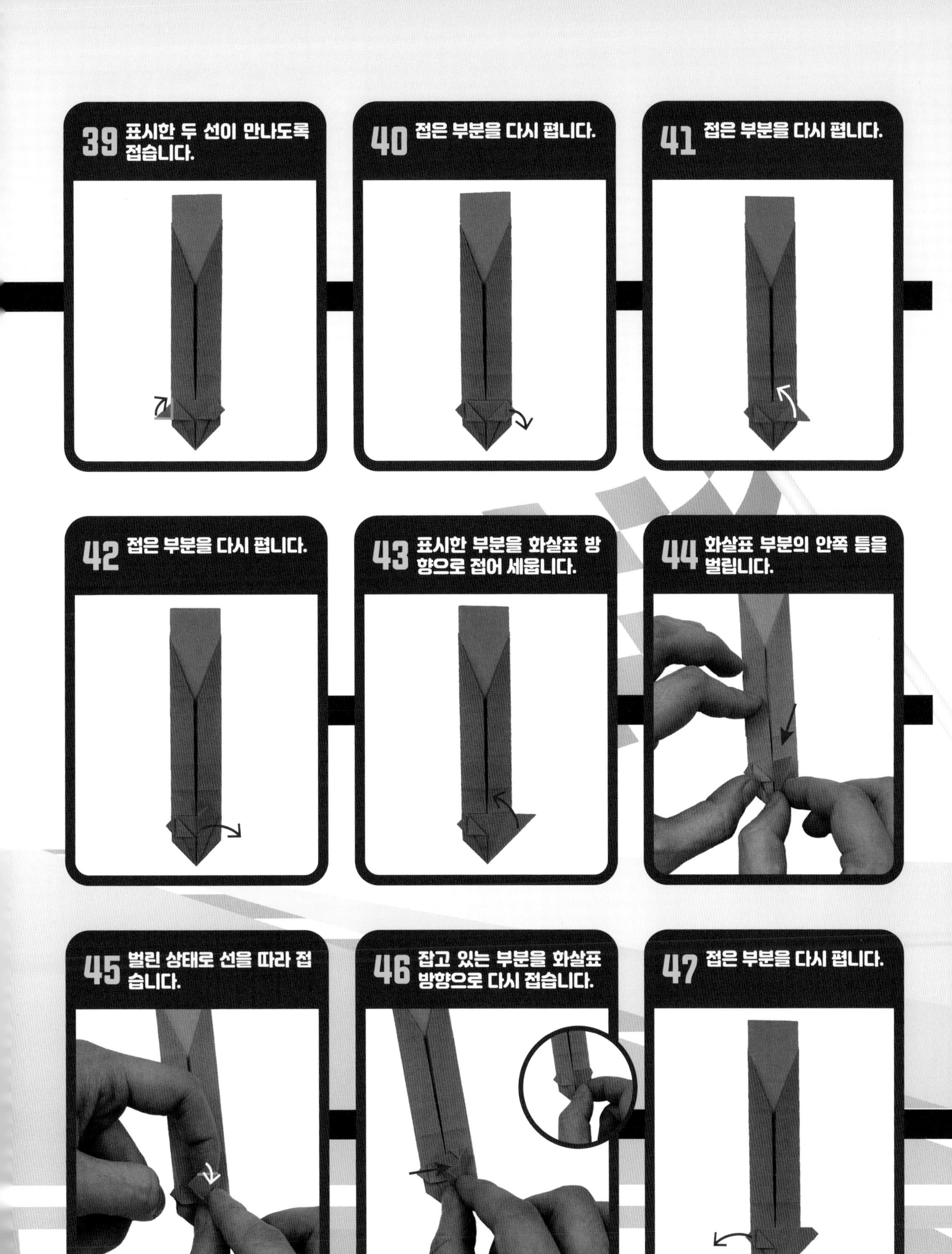
39 표시한 두 선이 만나도록 접습니다.
40 접은 부분을 다시 폅니다.
41 접은 부분을 다시 폅니다.
42 접은 부분을 다시 폅니다.
43 표시한 부분을 화살표 방향으로 접어 세웁니다.
44 화살표 부분의 안쪽 틈을 벌립니다.
45 벌린 상태로 선을 따라 접습니다.
46 잡고 있는 부분을 화살표 방향으로 다시 접습니다.
47 접은 부분을 다시 폅니다.

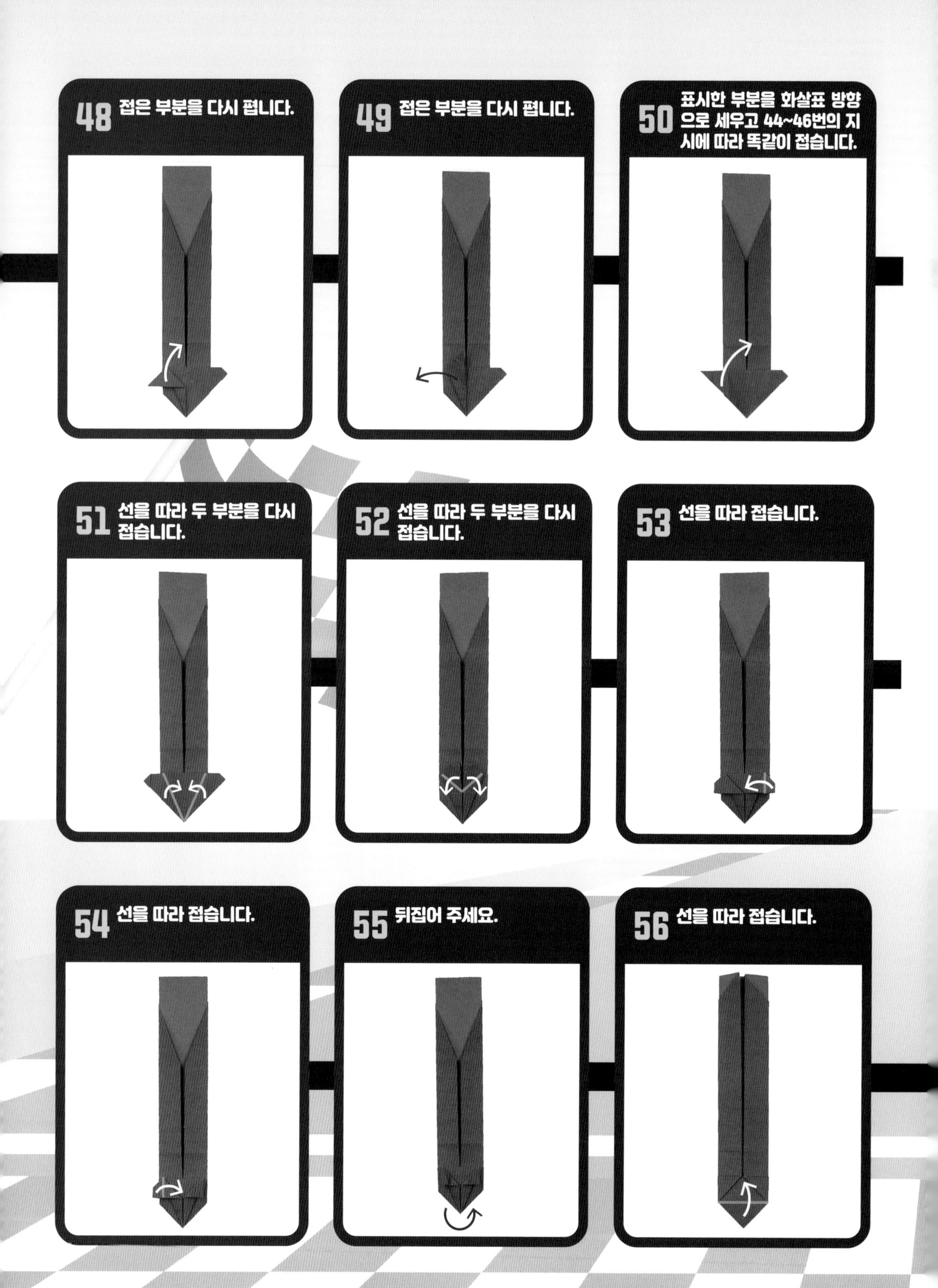

48 접은 부분을 다시 폅니다.

49 접은 부분을 다시 폅니다.

50 표시한 부분을 화살표 방향으로 세우고 44~46번의 지시에 따라 똑같이 접습니다.

51 선을 따라 두 부분을 다시 접습니다.

52 선을 따라 두 부분을 다시 접습니다.

53 선을 따라 접습니다.

54 선을 따라 접습니다.

55 뒤집어 주세요.

56 선을 따라 접습니다.

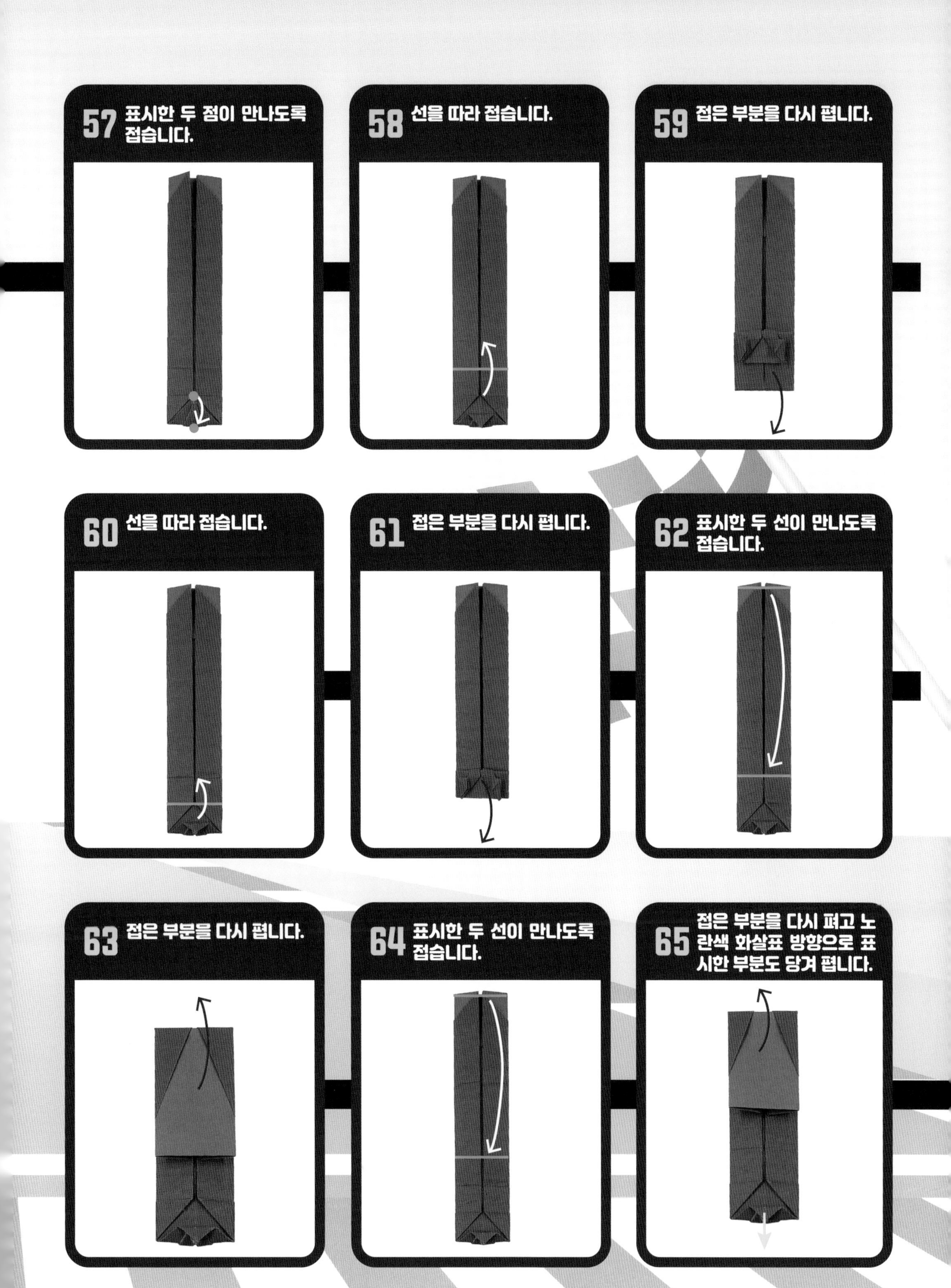
57 표시한 두 점이 만나도록 접습니다.
58 선을 따라 접습니다.
59 접은 부분을 다시 폅니다.
60 선을 따라 접습니다.
61 접은 부분을 다시 폅니다.
62 표시한 두 선이 만나도록 접습니다.
63 접은 부분을 다시 폅니다.
64 표시한 두 선이 만나도록 접습니다.
65 접은 부분을 다시 펴고 노란색 화살표 방향으로 표시한 부분도 당겨 폅니다.

66 표시한 두 선을 따라 각각 접습니다.

67 표시한 두 부분을 화살표 안쪽으로 끼워 넣습니다.

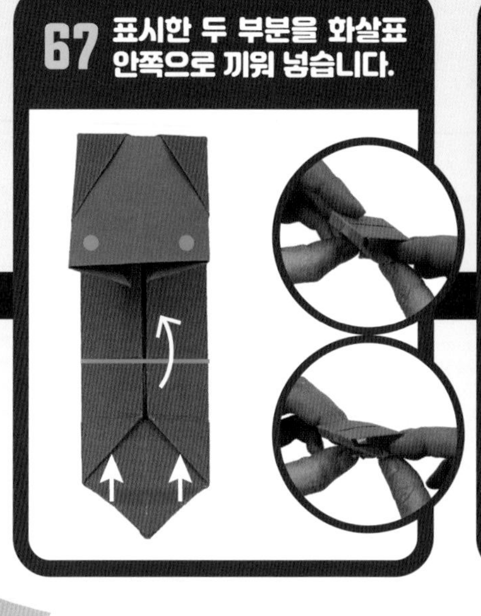

68 흰색 화살표 부분의 안쪽 틈을 벌리고 표시한 선을 접어서 밀어 넣습니다.

69 표시한 부분을 화살표 방향으로 들어 세웁니다.

완성

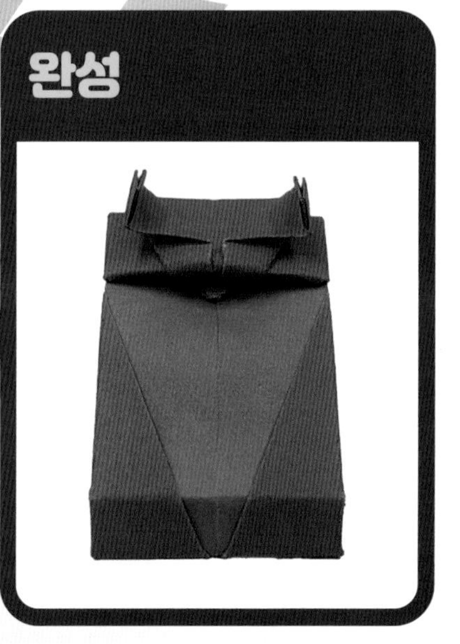

솔리드스타십

미니카와 우주선의 모습을 모두 가진 최고의 미니카를 가지고 싶나요?
멋진 우주선으로 변신하는 미니카를 만들어 보세요.

난이도 ★★★★

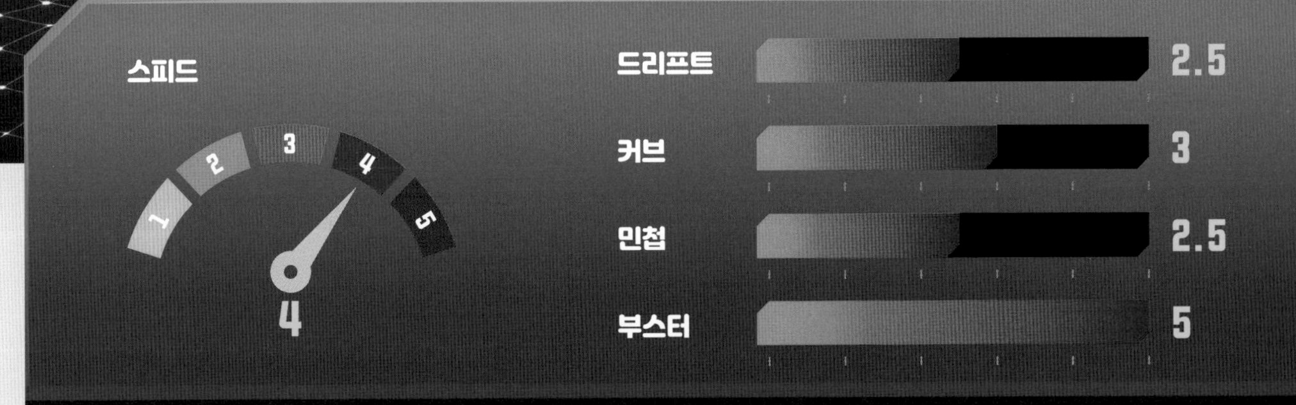

본체 6쪽 공통 부분 접기를 완성하고 시작하세요.

준비물

색종이 1장(회색), 1/4 크기 색종이 1장(회색)

1 표시한 두 선이 만나도록 접습니다.

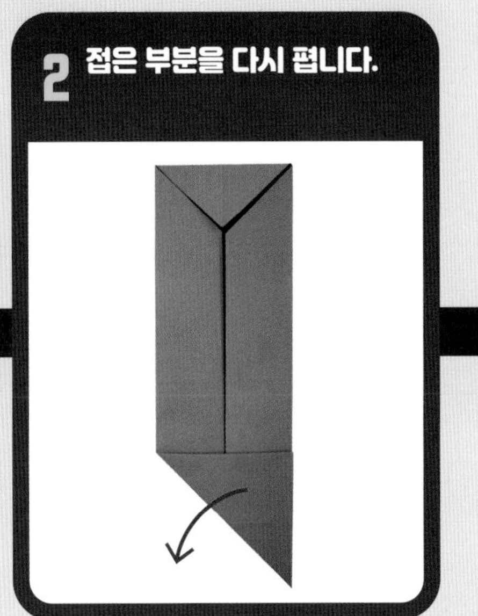

2 접은 부분을 다시 폅니다.

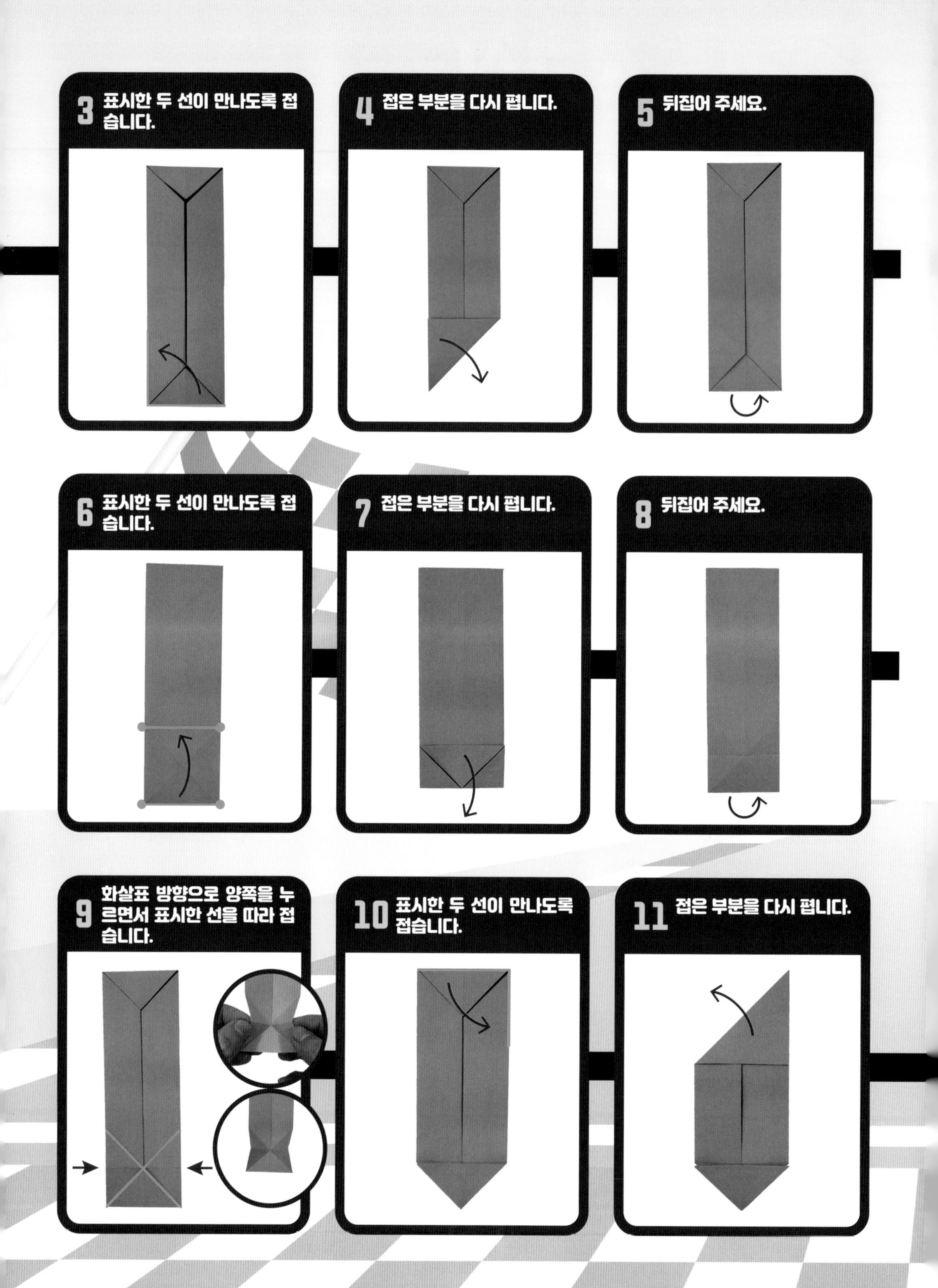
3 표시한 두 선이 만나도록 접습니다.
4 접은 부분을 다시 폅니다.
5 뒤집어 주세요.
6 표시한 두 선이 만나도록 접습니다.
7 접은 부분을 다시 폅니다.
8 뒤집어 주세요.
9 화살표 방향으로 양쪽을 누르면서 표시한 선을 따라 접습니다.
10 표시한 두 선이 만나도록 접습니다.
11 접은 부분을 다시 폅니다.

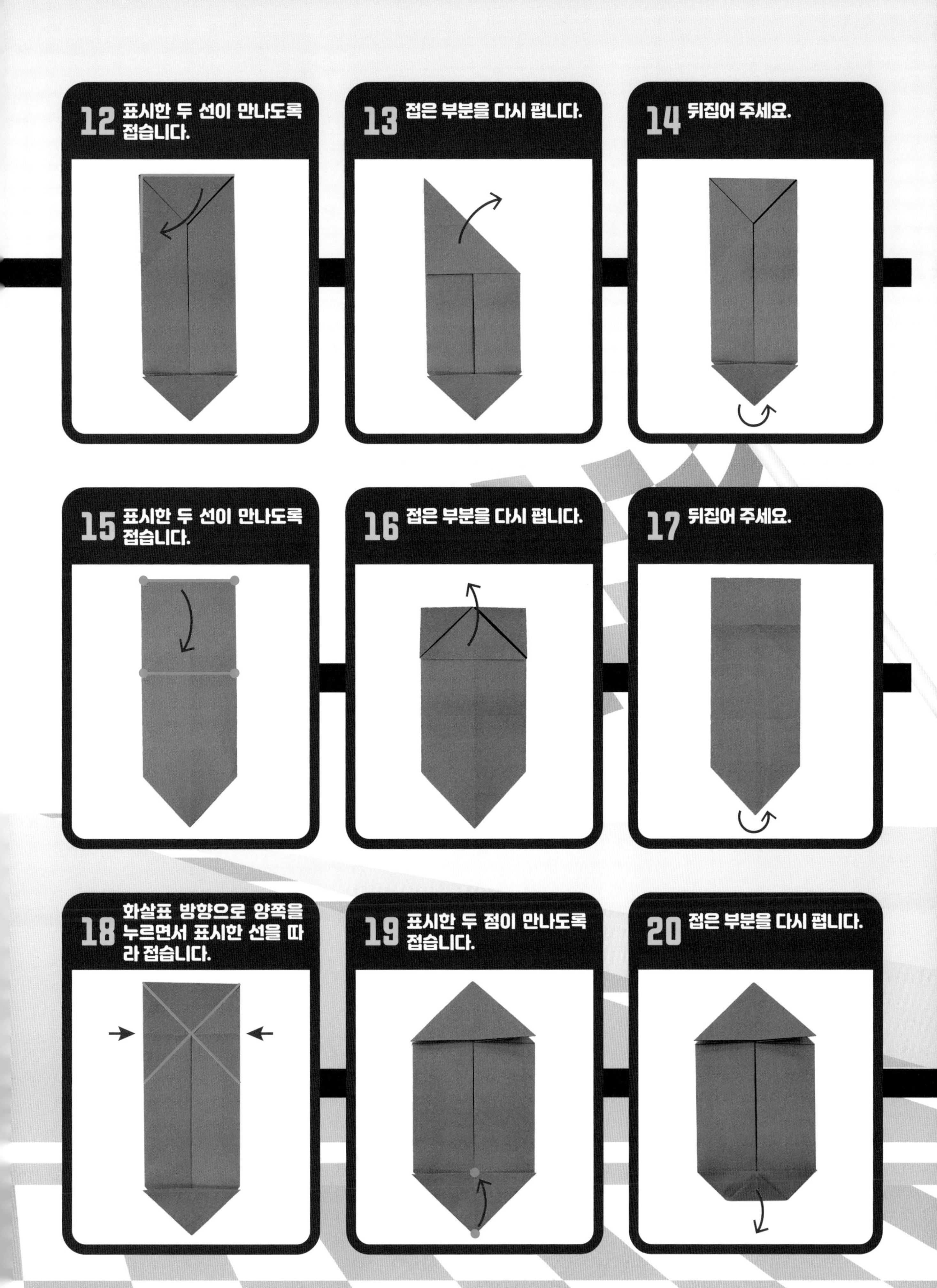
12 표시한 두 선이 만나도록 접습니다.
13 접은 부분을 다시 펍니다.
14 뒤집어 주세요.
15 표시한 두 선이 만나도록 접습니다.
16 접은 부분을 다시 펍니다.
17 뒤집어 주세요.
18 화살표 방향으로 양쪽을 누르면서 표시한 선을 따라 접습니다.
19 표시한 두 점이 만나도록 접습니다.
20 접은 부분을 다시 펍니다.

21 표시한 삼각형 부분을 화살표 방향으로 폅니다.

22 표시한 두 점이 만나도록 접습니다.

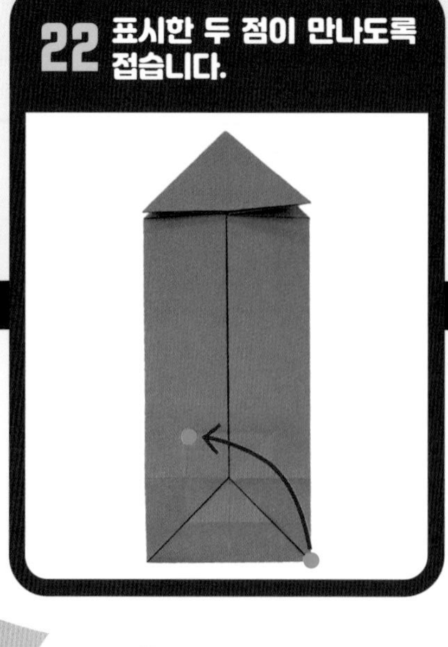

23 접은 부분을 다시 폅니다.

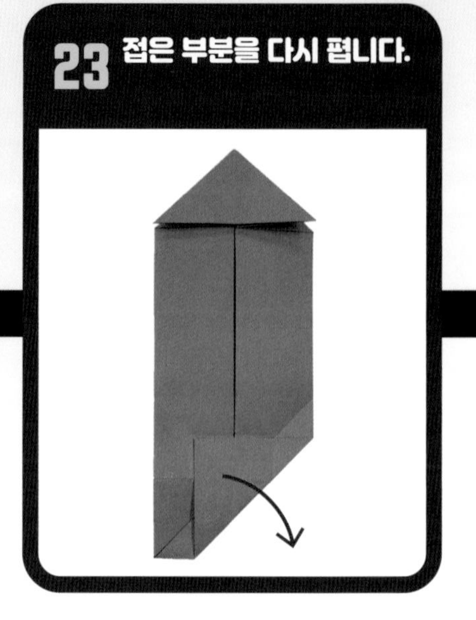

24 표시한 두 점이 만나도록 접습니다.

25 접은 부분을 다시 폅니다.

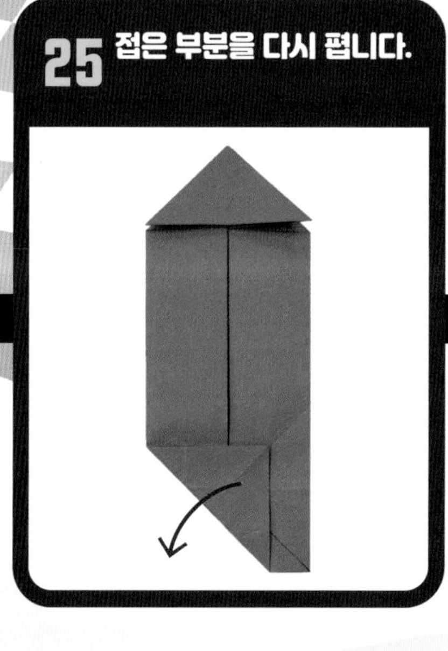

26 화살표 방향으로 양쪽을 누르면서 표시한 선을 따라 접습니다.

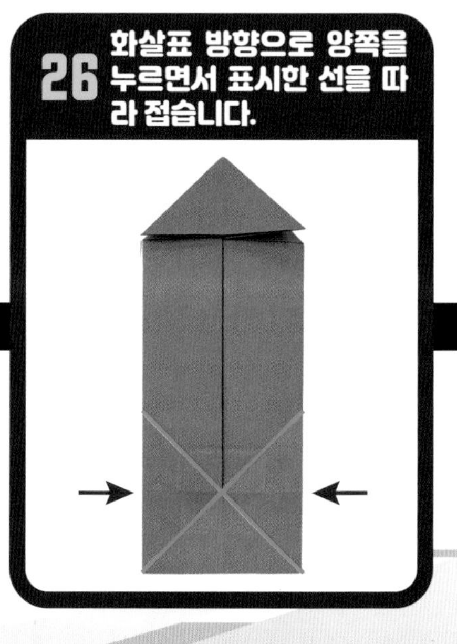

27 선을 따라 다시 접습니다.

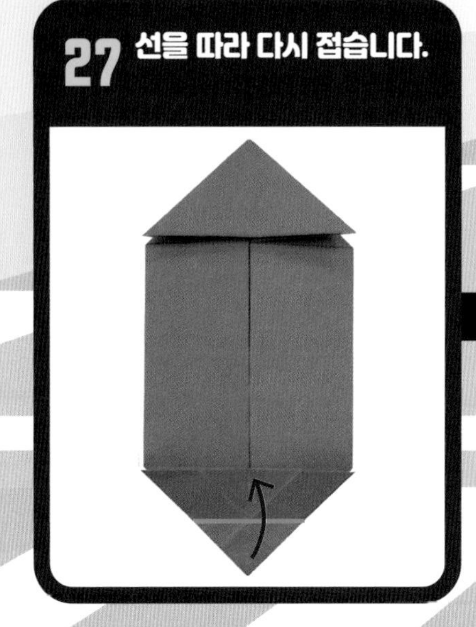

28 검은색 화살표 부분의 안쪽 틈을 벌리고 선을 따라 접습니다.

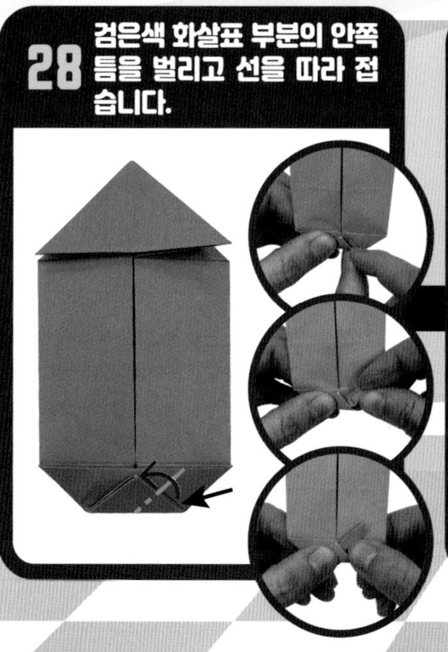

29 검은색 화살표 부분의 안쪽 틈을 벌리고 선을 따라 접습니다.

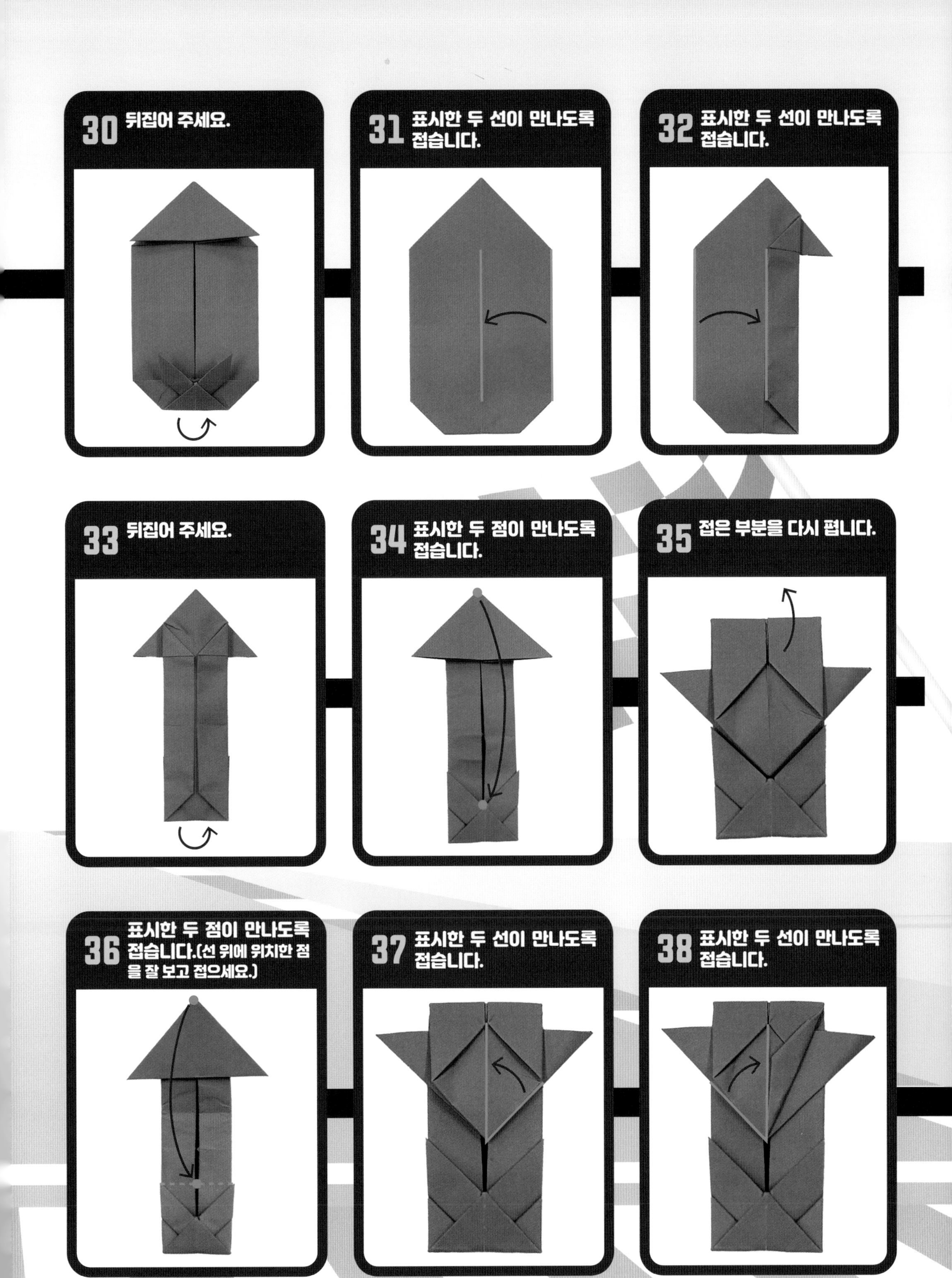
30 뒤집어 주세요.
31 표시한 두 선이 만나도록 접습니다.
32 표시한 두 선이 만나도록 접습니다.
33 뒤집어 주세요.
34 표시한 두 점이 만나도록 접습니다.
35 접은 부분을 다시 폅니다.
36 표시한 두 점이 만나도록 접습니다.(선 위에 위치한 점을 잘 보고 접으세요.)
37 표시한 두 선이 만나도록 접습니다.
38 표시한 두 선이 만나도록 접습니다.

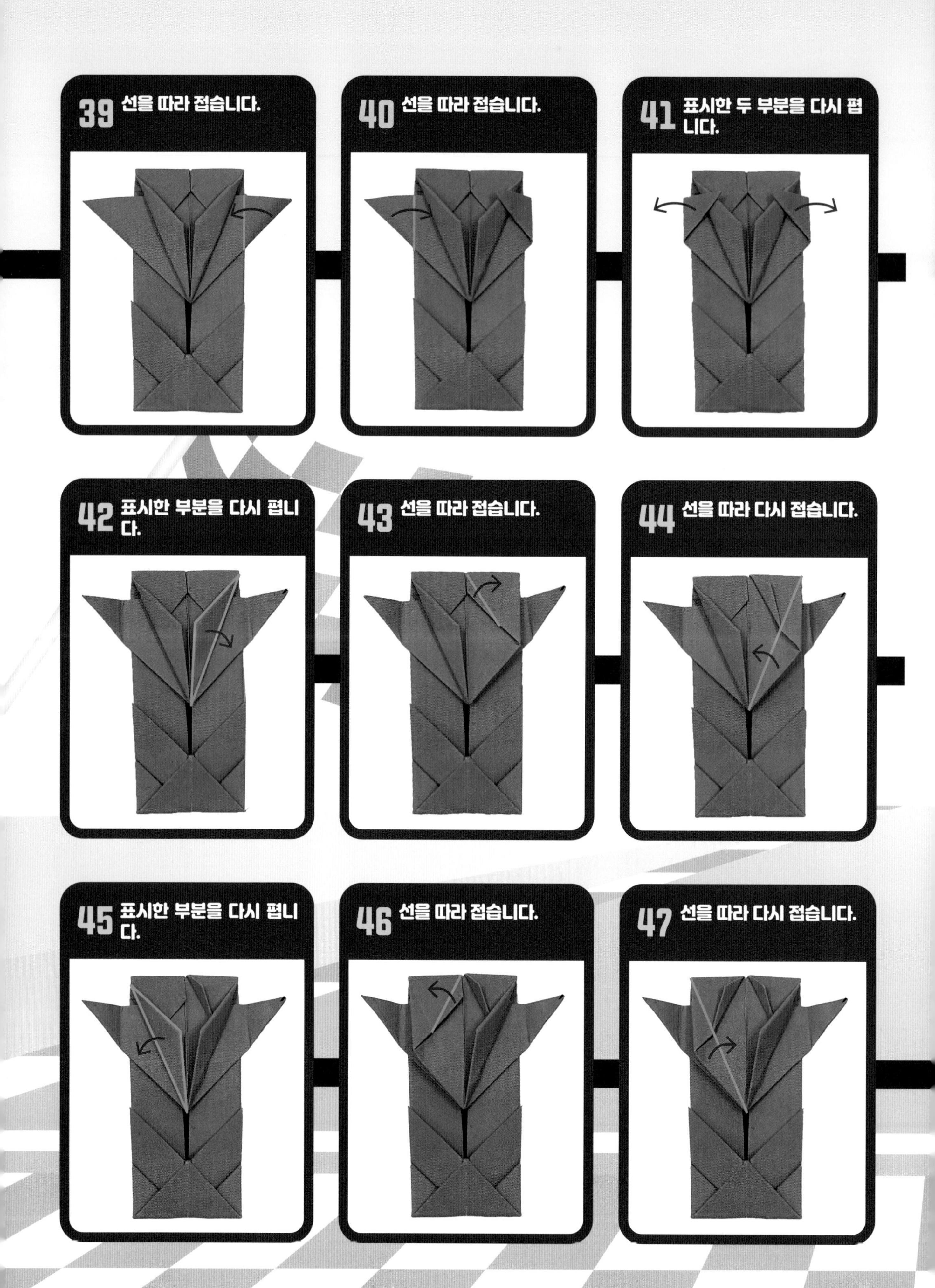

39 선을 따라 접습니다.
40 선을 따라 접습니다.
41 표시한 두 부분을 다시 폅니다.
42 표시한 부분을 다시 폅니다.
43 선을 따라 접습니다.
44 선을 따라 다시 접습니다.
45 표시한 부분을 다시 폅니다.
46 선을 따라 접습니다.
47 선을 따라 다시 접습니다.

48 표시한 두 선이 만나도록 접습니다.

49 접은 부분을 다시 펍니다.

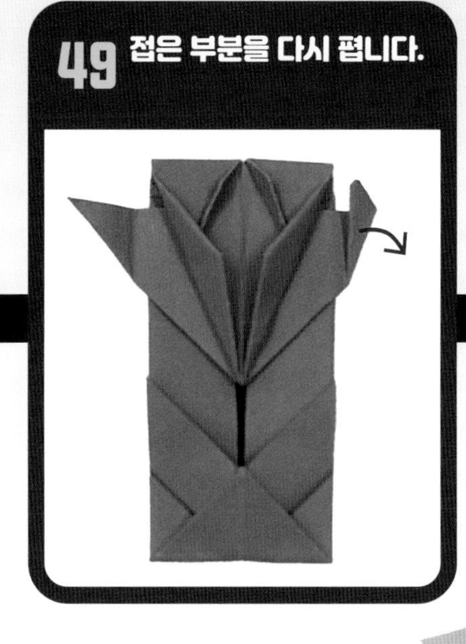

50 검은색 화살표 부분의 안쪽 틈을 벌려 표시한 선을 눌러 접습니다.

51 표시한 두 선이 만나도록 접습니다.

52 접은 부분을 다시 펍니다.

53 검은색 화살표 부분의 안쪽 틈을 벌려 표시한 선을 눌러 접습니다.

54 표시한 두 선이 만나도록 접습니다.

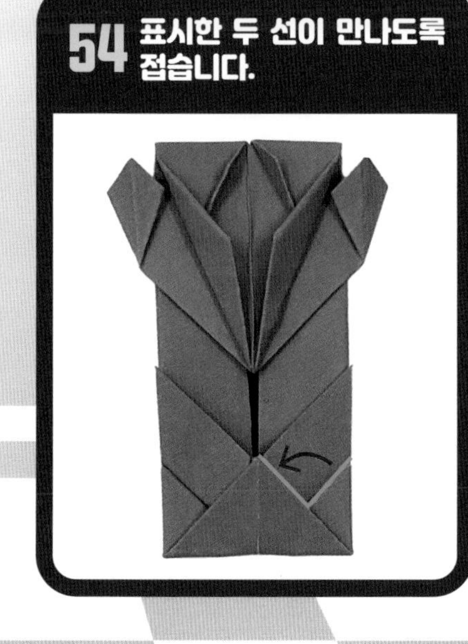

55 표시한 두 선이 만나도록 접습니다.

56 표시한 두 부분을 다시 펍니다.

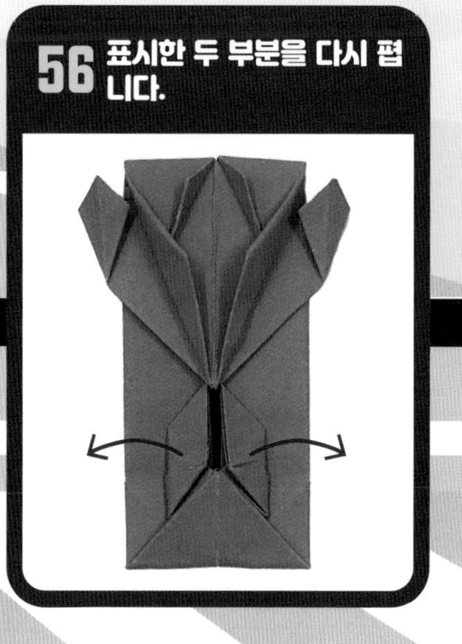

윗단 1/4 크기 색종이로 접으세요.

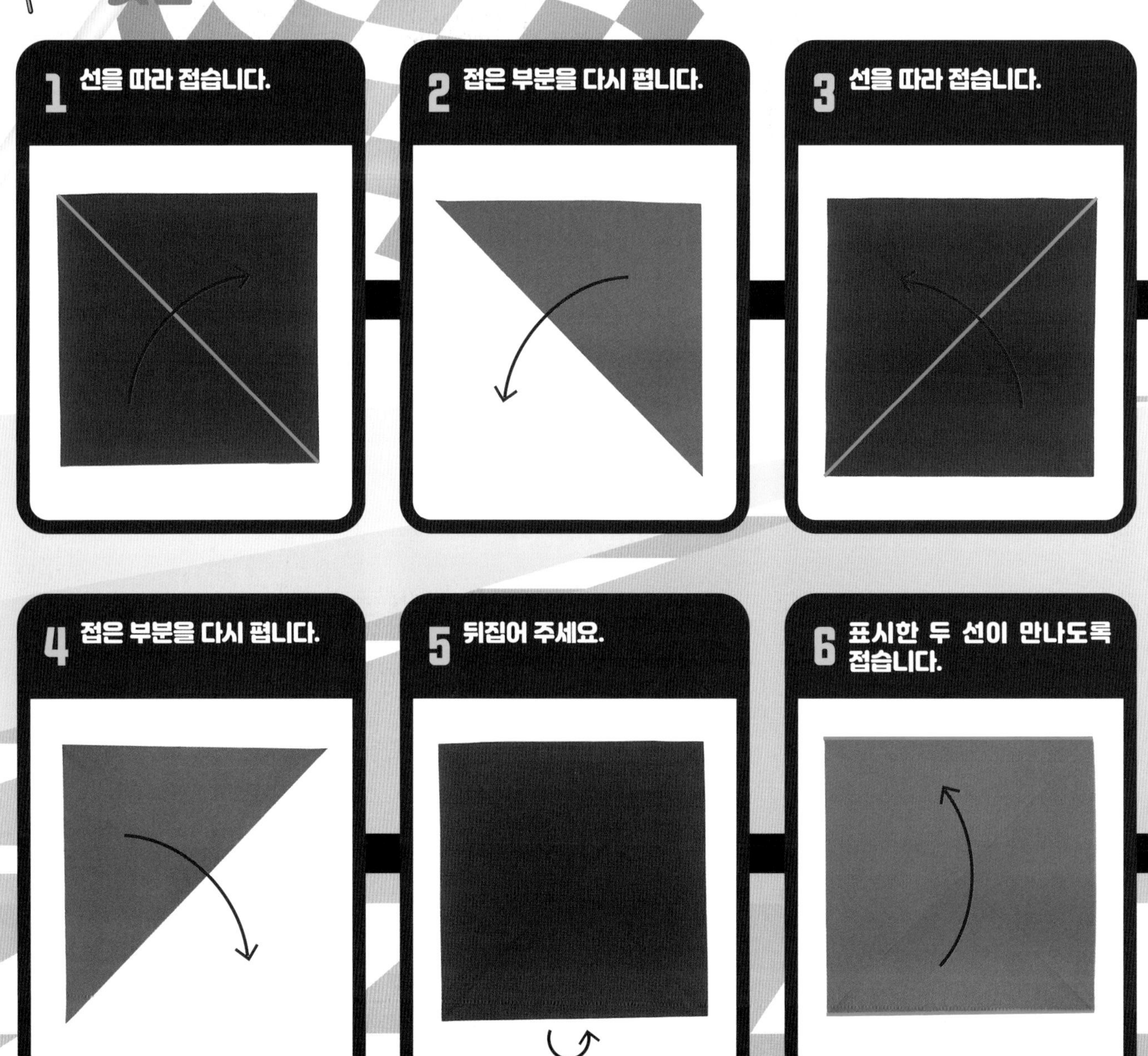

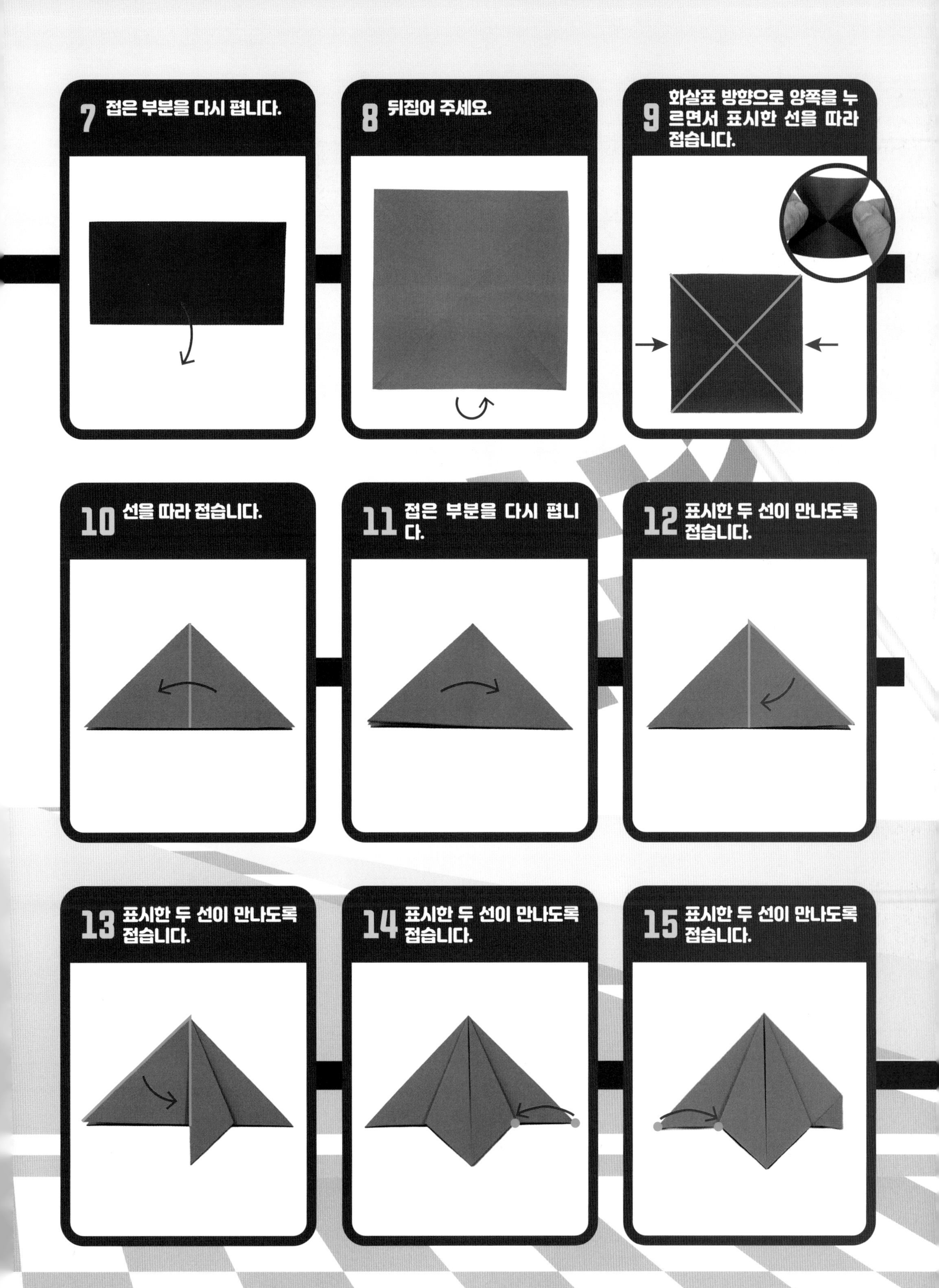
7 접은 부분을 다시 폅니다.
8 뒤집어 주세요.
9 화살표 방향으로 양쪽을 누르면서 표시한 선을 따라 접습니다.
10 선을 따라 접습니다.
11 접은 부분을 다시 폅니다.
12 표시한 두 선이 만나도록 접습니다.
13 표시한 두 선이 만나도록 접습니다.
14 표시한 두 선이 만나도록 접습니다.
15 표시한 두 선이 만나도록 접습니다.

16 접은 부분을 다시 펍니다.

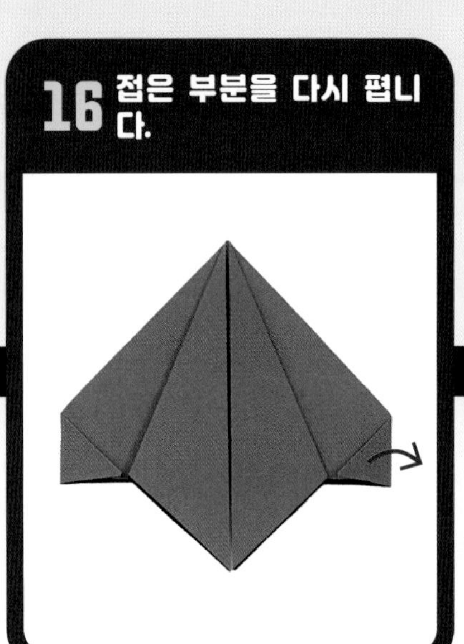

17 검은색 화살표 부분의 틈을 벌려 삼각형으로 표시한 부분을 밀어 넣어 접습니다.

18 접은 부분을 다시 펍니다.

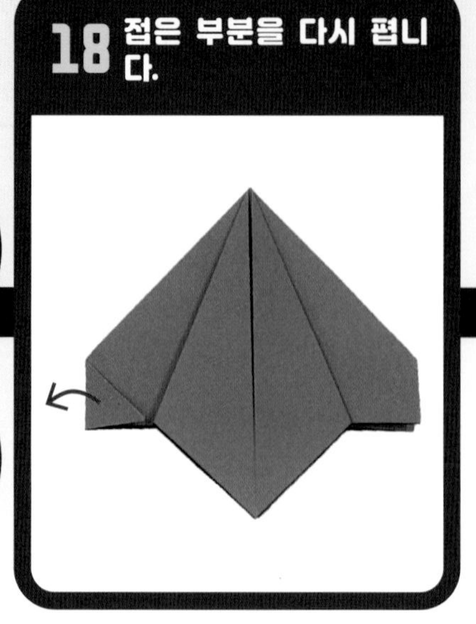

19 검은색 화살표 부분의 틈을 벌려 17번의 지시에 따라 똑같이 접습니다.

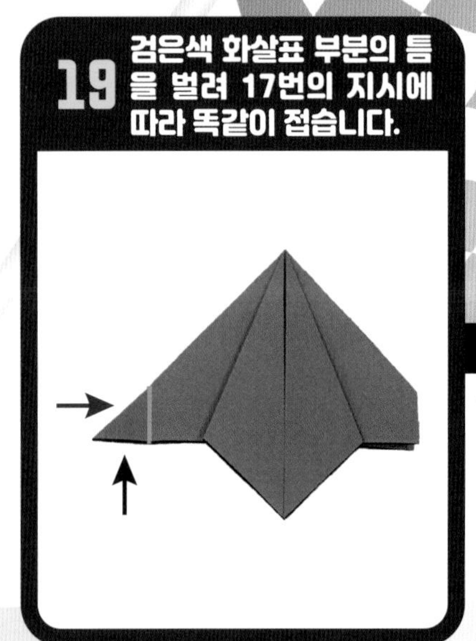

20 선을 따라 접습니다.

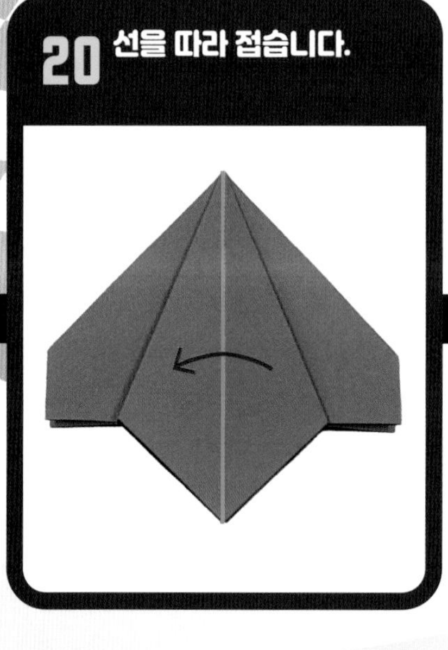

21 표시한 두 선이 만나도록 접습니다.

22 접은 부분을 다시 펍니다.

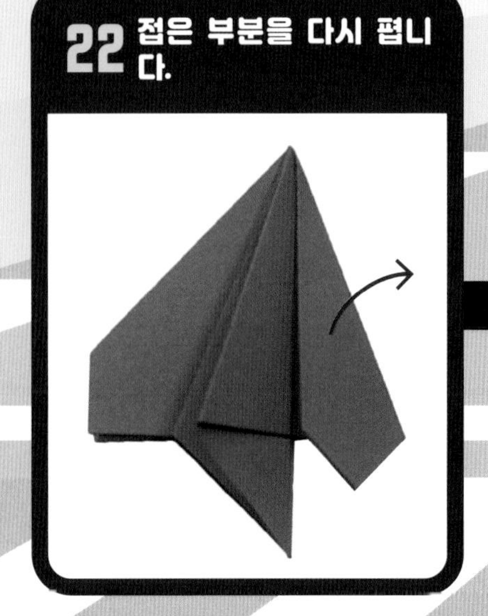

23 표시한 두 점이 만나도록 접습니다.(선 위에 위치한 점을 잘 보고 접으세요.)

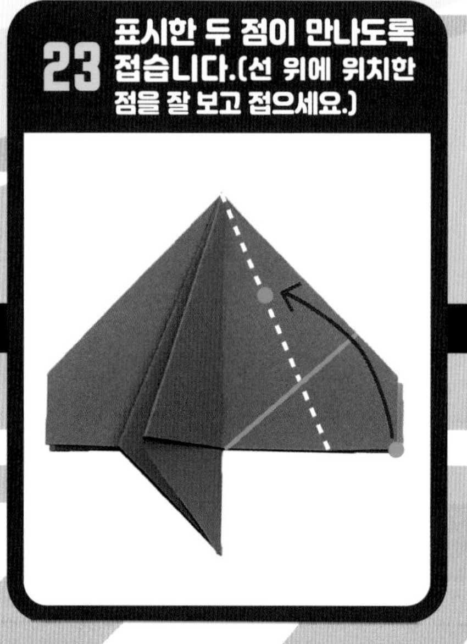

24 표시한 부분을 선을 따라 원래대로 되돌려 줍니다.

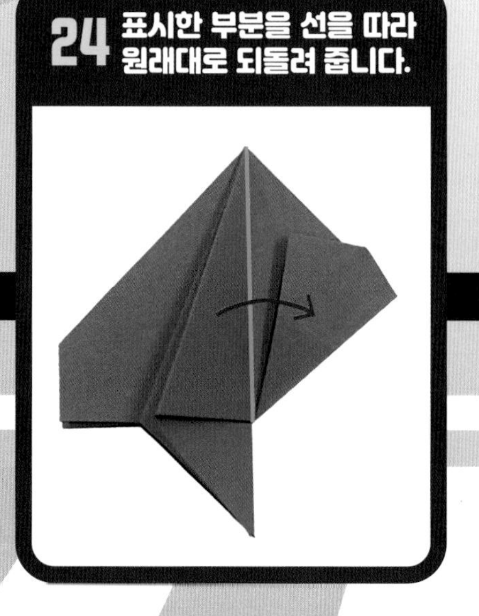

25 선을 따라 접습니다.

26 표시한 두 선이 만나도록 접습니다.

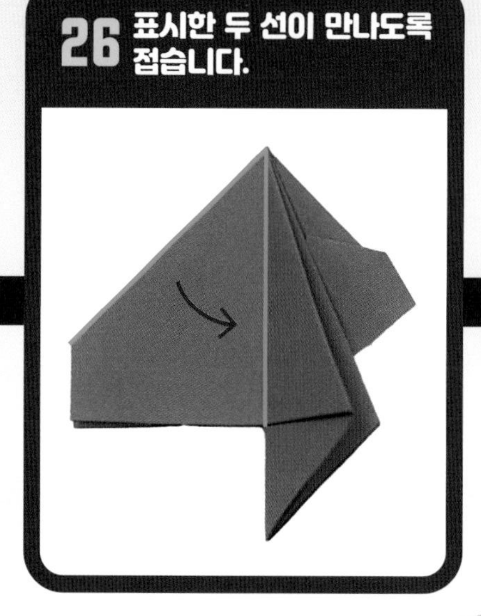

27 접은 부분을 다시 폅니다.

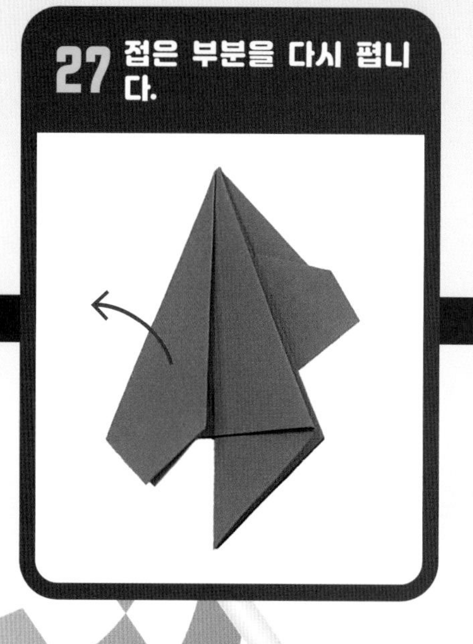

28 23번의 지시에 따라 표시한 두 점이 만나도록 접습니다.

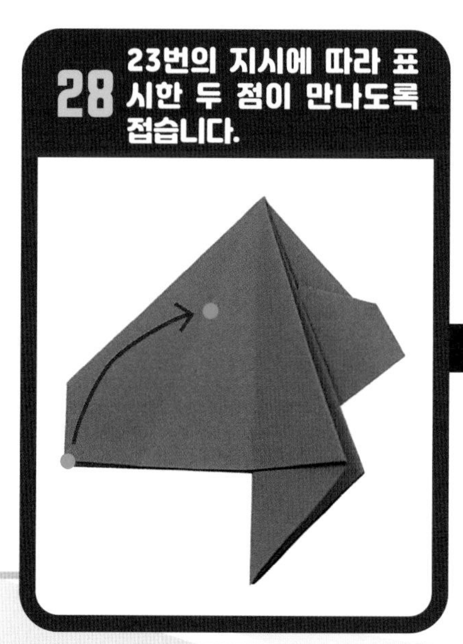

29 표시한 부분을 선을 따라 원래대로 되돌려 줍니다.

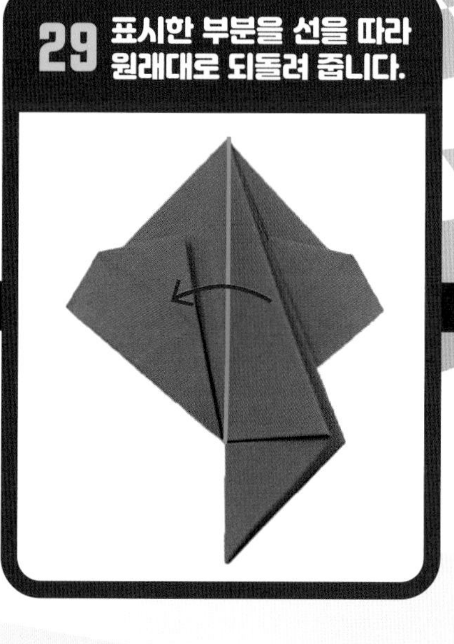

30 솔리드스타십 윗단 완성

조립

1 본체와 윗단을 겹쳐 파란색 점 부분을 화살표 안쪽으로 끼워 넣습니다.

2 빨간색 표시한 부분을 파란색 점 부분 안쪽으로 끼워 넣습니다.

3 빨간색 표시한 부분을 파란색 점 부분 안쪽으로 끼워 넣습니다.

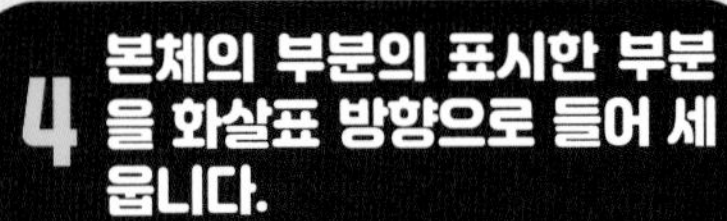

4 본체의 부분의 표시한 부분을 화살표 방향으로 들어 세웁니다.

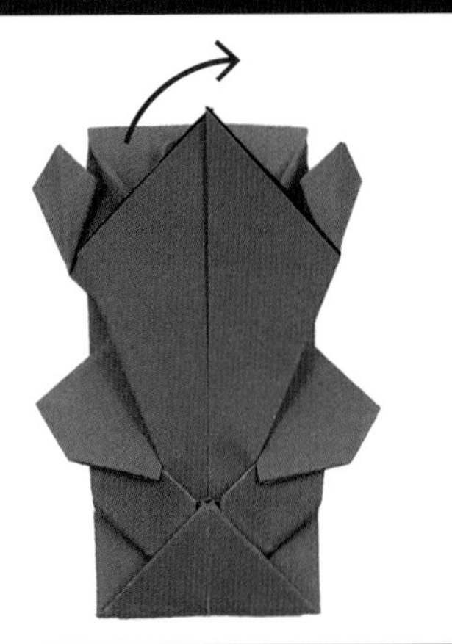

5 윗단의 표시한 부분을 양쪽으로 펴서 벌립니다.

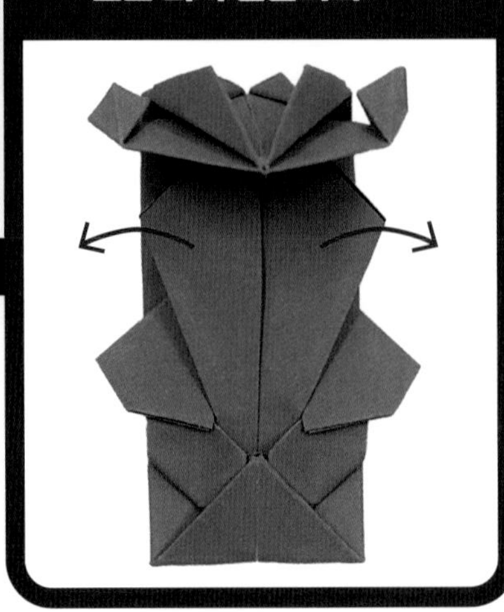

6 윗단의 ·표시한 부분을 본체의 화살표 안쪽으로 끼워 넣습니다.

7 윗단의 ·표시한 부분을 본체의 화살표 안쪽으로 끼워 넣습니다.

8 뒤집어 주세요.

9 선을 따라 접습니다.

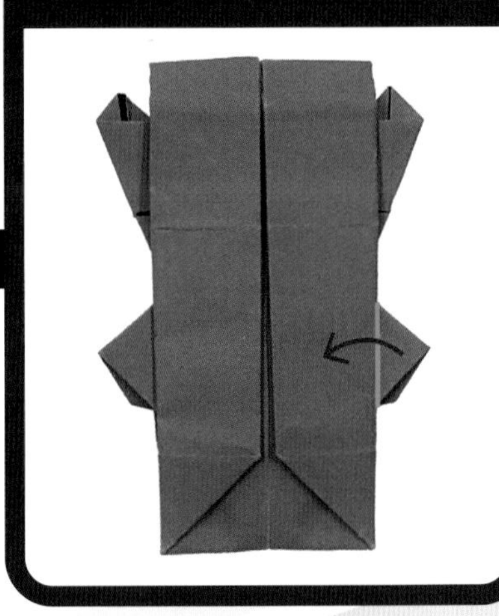

10 삼각형 부분을 본체의 밑부분 안쪽으로 접어 넣습니다.

11 선을 따라 접습니다.

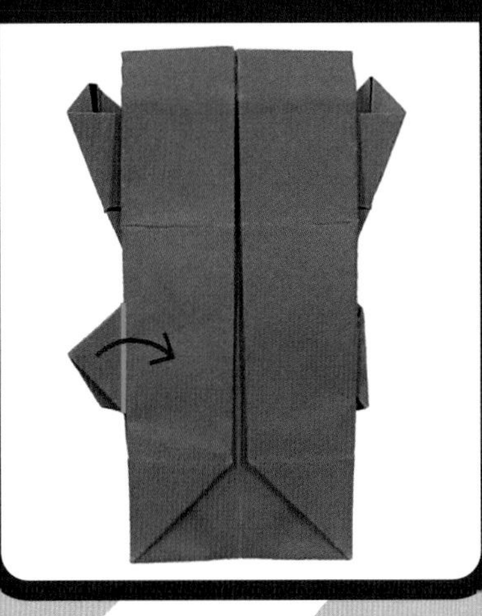

12 삼각형 부분을 본체의 밑부분 안쪽으로 접어 넣습니다.

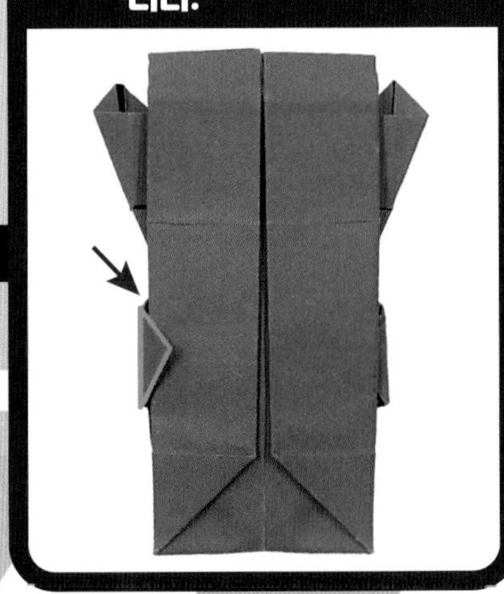

13 뒤집어 주세요.

14 솔리드스타십 조립 완성

변신

1 안쪽에 접어 넣은 양쪽 삼각형 부분을 빼내어 펍니다.

2 표시한 부분을 화살표 방향으로 빼내어 펍니다.

3 표시한 부분을 화살표 방향으로 빼내어 펍니다.

4 선을 따라 접어 세웁니다.

5 선을 따라 접어 세웁니다.

완성

파라곤

모습만으로도 상대를 압도하는 멋진 미니카!
최고의 스포츠카를 보는 듯한 모습의 파라곤을 함께 만들어 보세요.

본체 6쪽 공통 부분 접기를 완성하고 시작하세요.

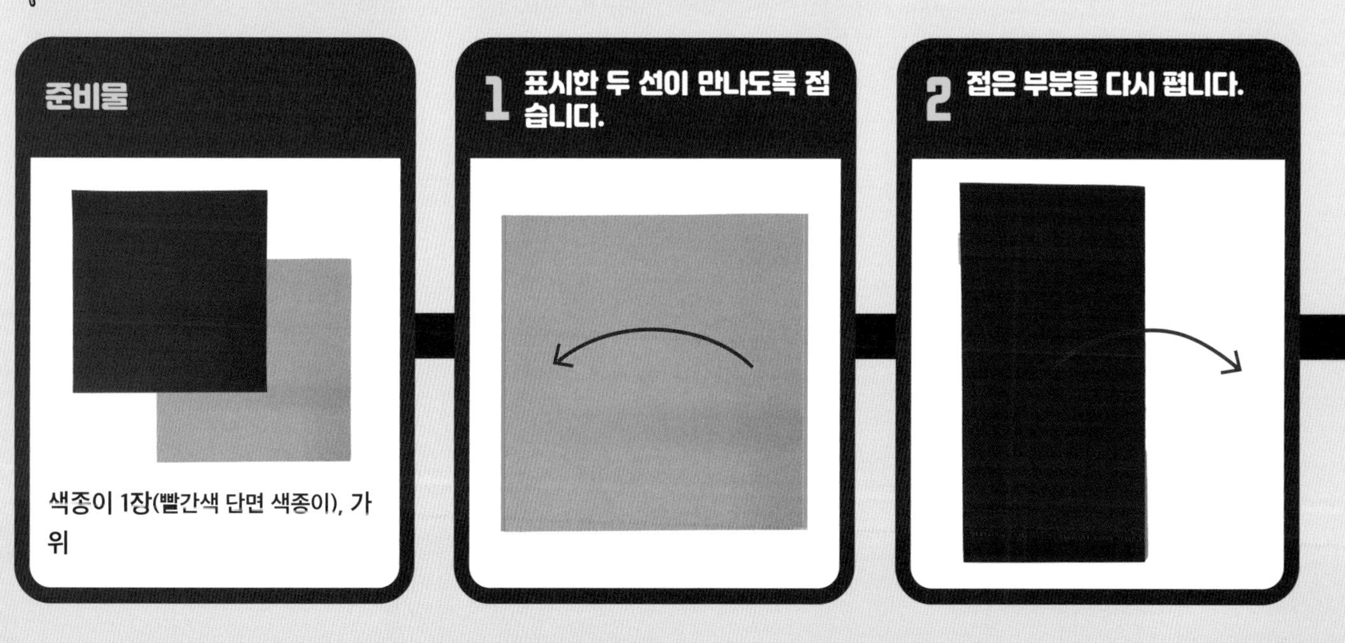

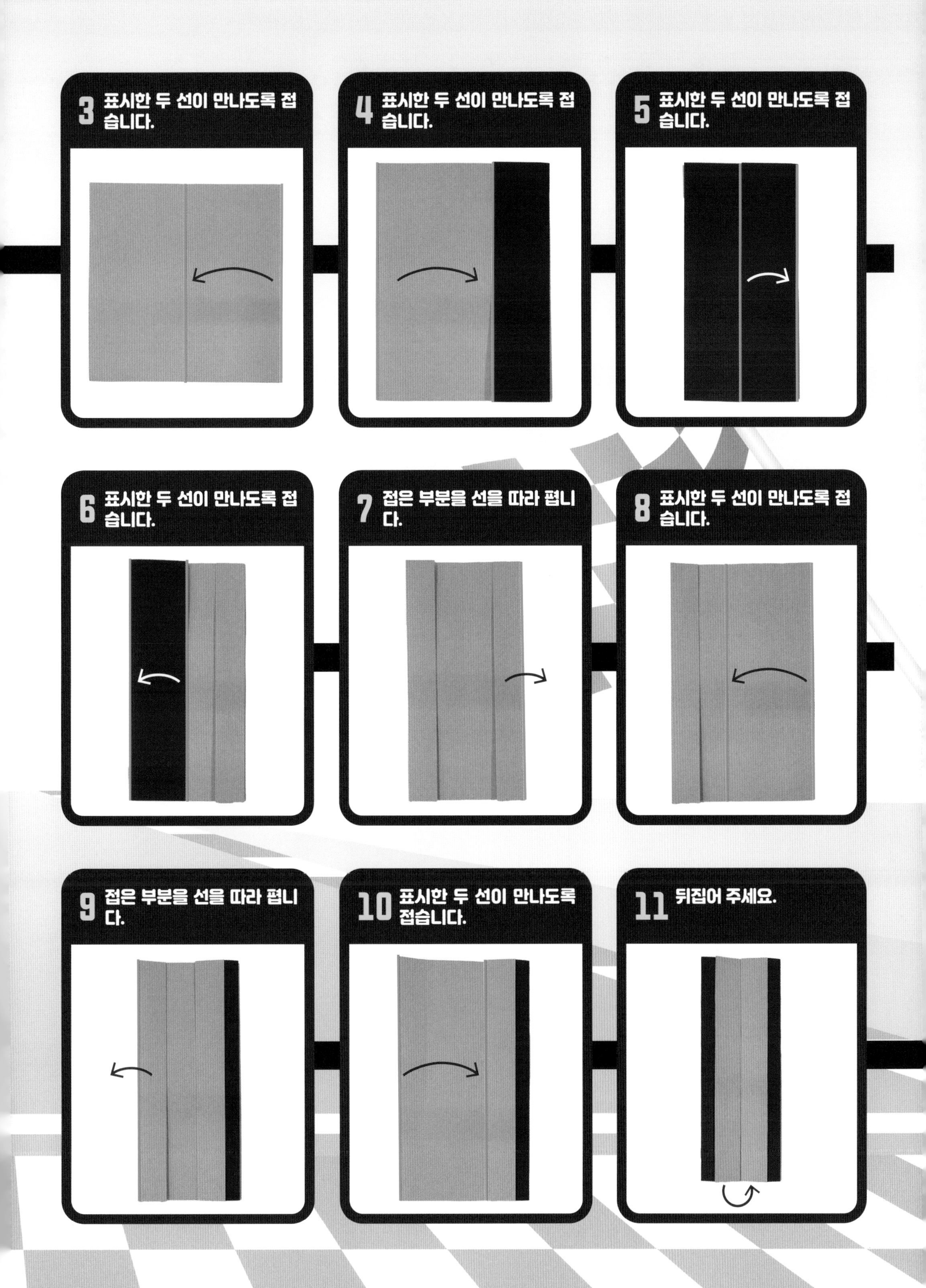
3 표시한 두 선이 만나도록 접습니다.
4 표시한 두 선이 만나도록 접습니다.
5 표시한 두 선이 만나도록 접습니다.
6 표시한 두 선이 만나도록 접습니다.
7 접은 부분을 선을 따라 폅니다.
8 표시한 두 선이 만나도록 접습니다.
9 접은 부분을 선을 따라 폅니다.
10 표시한 두 선이 만나도록 접습니다.
11 뒤집어 주세요.

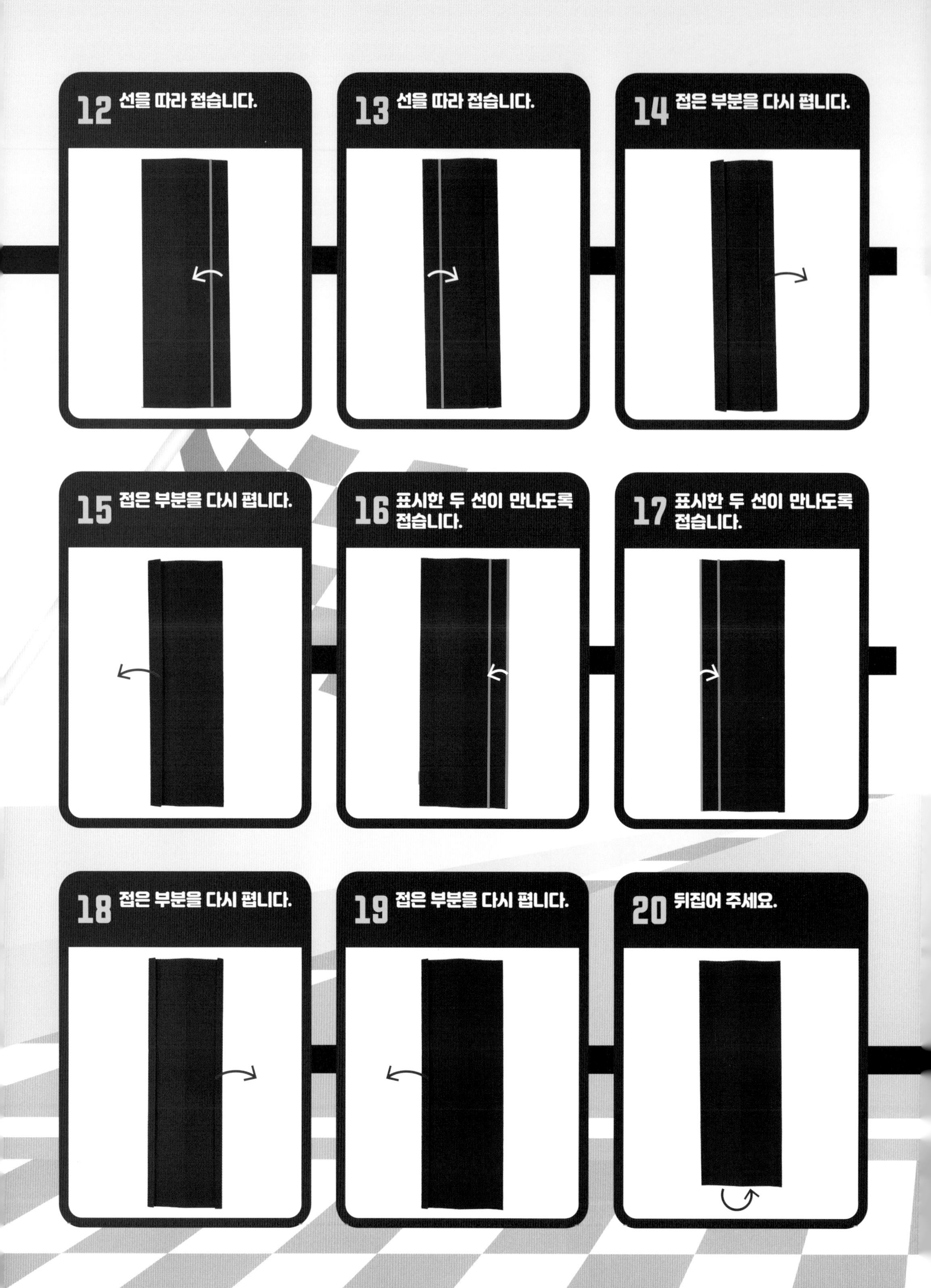
12 선을 따라 접습니다.
13 선을 따라 접습니다.
14 접은 부분을 다시 폅니다.
15 접은 부분을 다시 폅니다.
16 표시한 두 선이 만나도록 접습니다.
17 표시한 두 선이 만나도록 접습니다.
18 접은 부분을 다시 폅니다.
19 접은 부분을 다시 폅니다.
20 뒤집어 주세요.

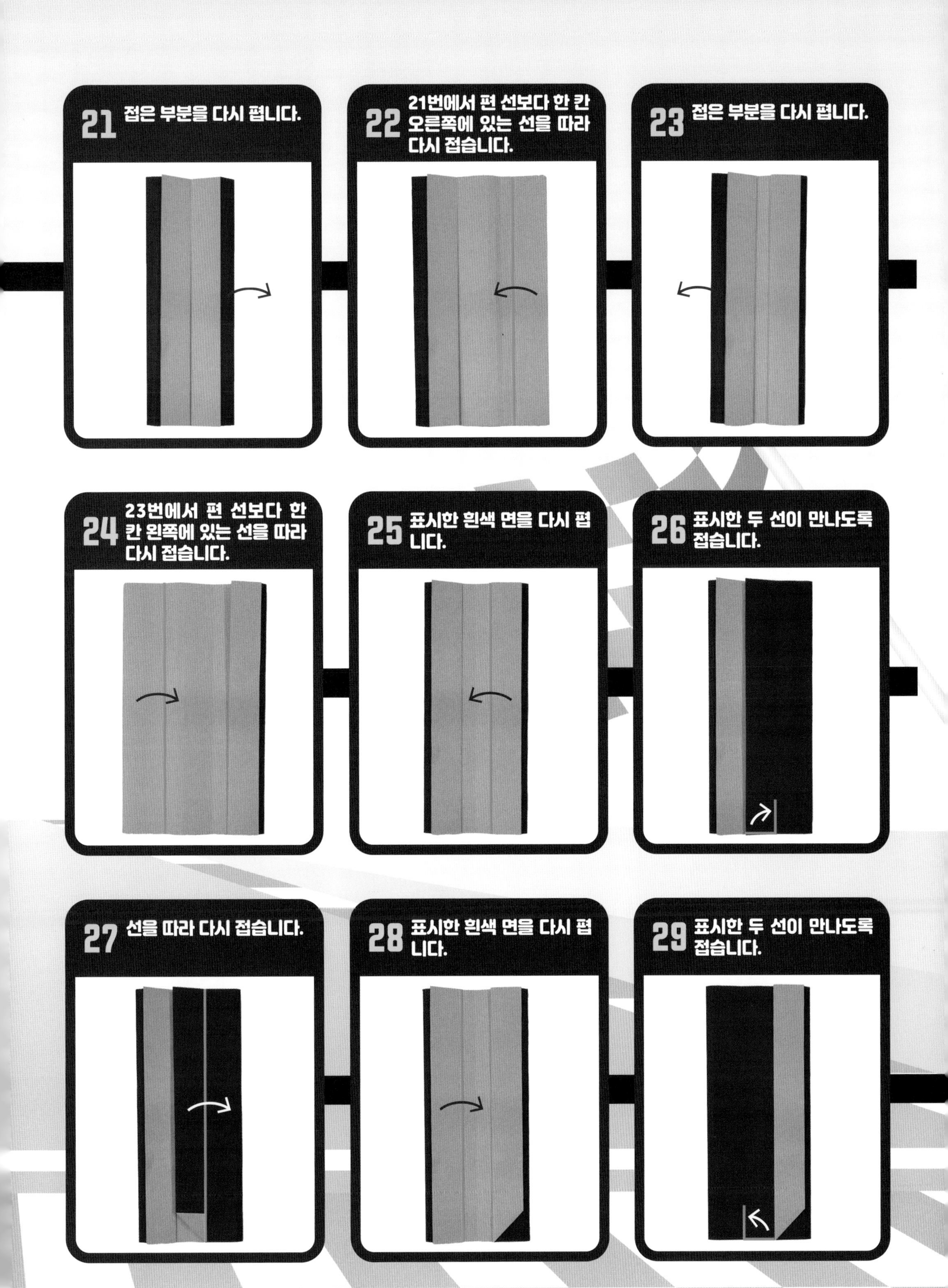
21 접은 부분을 다시 폅니다.
22 21번에서 편 선보다 한 칸 오른쪽에 있는 선을 따라 다시 접습니다.
23 접은 부분을 다시 폅니다.
24 23번에서 편 선보다 한 칸 왼쪽에 있는 선을 따라 다시 접습니다.
25 표시한 흰색 면을 다시 폅니다.
26 표시한 두 선이 만나도록 접습니다.
27 선을 따라 다시 접습니다.
28 표시한 흰색 면을 다시 폅니다.
29 표시한 두 선이 만나도록 접습니다.

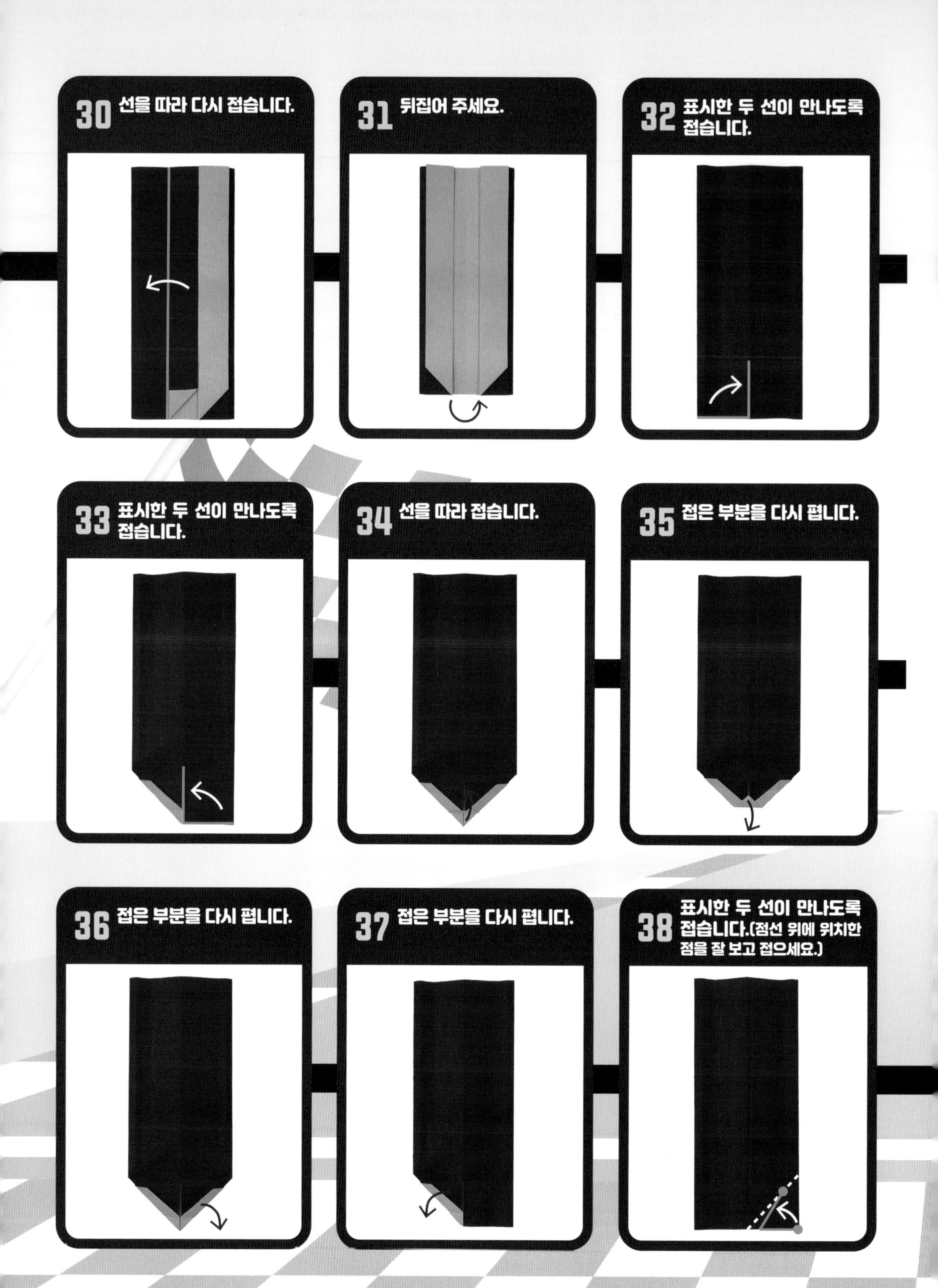
30 선을 따라 다시 접습니다.
31 뒤집어 주세요.
32 표시한 두 선이 만나도록 접습니다.
33 표시한 두 선이 만나도록 접습니다.
34 선을 따라 접습니다.
35 접은 부분을 다시 폅니다.
36 접은 부분을 다시 폅니다.
37 접은 부분을 다시 폅니다.
38 표시한 두 선이 만나도록 접습니다.(점선 위에 위치한 점을 잘 보고 접으세요.)

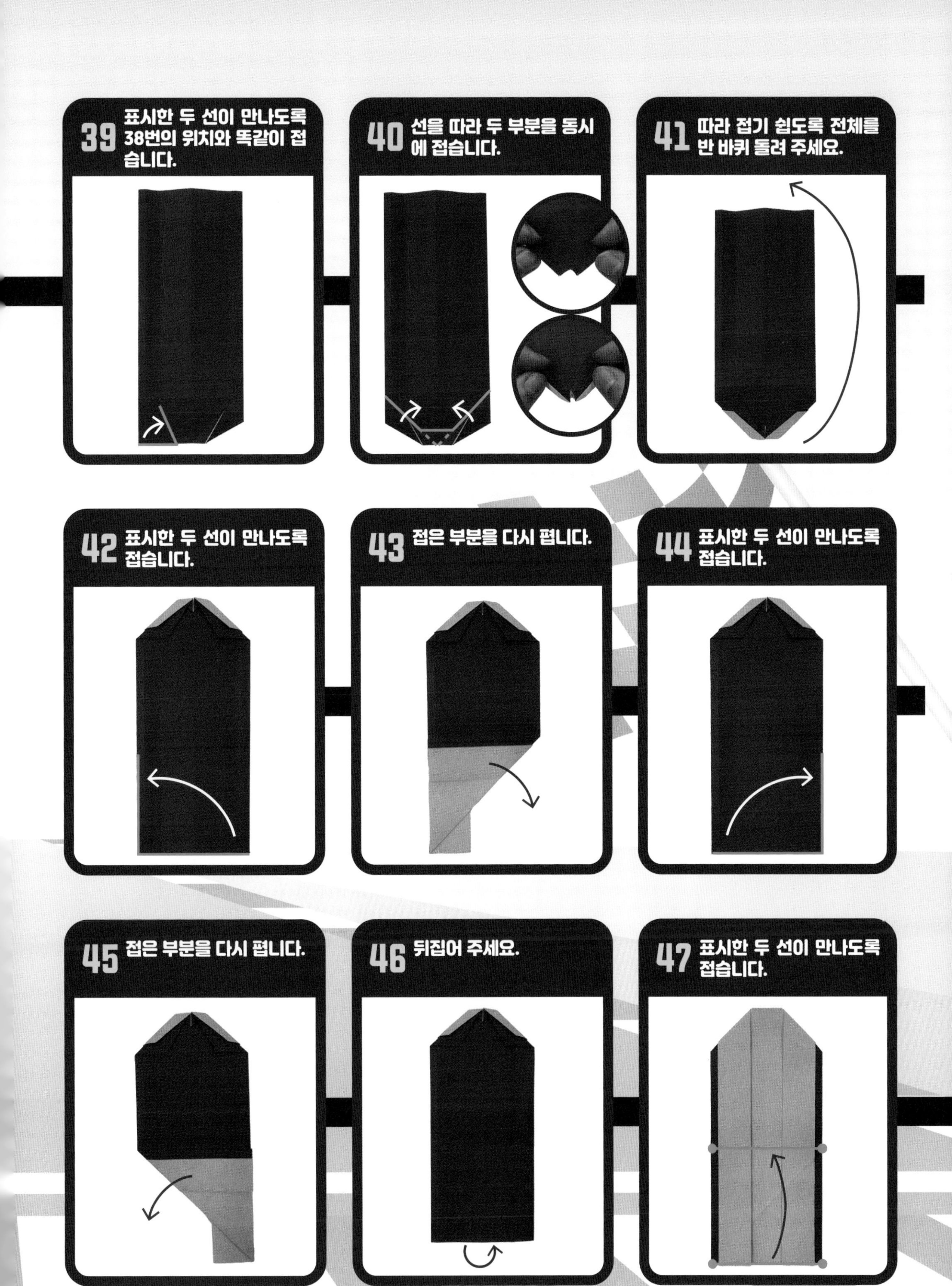
39 표시한 두 선이 만나도록 38번의 위치와 똑같이 접습니다.
40 선을 따라 두 부분을 동시에 접습니다.
41 따라 접기 쉽도록 전체를 반 바퀴 돌려 주세요.
42 표시한 두 선이 만나도록 접습니다.
43 접은 부분을 다시 폅니다.
44 표시한 두 선이 만나도록 접습니다.
45 접은 부분을 다시 폅니다.
46 뒤집어 주세요.
47 표시한 두 선이 만나도록 접습니다.

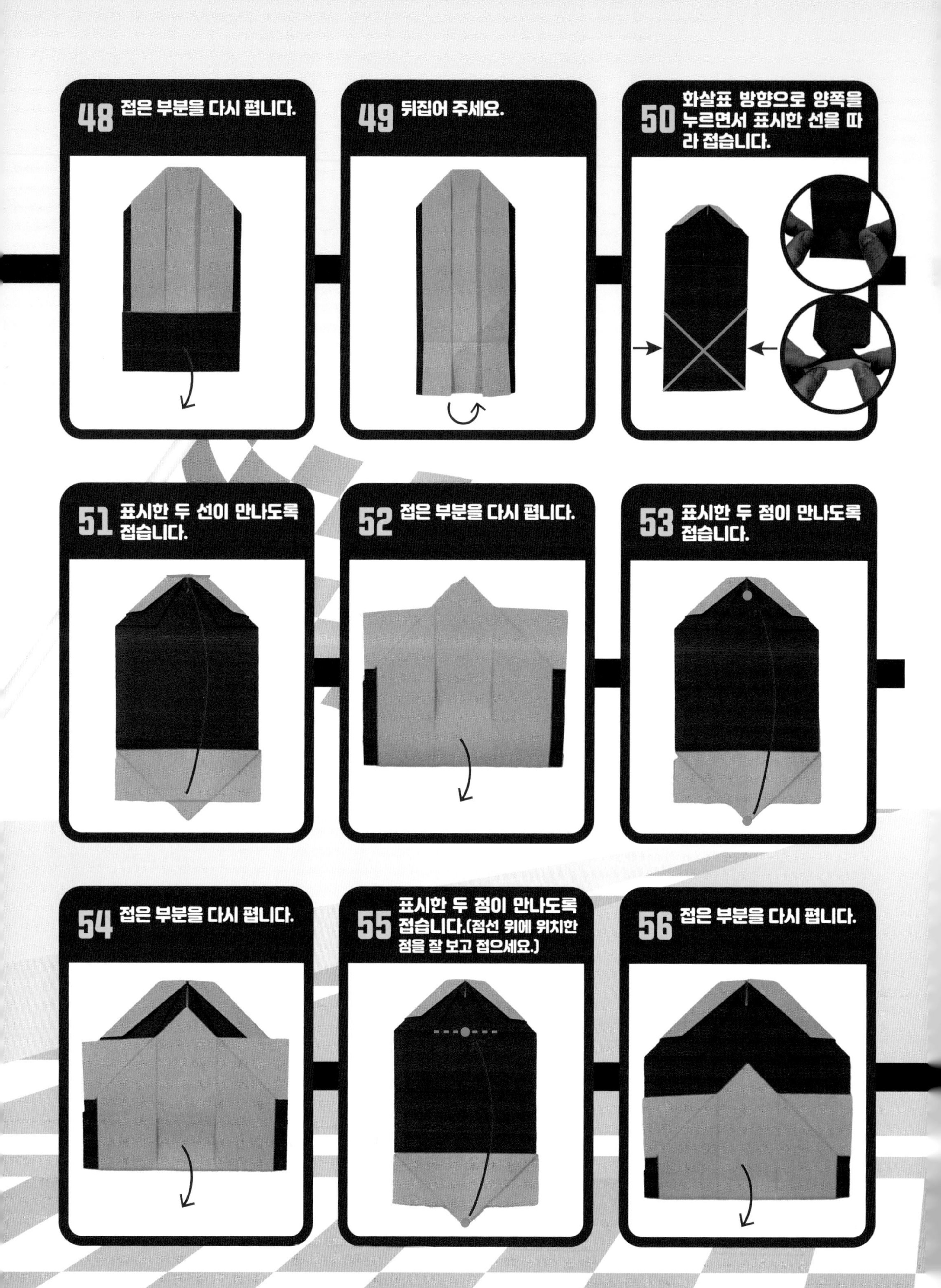
48 접은 부분을 다시 폅니다.
49 뒤집어 주세요.
50 화살표 방향으로 양쪽을 누르면서 표시한 선을 따라 접습니다.
51 표시한 두 선이 만나도록 접습니다.
52 접은 부분을 다시 폅니다.
53 표시한 두 점이 만나도록 접습니다.
54 접은 부분을 다시 폅니다.
55 표시한 두 점이 만나도록 접습니다.(점선 위에 위치한 점을 잘 보고 접으세요.)
56 접은 부분을 다시 폅니다.

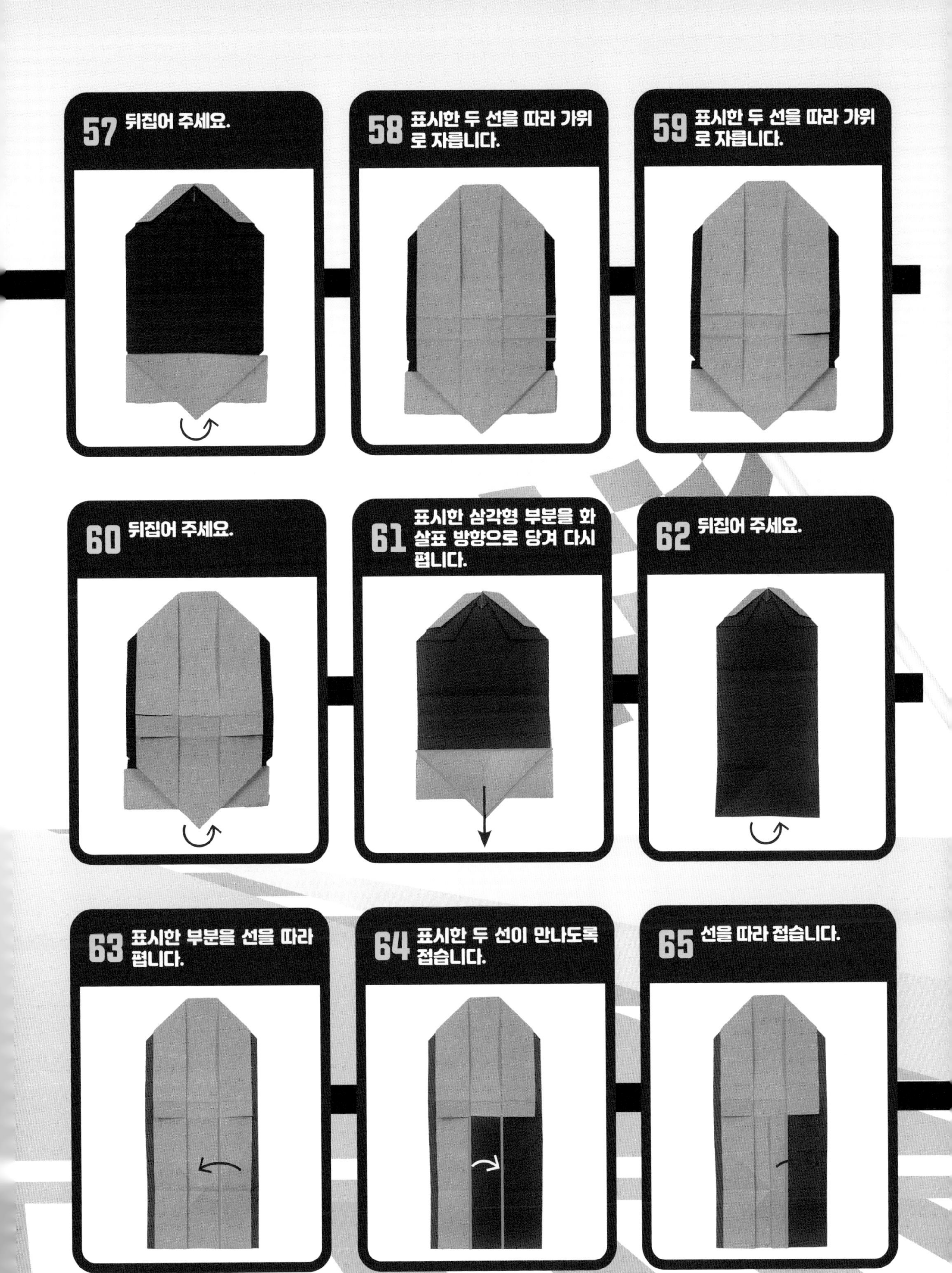
57 뒤집어 주세요.
58 표시한 두 선을 따라 가위로 자릅니다.
59 표시한 두 선을 따라 가위로 자릅니다.
60 뒤집어 주세요.
61 표시한 삼각형 부분을 화살표 방향으로 당겨 다시 폅니다.
62 뒤집어 주세요.
63 표시한 부분을 선을 따라 폅니다.
64 표시한 두 선이 만나도록 접습니다.
65 선을 따라 접습니다.

66 표시한 부분을 선을 따라 펍니다.

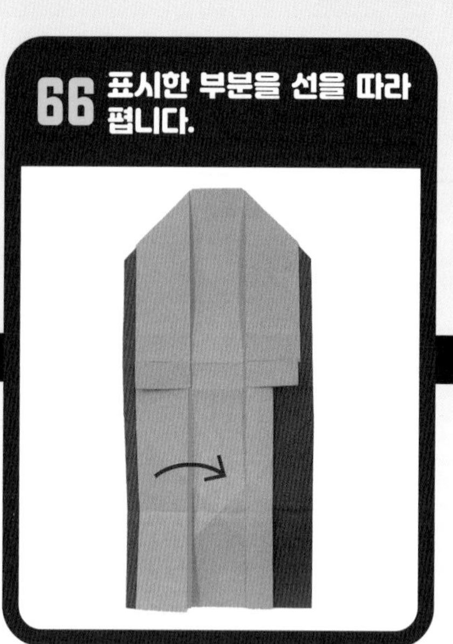

67 표시한 두 선이 만나도록 접습니다.

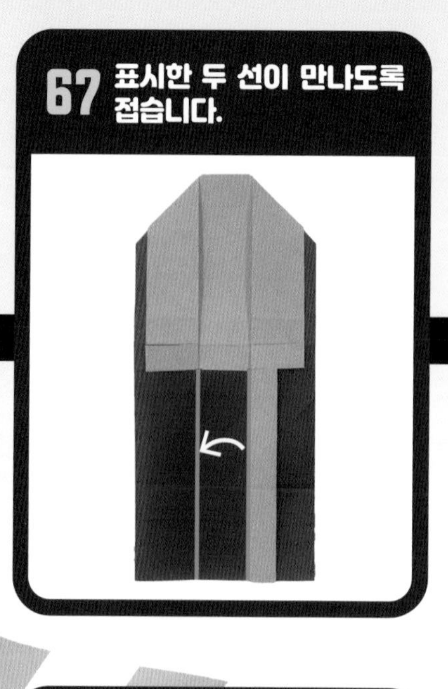

68 선을 따라 접습니다.

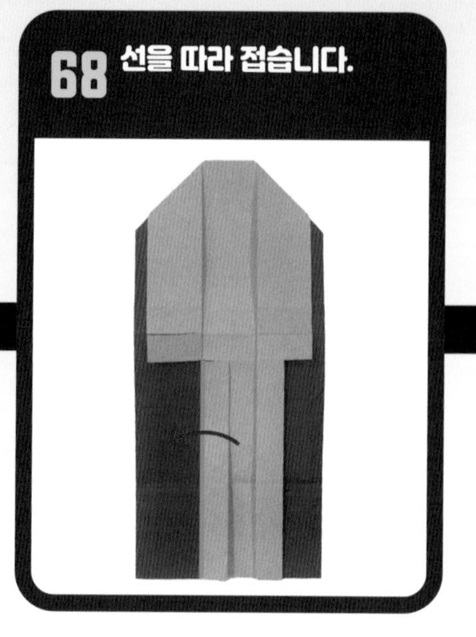

69 뒤집어 주세요.

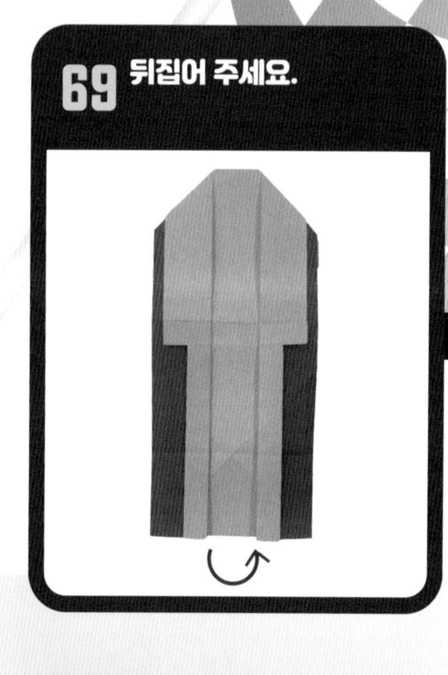

70 화살표 방향으로 양쪽을 누르면서 표시한 선을 따라 접습니다.

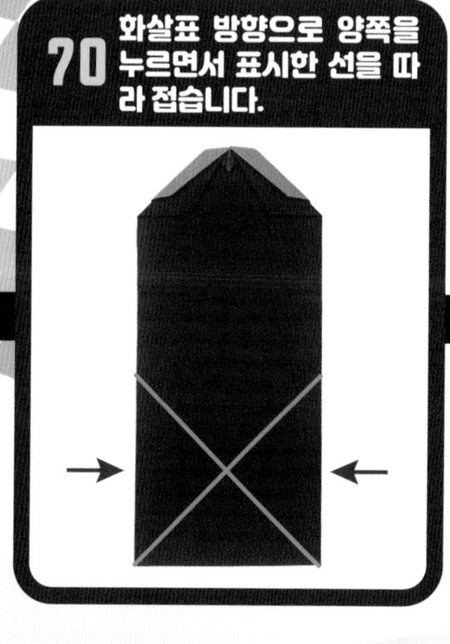

71 뒤집어 주세요.

72 표시한 부분을 선을 따라 펍니다.

73 표시한 두 선이 만나도록 접습니다.

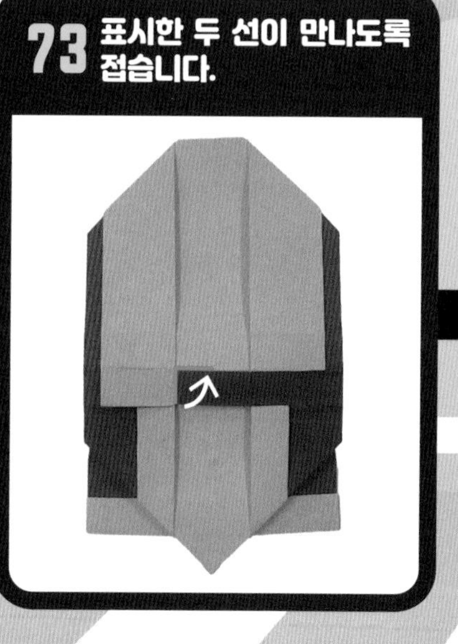

74 선을 따라 다시 접습니다.

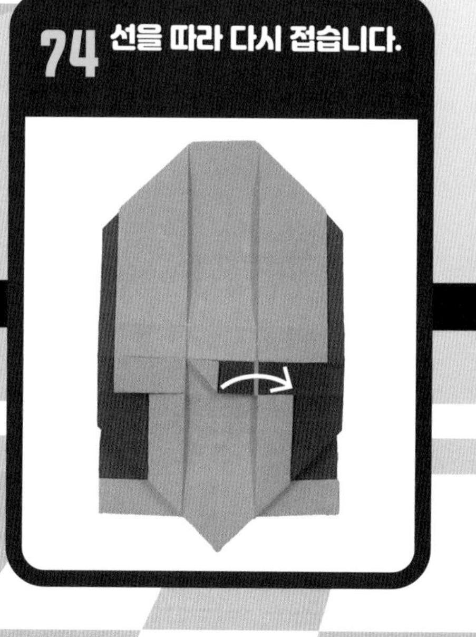

75 표시한 부분을 선을 따라 펍니다.

76 표시한 두 선이 만나도록 접습니다.

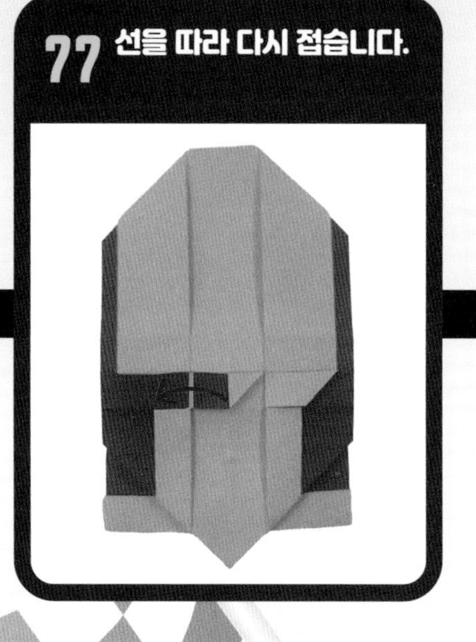

77 선을 따라 다시 접습니다.

78 표시한 부분을 선을 따라 펍니다.

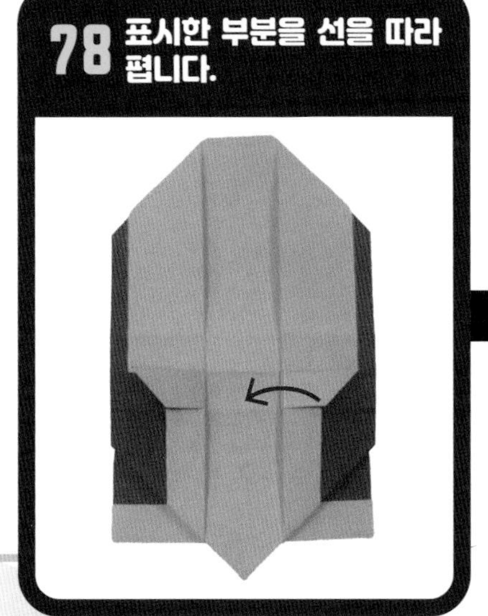

79 선을 따라 접습니다.

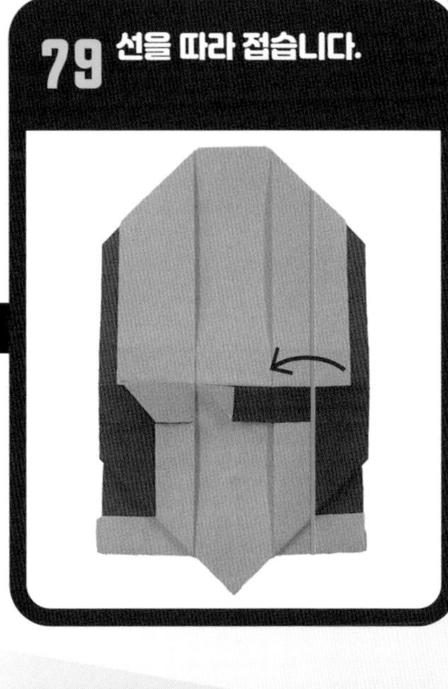

80 선을 따라 다시 접습니다.

81 표시한 부분을 선을 따라 펍니다.

82 선을 따라 접습니다.

83 선을 따라 다시 접습니다.

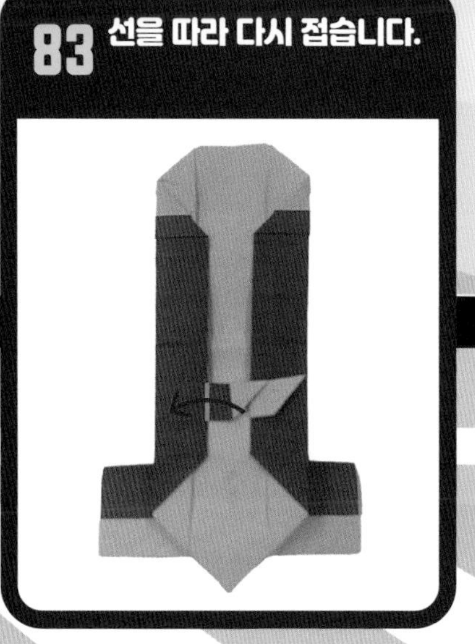

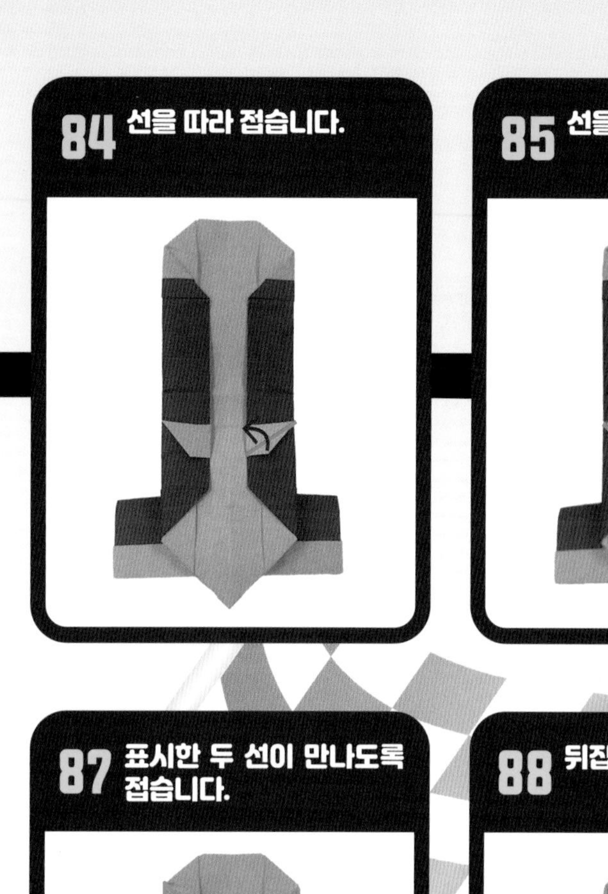

84 선을 따라 접습니다.

85 선을 따라 접습니다.

86 표시한 두 선이 만나도록 접습니다.

87 표시한 두 선이 만나도록 접습니다.

88 뒤집어 주세요.

89 선을 따라 접습니다.

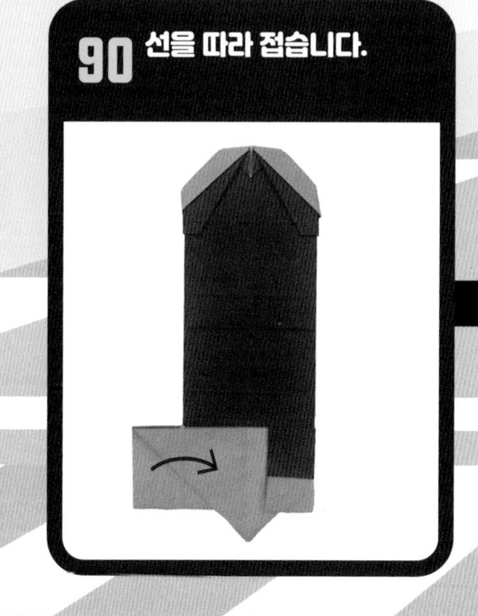

90 선을 따라 접습니다.

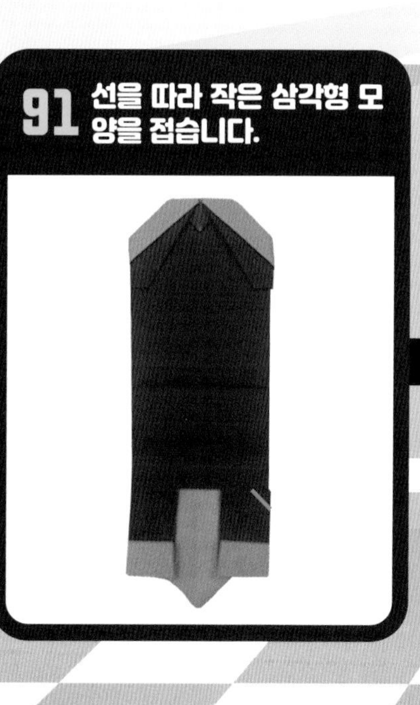

91 선을 따라 작은 삼각형 모양을 접습니다.

92 선을 따라 작은 삼각형 모양을 접습니다.

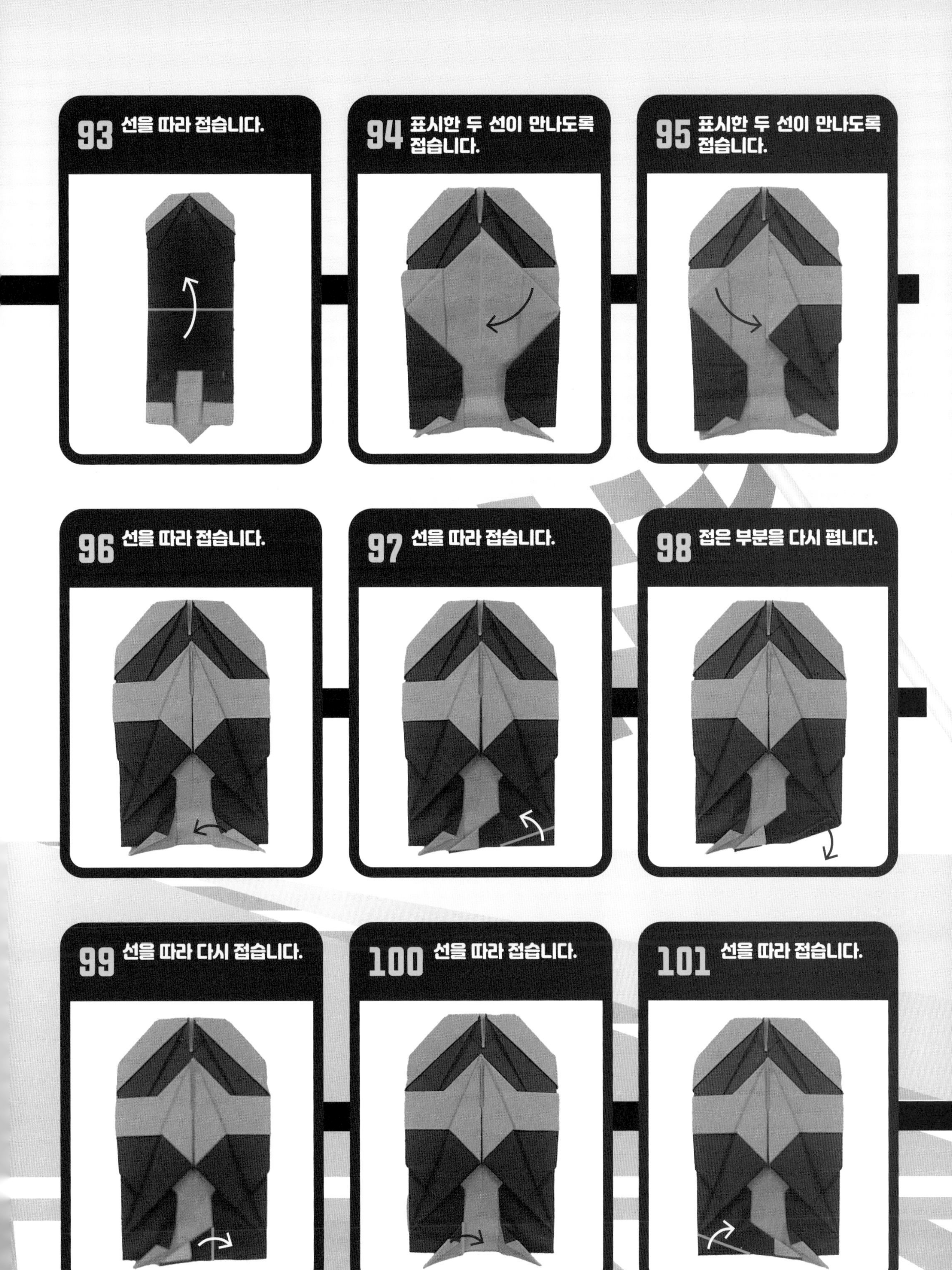
93 선을 따라 접습니다.
94 표시한 두 선이 만나도록 접습니다.
95 표시한 두 선이 만나도록 접습니다.
96 선을 따라 접습니다.
97 선을 따라 접습니다.
98 접은 부분을 다시 폅니다.
99 선을 따라 다시 접습니다.
100 선을 따라 접습니다.
101 선을 따라 접습니다.

102 접은 부분을 다시 폅니다.

103 표시한 부분을 선을 따라 폅니다.

104 검은색 화살표 부분의 안쪽 틈을 벌리고 선을 따라 접습니다.

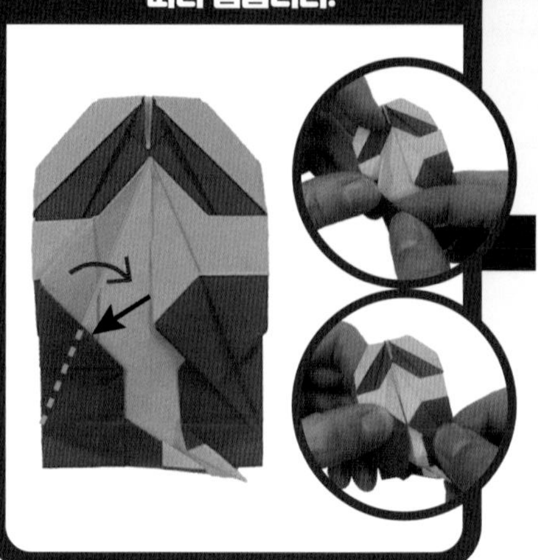

105 선을 따라 검은색 화살표 방향으로 접습니다.

106 표시한 선에 맞춰 눌러 접습니다.

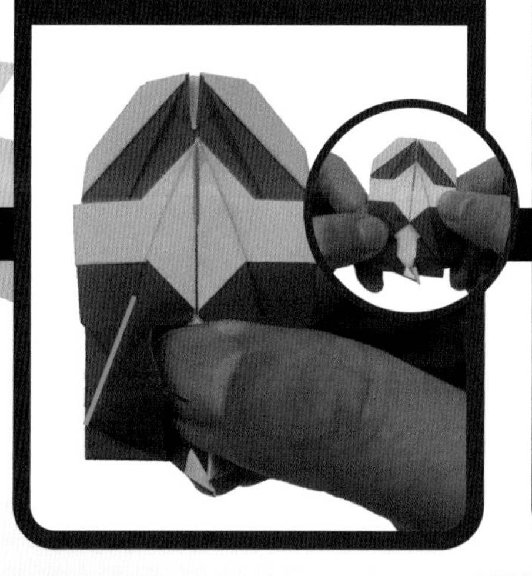

107 표시한 부분을 선을 따라 폅니다.

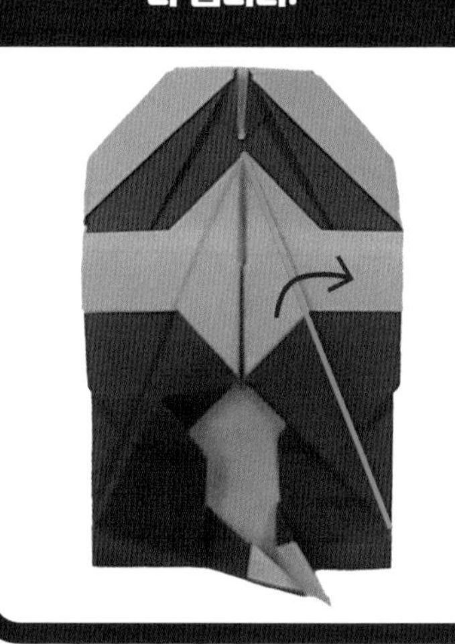

108 검은색 화살표 부분의 안쪽 틈을 벌리고 104~106번의 지시와 똑같이 접습니다.

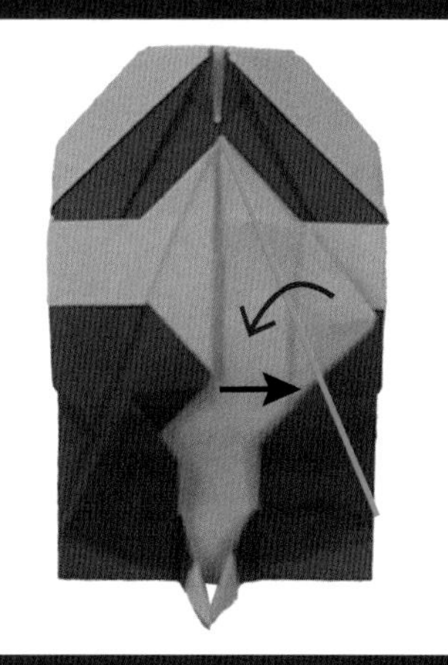

109 선을 따라 접습니다.

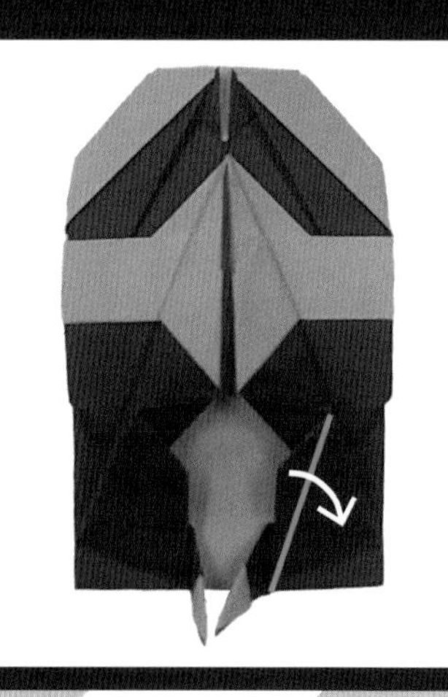

110 선을 따라 다시 접습니다.

111 선을 따라 접습니다.

112 선을 따라 다시 접습니다.

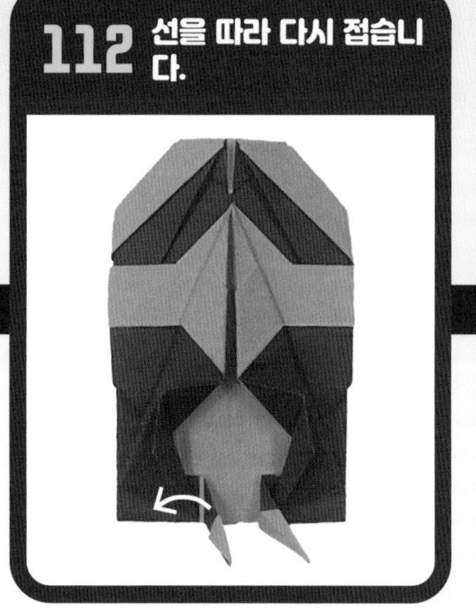

113 접은 부분을 다시 폅니다.

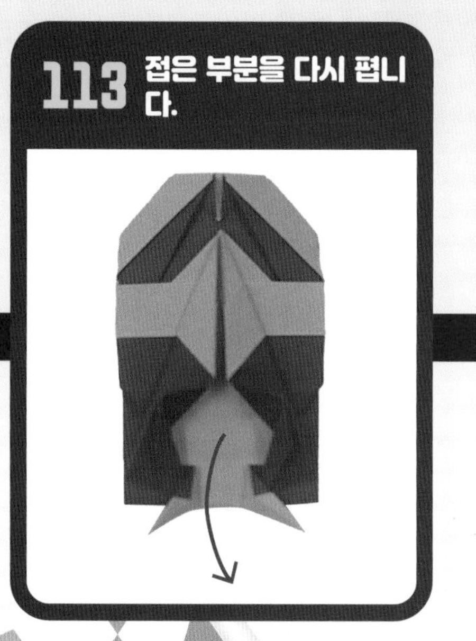

114 표시한 두 부분을 화살표 안쪽으로 끼워 넣습니다.

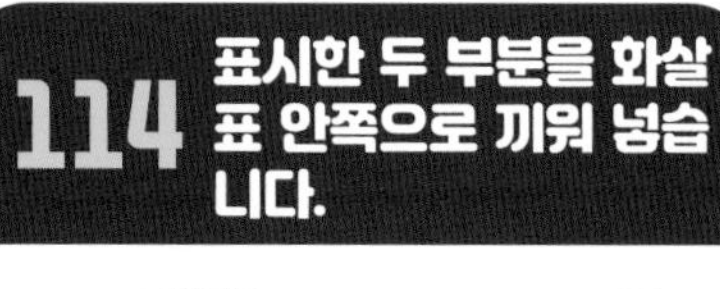

완성

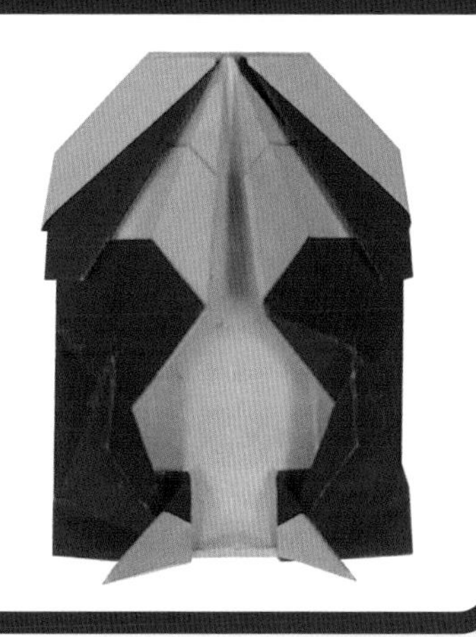

섀도쉐퍼

그림자만 보이는 섀도쉐퍼는 모습이 보이지 않을 정도로 빨라요.
어둠 속에서 더욱 강해지는 섀도쉐퍼 미니카를 함께 만들어 보세요.

준비물

색종이 1장(회색-검은색 양면), 가위

1 색종이를 가로 3분의 1로 나눠(일반 색종이 5cm 너비) 선을 따라 접습니다.

2 선을 따라 접습니다.

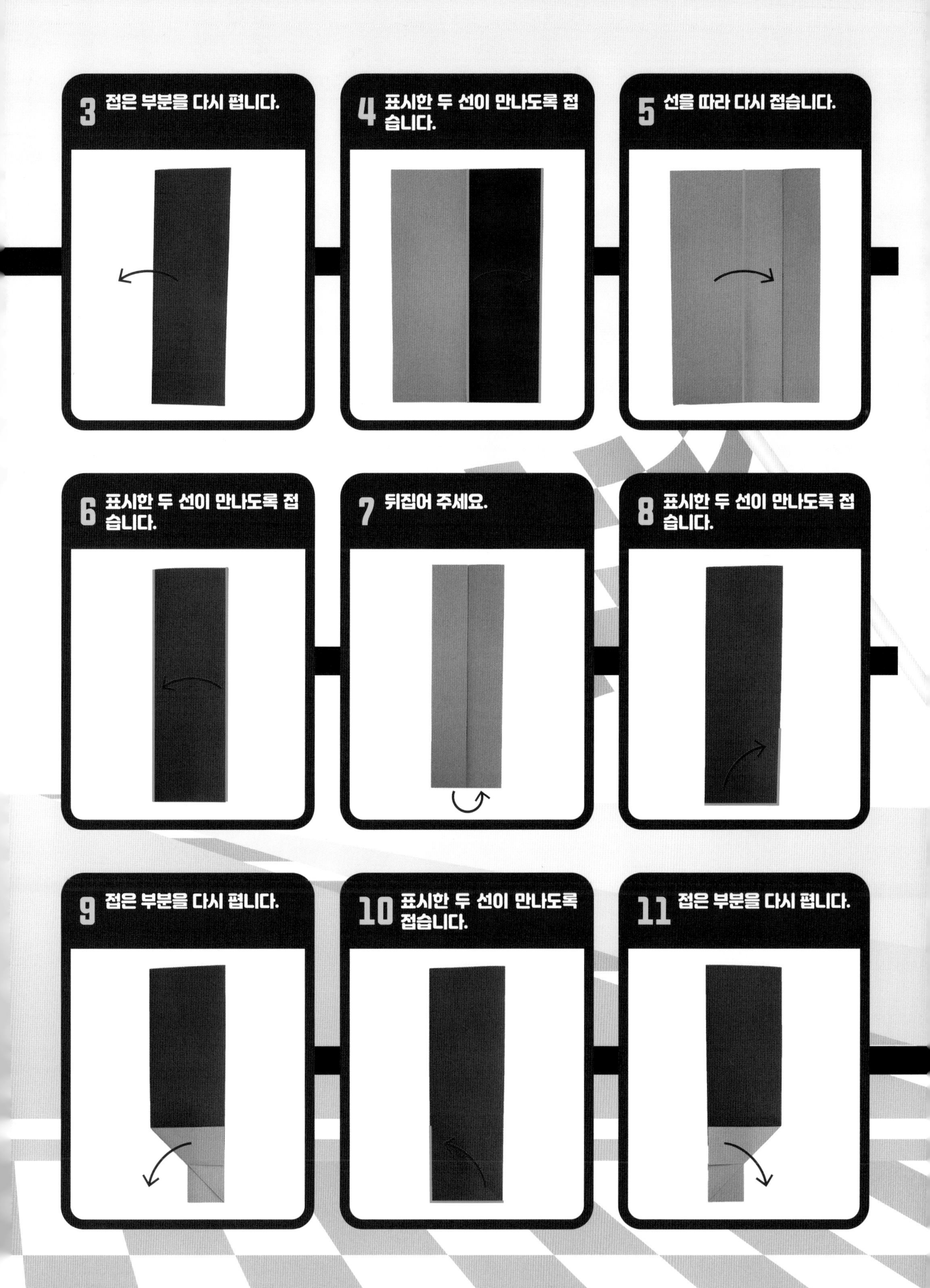
3 접은 부분을 다시 폅니다.
4 표시한 두 선이 만나도록 접습니다.
5 선을 따라 다시 접습니다.
6 표시한 두 선이 만나도록 접습니다.
7 뒤집어 주세요.
8 표시한 두 선이 만나도록 접습니다.
9 접은 부분을 다시 폅니다.
10 표시한 두 선이 만나도록 접습니다.
11 접은 부분을 다시 폅니다.

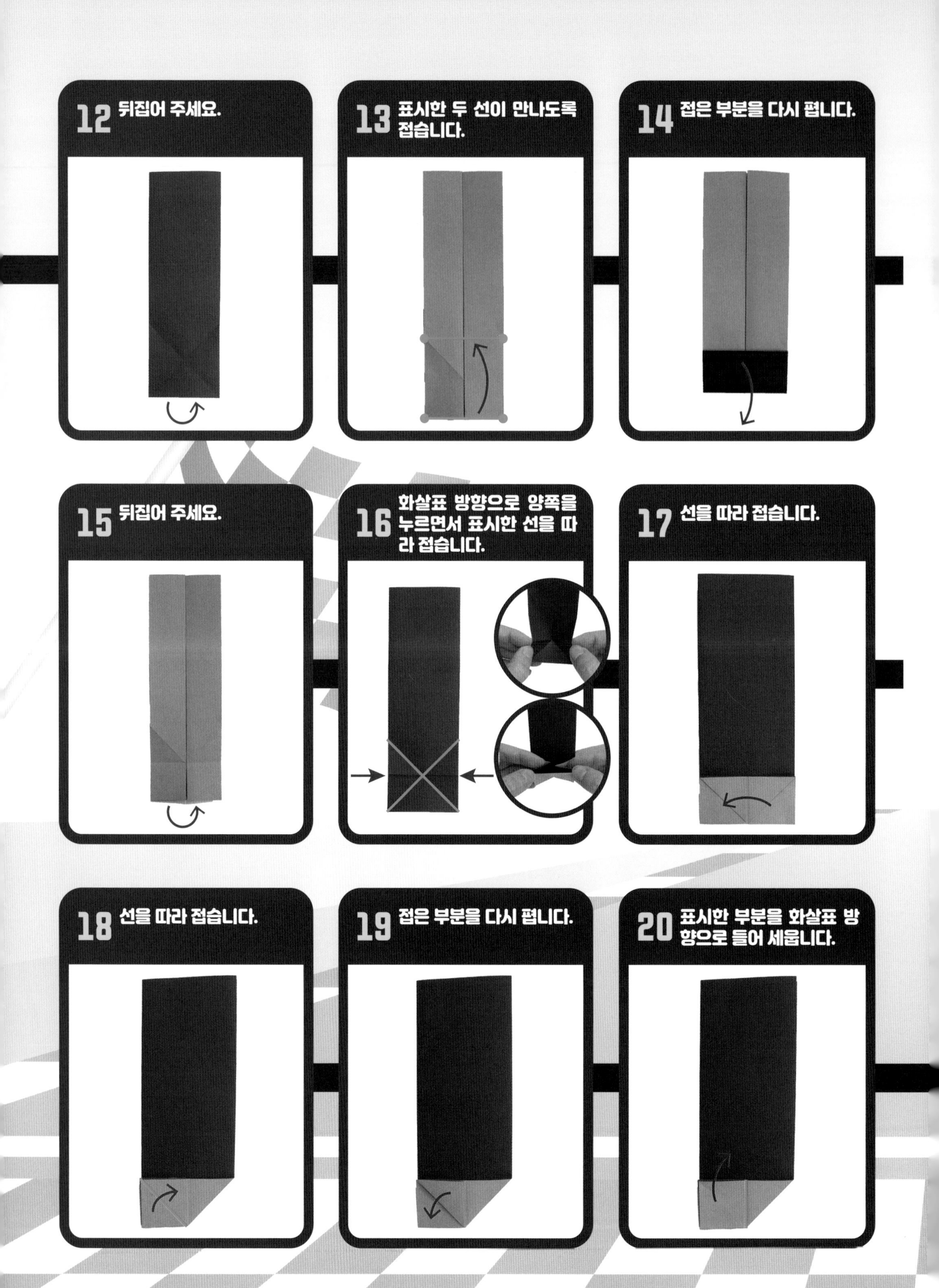
12 뒤집어 주세요.
13 표시한 두 선이 만나도록 접습니다.
14 접은 부분을 다시 펍니다.
15 뒤집어 주세요.
16 화살표 방향으로 양쪽을 누르면서 표시한 선을 따라 접습니다.
17 선을 따라 접습니다.
18 선을 따라 접습니다.
19 접은 부분을 다시 펍니다.
20 표시한 부분을 화살표 방향으로 들어 세웁니다.

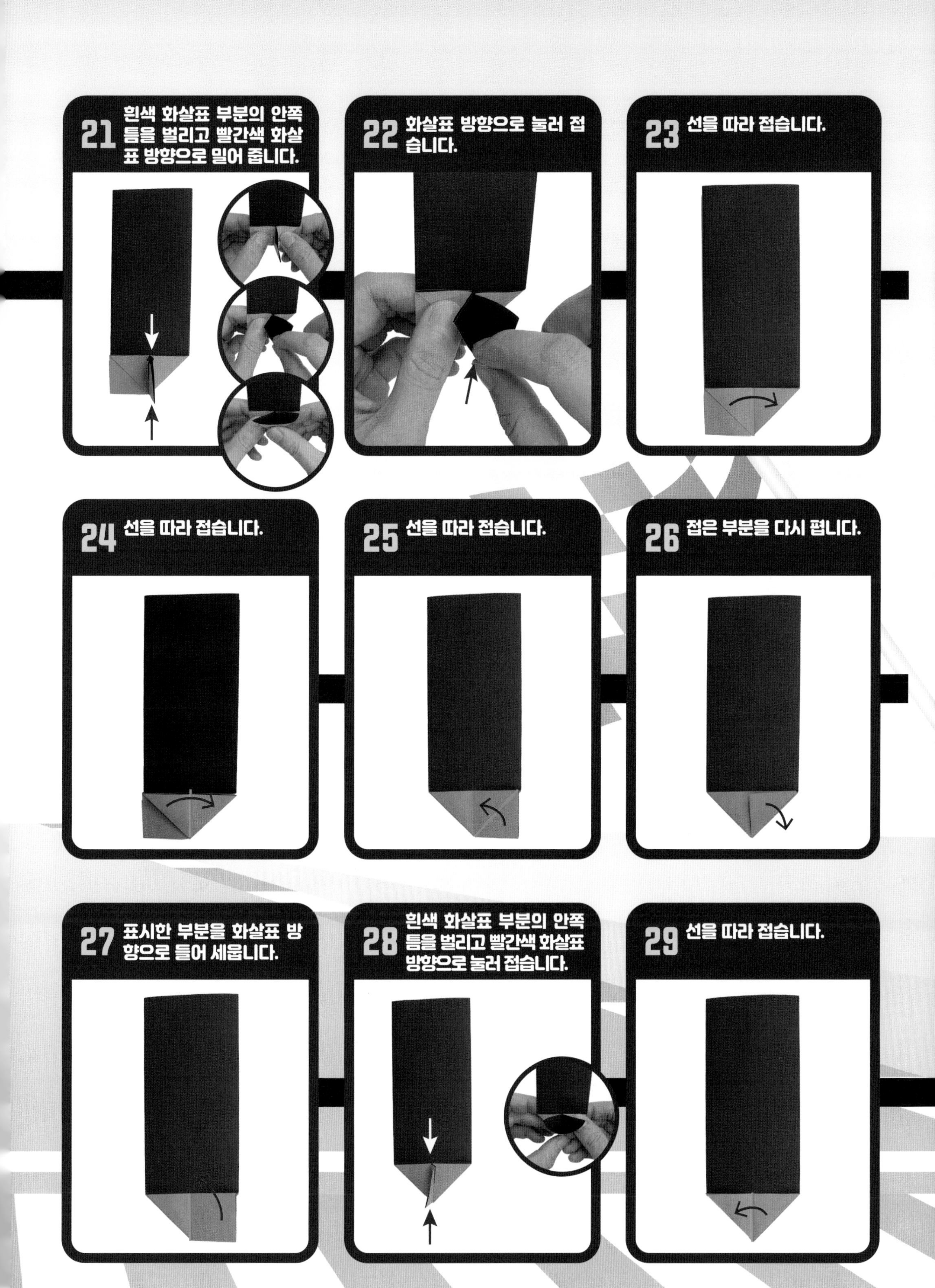
21 흰색 화살표 부분의 안쪽 틈을 벌리고 빨간색 화살표 방향으로 밀어 줍니다.
22 화살표 방향으로 눌러 접습니다.
23 선을 따라 접습니다.
24 선을 따라 접습니다.
25 선을 따라 접습니다.
26 접은 부분을 다시 폅니다.
27 표시한 부분을 화살표 방향으로 들어 세웁니다.
28 흰색 화살표 부분의 안쪽 틈을 벌리고 빨간색 화살표 방향으로 눌러 접습니다.
29 선을 따라 접습니다.

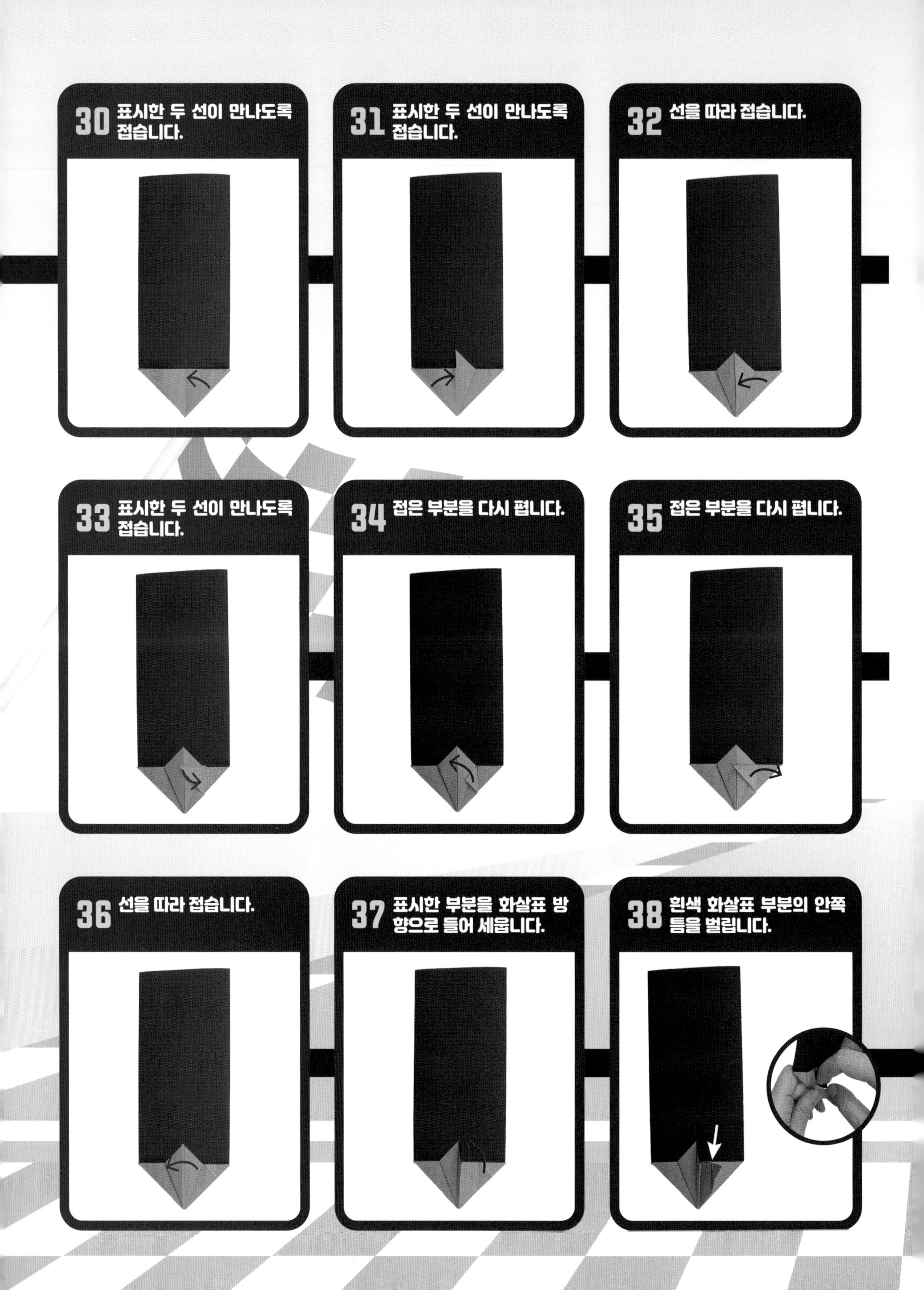
30 표시한 두 선이 만나도록 접습니다.
31 표시한 두 선이 만나도록 접습니다.
32 선을 따라 접습니다.
33 표시한 두 선이 만나도록 접습니다.
34 접은 부분을 다시 폅니다.
35 접은 부분을 다시 폅니다.
36 선을 따라 접습니다.
37 표시한 부분을 화살표 방향으로 들어 세웁니다.
38 흰색 화살표 부분의 안쪽 틈을 벌립니다.

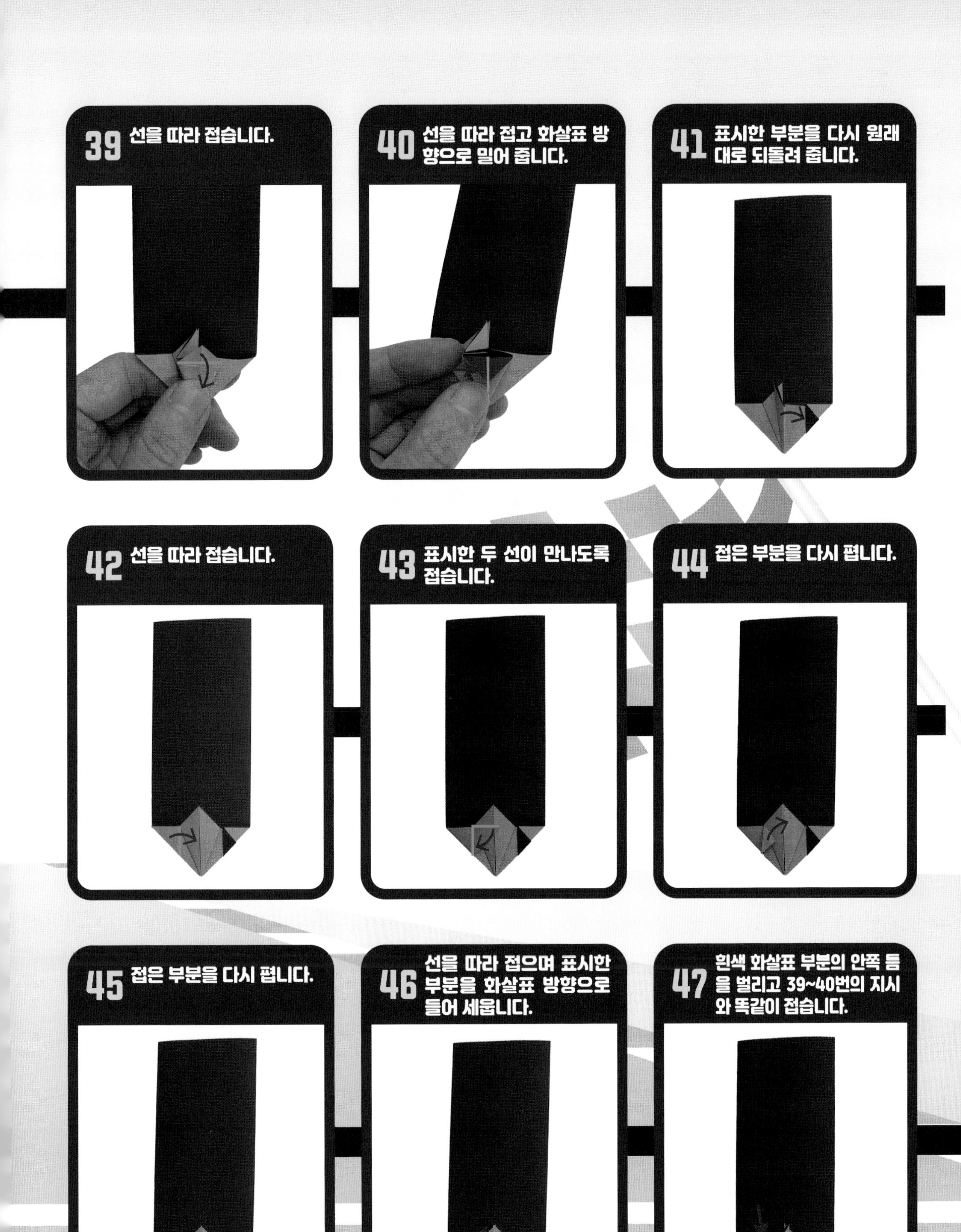

39 선을 따라 접습니다.
40 선을 따라 접고 화살표 방향으로 밀어 줍니다.
41 표시한 부분을 다시 원래대로 되돌려 줍니다.
42 선을 따라 접습니다.
43 표시한 두 선이 만나도록 접습니다.
44 접은 부분을 다시 폅니다.
45 접은 부분을 다시 폅니다.
46 선을 따라 접으며 표시한 부분을 화살표 방향으로 들어 세웁니다.
47 흰색 화살표 부분의 안쪽 틈을 벌리고 39~40번의 지시와 똑같이 접습니다.

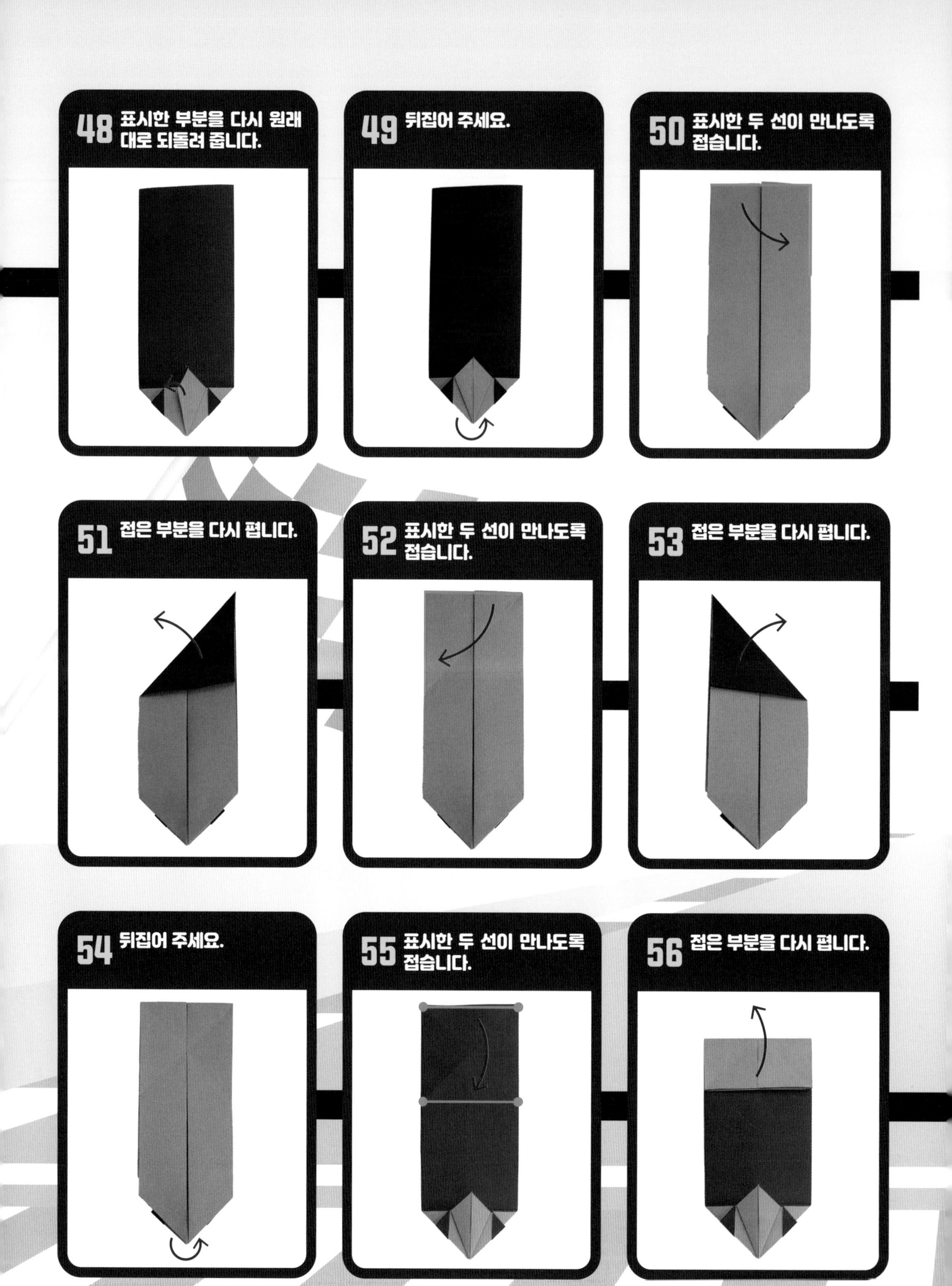
48 표시한 부분을 다시 원래 대로 되돌려 줍니다.
49 뒤집어 주세요.
50 표시한 두 선이 만나도록 접습니다.
51 접은 부분을 다시 폅니다.
52 표시한 두 선이 만나도록 접습니다.
53 접은 부분을 다시 폅니다.
54 뒤집어 주세요.
55 표시한 두 선이 만나도록 접습니다.
56 접은 부분을 다시 폅니다.

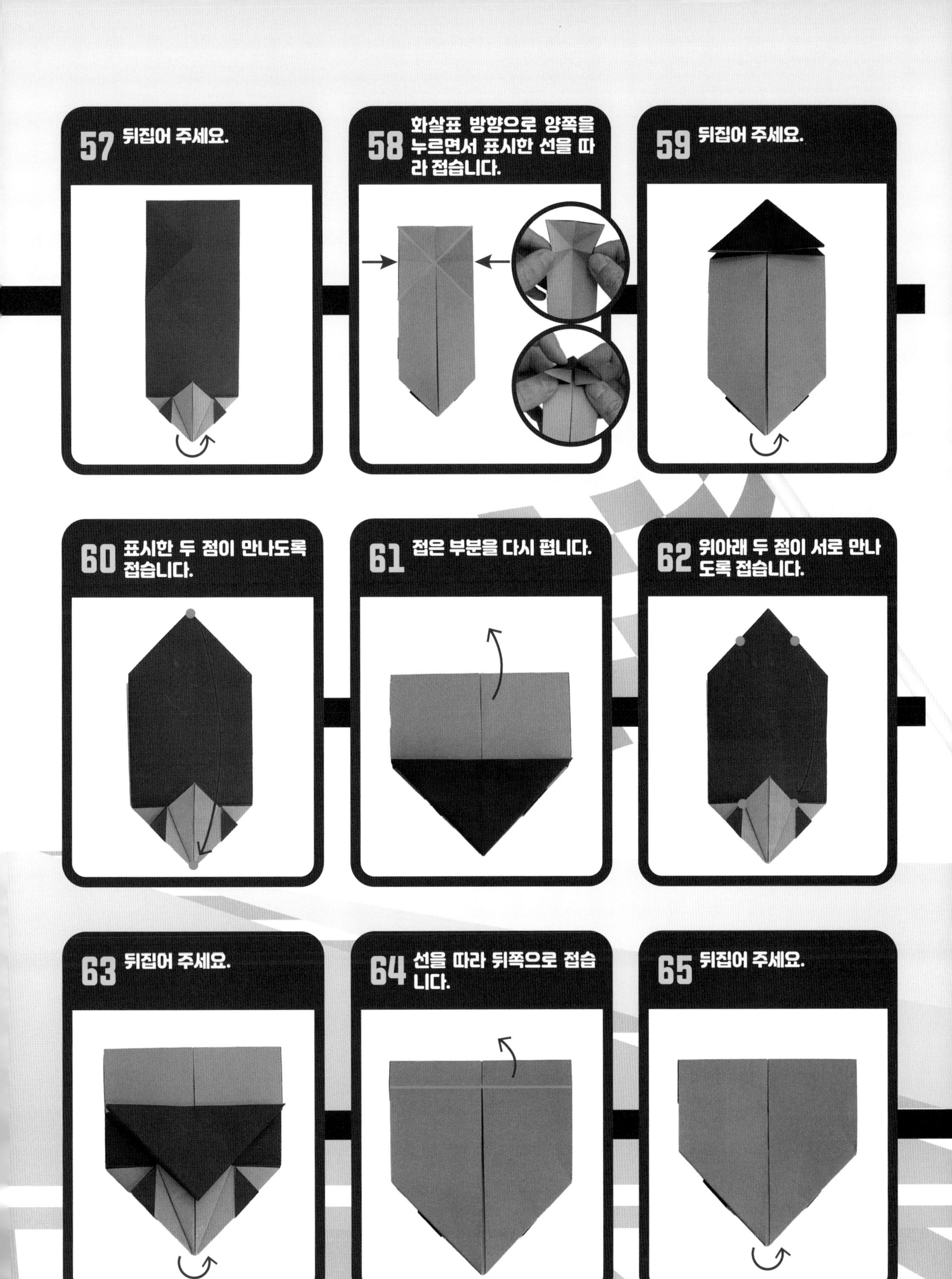
57 뒤집어 주세요.
58 화살표 방향으로 양쪽을 누르면서 표시한 선을 따라 접습니다.
59 뒤집어 주세요.
60 표시한 두 점이 만나도록 접습니다.
61 접은 부분을 다시 폅니다.
62 위아래 두 점이 서로 만나도록 접습니다.
63 뒤집어 주세요.
64 선을 따라 뒤쪽으로 접습니다.
65 뒤집어 주세요.

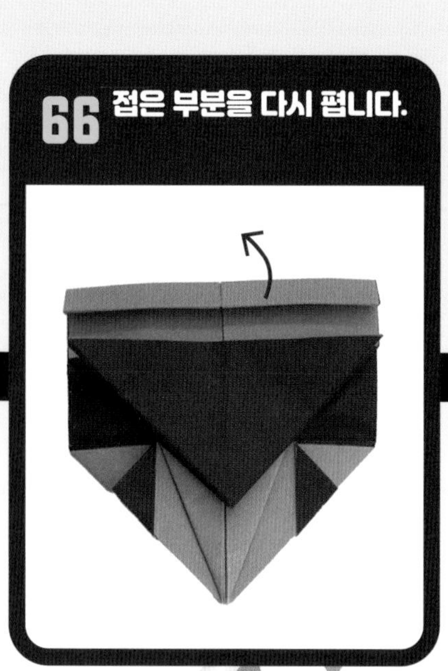

66 접은 부분을 다시 폅니다.

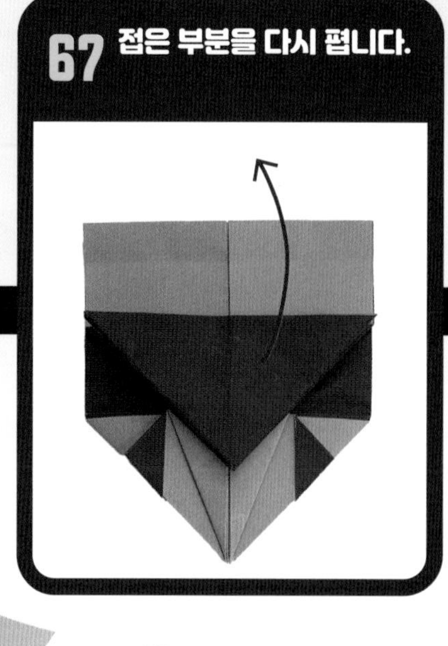

67 접은 부분을 다시 폅니다.

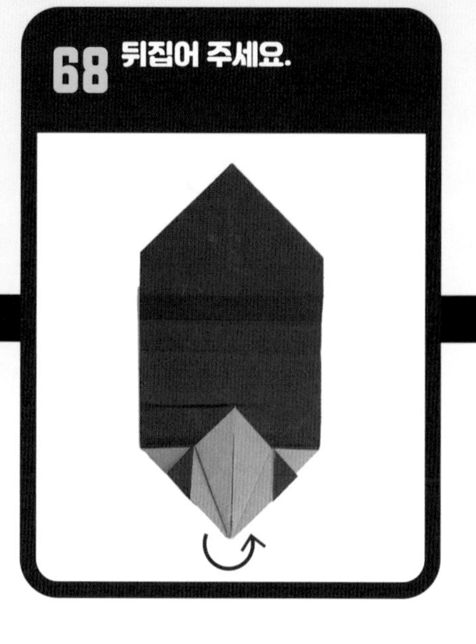

68 뒤집어 주세요.

69 선을 따라 접습니다.

70 표시한 두 선이 만나도록 접습니다.

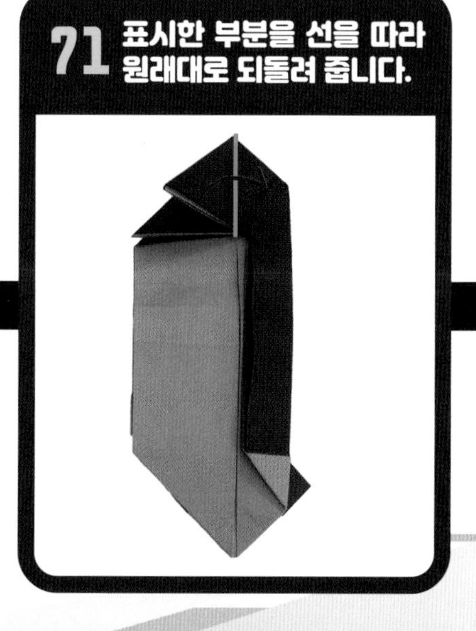

71 표시한 부분을 선을 따라 원래대로 되돌려 줍니다.

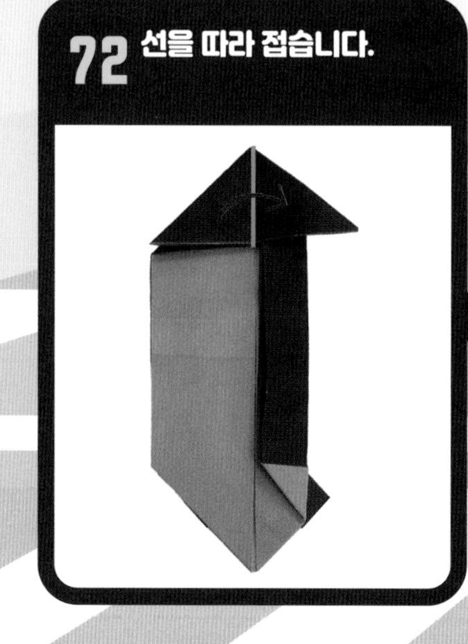

72 선을 따라 접습니다.

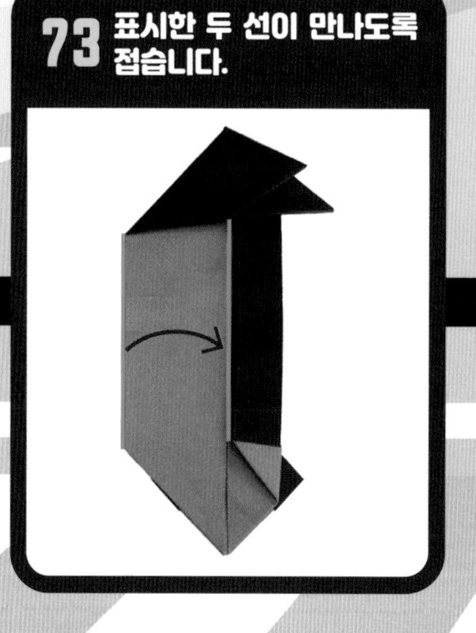

73 표시한 두 선이 만나도록 접습니다.

74 표시한 부분을 선을 따라 원래대로 되돌려 줍니다.

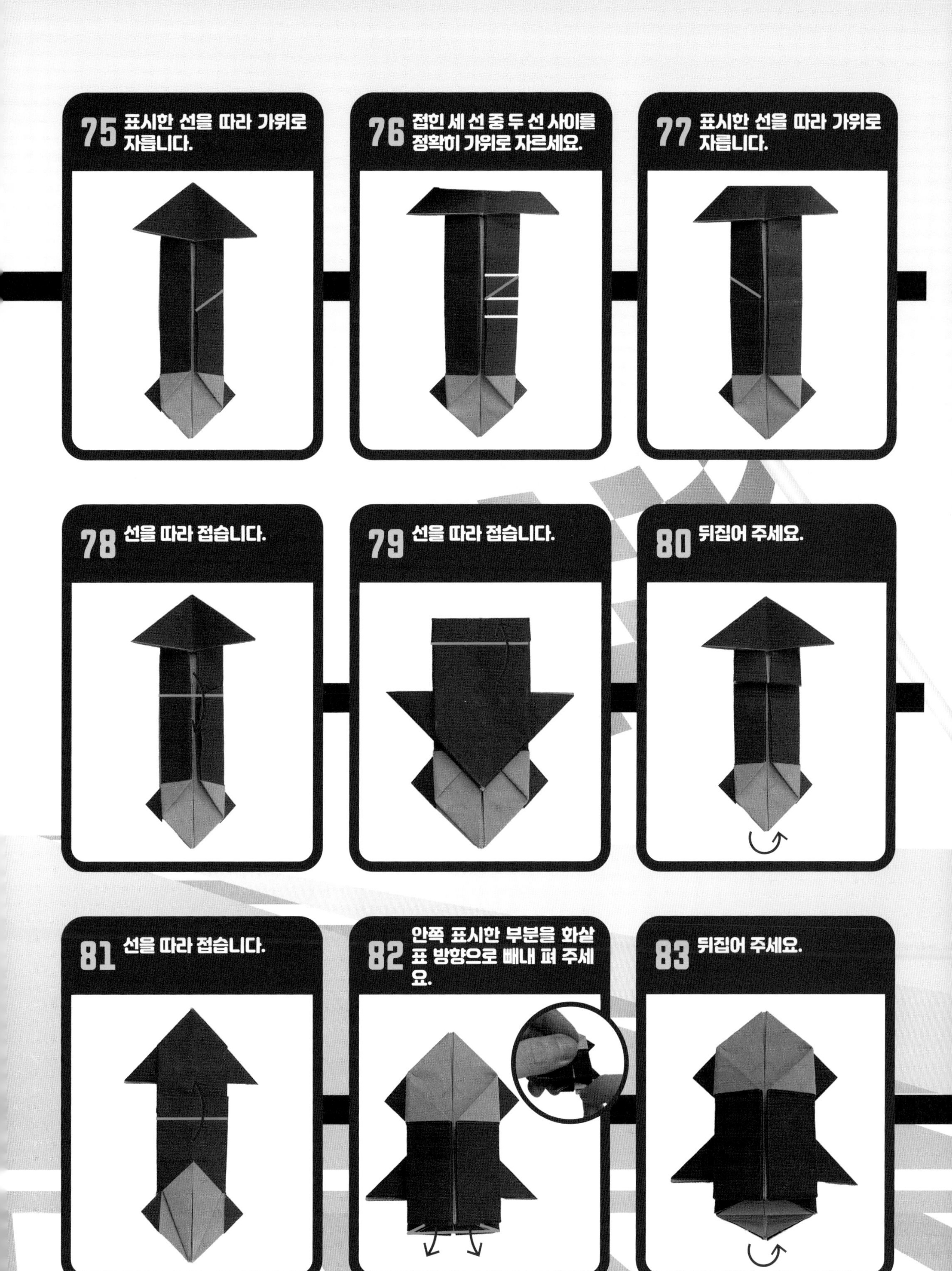
75 표시한 선을 따라 가위로 자릅니다.
76 접힌 세 선 중 두 선 사이를 정확히 가위로 자르세요.
77 표시한 선을 따라 가위로 자릅니다.
78 선을 따라 접습니다.
79 선을 따라 접습니다.
80 뒤집어 주세요.
81 선을 따라 접습니다.
82 안쪽 표시한 부분을 화살 표 방향으로 빼내 펴 주세 요.
83 뒤집어 주세요.

84 표시한 두 선이 만나도록 접습니다.

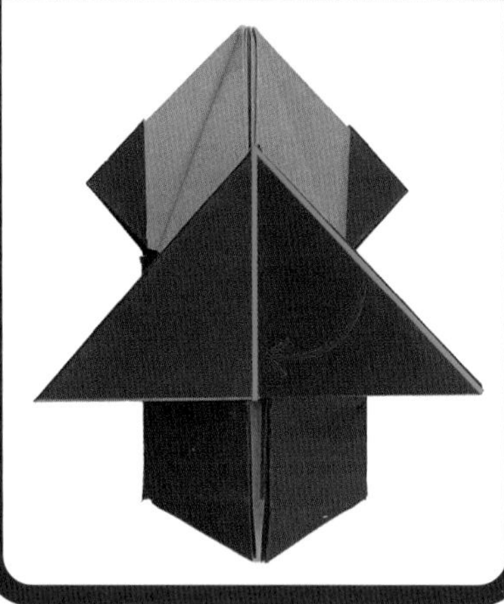

85 표시한 두 선이 만나도록 접습니다.

86 선을 따라 접습니다.

87 흰색으로 표시한 부분을 화살표 방향으로 들어 세웁니다.

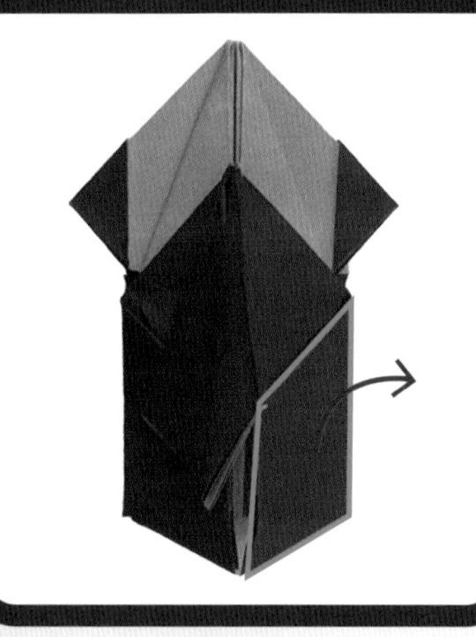

88 표시한 부분을 원래대로 되돌려 줍니다.

89 선을 따라 접습니다.

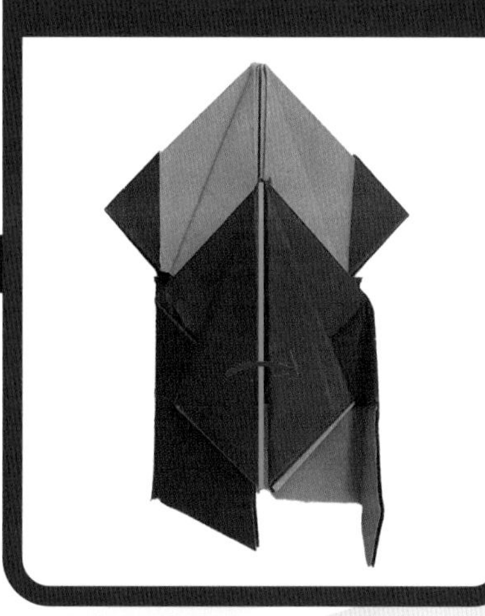

90 흰색으로 표시한 부분을 화살표 방향으로 들어 세웁니다.

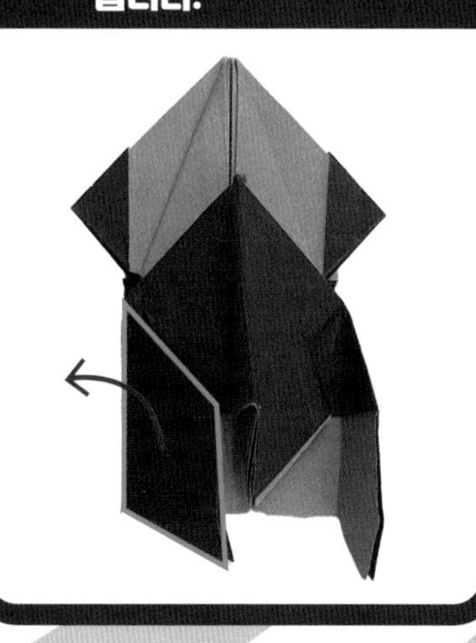

91 표시한 부분을 원래대로 되돌려 줍니다.

92 표시한 부분을 화살표 방향으로 들어 세웁니다.

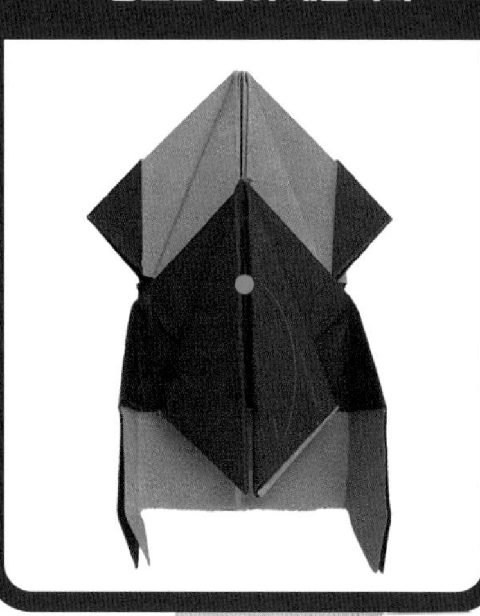

93 표시한 두 부분을 화살표 안쪽으로 끼워 넣습니다.

94 표시한 부분을 화살표 방향으로 접어 세웁니다.

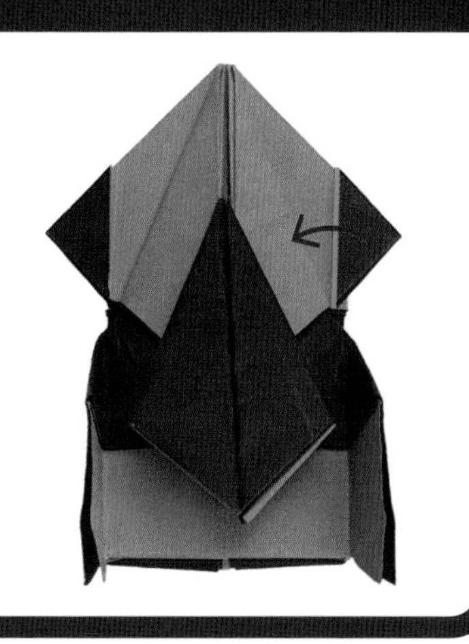

95 표시한 부분을 화살표 방향으로 접어 세웁니다.

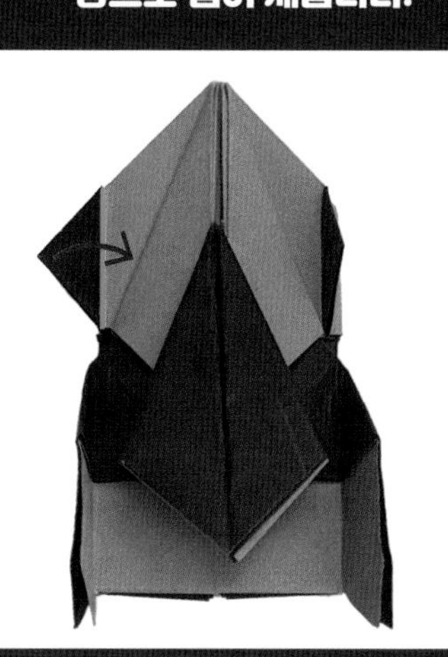

완성